SOMBRAS DEL CRIMEN

SOMBRAS DEL CRIMEN

Misterios y venganzas en el mundo de la mafia, las drogas y el narcoterrorismo

MILES JOHNSON

Planeta

Título original: *Chasing Shadows*

Diseño de portada: Planeta Arte & Diseño / René Zubieta Méndez
Imágenes de portada: © iStock
Fotografía del autor: © Anna Gordon
Traducido por: Rodrigo Pérez
Diseño de interiores: Moisés Arroyo

Bajo el sello editorial PLANETA M.R.
Avenida Presidente Masarik núm. 111,
Piso 2, Polanco V Sección, Miguel Hidalgo
C.P. 11560, Ciudad de México
www.planetadelibros.com.mx

Primera edición en formato epub: agosto de 2024
ISBN: 978-607-39-1820-6

Primera edición impresa en México: agosto de 2024
ISBN: 978-607-39-1672-1

Impreso en los talleres de Litográfica Ingramex, S.A. de C.V.
Centeno núm. 162-1, colonia Granjas Esmeralda, Ciudad de México
Impreso y hecho en México – *Printed and made in Mexico*

Para Flora

ÍNDICE

Prólogo: Los primos 11

LIBRO UNO

1. «Los Navy Seal de la DEA» 17
2. «Elias Saab» 31
3. Una pistola cargada 39
4. La misión secreta de Praga 49
5. «El tiempo es esencial» 55
6. Rezos en la noche 61
7. Un funeral 69

LIBRO DOS

8. «Sami Issa» 85
9. La mafia va a Medellín 95
10. Babyface 103
11. Medianoche en Damasco 113
12. Garantías humanas 117
13. Asesinato en el Café Blue Moon 127
14. Galletas en París 131
15. El traductor 137
16. Hacer lo imposible 145
17. Un *home run* 153
18. La Ciudad Eterna 159
19. «Mustafa Badreddine está presente» 163
20. *TG NIKE* 171

21. *Terror Control* 179
22. Una crisis familiar 185
23. «Rusos muy importantes» 191

Libro tres

24. «Su país metió la pata» 201
25. Perseguido como un perro 205
26. La recepción con champaña 207
27. «Un estado y condición de muerte» 215
28. Sin más opciones 223
29. La fiesta de jubilación 231
30. «Mi nombre es Oksana» 237
31. El discurso junto a la roca 243

Epílogo 251
Agradecimientos 257
Una referencia sobre las notas 261
Notas 265

PRÓLOGO

LOS PRIMOS

Beirut, octubre de 1983

Al romper del alba, un tranquilo domingo por la mañana, dos hombres entrados en sus veinte subieron al techo de un edificio alto y sacaron sus binoculares.

La mayoría de los cientos de soldados estadounidenses que estaban abajo en los cuarteles aún estaban profundamente dormidos. En la base, los domingos se despertaban más tarde de lo normal. Las trompetas de la diana se escuchaban una hora más tarde, a las 6:30 a. m., y los exhaustos soldados del Cuerpo de Marines esperaban con ansias un descanso. Más tarde ese día iban a disfrutar un desayuno tardío.

Los dos hombres jóvenes que estaban en el techo y miraban en dirección al aeropuerto internacional de Beirut ya sabían todo esto. Los cuarteles, hogar de los soldados estadounidenses en una misión internacional por mantener la paz, habían estado bajo vigilancia durante meses. Su equipo había estudiado todo sobre su objetivo: pasaron horas monitoreando la hora exacta en que los camiones de comida y agua llegaban, y se aseguraron de recordar el color y la marca de los vehículos.

Los estadounidenses ya estaban con la guardia en alto. Seis meses antes de esa mañana de domingo, el 18 de abril de 1983, una camioneta cargada con novecientos kilogramos de explosivos entró a la embajada de Estados Unidos en Beirut. La explosión atravesó el edificio completo, la fachada expulsó metal torcido y humo negro antes de colapsarse. En total murieron 63 personas, entre ellas la mayor parte del personal de la CIA en Beirut y el mejor analista de Medio Oriente de la agencia. Sin embargo, nada pudo haber preparado a los soldados durmientes para lo que estaba a punto de acontecer.

Un camión Mercedes-Benz amarillo brillante de 19 toneladas se acercó a la entrada. Un camión similar pasaba por el aeropuerto de manera regular para entregar agua y no les habría dado a los guardias ningún motivo inmediato de sospecha. Pero más temprano esa mañana el camión real había sufrido una emboscada y lo habían reemplazado en su ruta con una réplica exacta. Alrededor de las cinco de la mañana, el individuo elegido para conducir el vehículo recibió sus bendiciones finales, rezó un poco y tomó varias tazas de té dulce.

A las 6:22 a. m., el camión atravesó los costales de arena de los puestos de vigilancia. Un sargento en turno detectó al Mercedes cuando comenzó a acelerar y arrasó con el alambre de púas en las afueras del complejo. Comenzó a gritar «¡Largo de aquí! ¡Al suelo! ¡Al suelo!». Unos segundos después, un resplandor naranja amarillento se encendió en la rejilla del camión y una enorme explosión despedazó los cuarteles. Fue la mayor explosión no nuclear jamás detonada, con una fuerza de entre 6 800 y 9 500 kg de TNT.

La explosión fue tan fuerte que provocó que la estructura de cuatro pisos de concreto reforzado colapsara. Los soldados que dormían cerca del estallido murieron al instante. Otros despertaron cuando sus ventanas reventaron en mil trozos y los fragmentos de cristal volaron por los aires. Las puertas se separaron de las bisagras hechas pedazos y trozos de papel flotaban a lo largo del cuarto como confeti. La primera reacción de quienes seguían con vida fue que se trataba de un ataque de misil Scud o un impacto de artillería pesada. Aquellos que aún podían caminar salieron tambaleándose para encontrarse con el infierno. Había extremidades corporales cercenadas desperdigadas por la base. Los cuerpos —algunos retorciéndose en agonía, otros ya inertes— estaban cubiertos por una espesa capa de polvo grisáceo.

Un comandante del Cuerpo de Marines se apresuró a enviar un mensaje a Washington: «Explosión en BLT 1/8 CG... Edificio colapsó... Gran número de muertos y heridos».

Afuera, el cuerpo de un soldado, aún en su bolsa de dormir, estaba empalado en la rama de un árbol. Los equipos de rescatistas trataron de salvar a cualquiera que siguiera con vida bajo los escombros. Comenzaron a excavar con palas, picos, mazos y hachas. Usaron sopletes para cortar las barras de acero corrugado en el concreto, moviéndose deprisa para alcanzar los gritos suplicantes de ayuda y los alaridos desgarradores.

Y sentados en un techo cercano, observando la caótica escena desenvolverse a través de sus binoculares, estaban los dos hombres. Debajo de ellos un hongo de humo se elevaba contra el sol matutino.

La explosión mató a 241 militares y dejó un sinfín de heridos. Fue la pérdida de vidas más grande sufrida en un día por el Cuerpo de Marines de Estados Unidos desde la batalla de Iwo Jima en 1945. Una vez completada su misión, los hombres descendieron del techo y desaparecieron en el caos de Beirut.

LIBRO UNO

1

«LOS NAVY SEAL DE LA DEA»

Virginia, enero de 2014

Uno de los primeros consejos que Jack Kelly recibió cuando era un joven agente de la Administración de Control de Drogas (DEA) en Nueva York fue renunciar antes de que cumpliera 30 años. Un compañero mayor le dijo: «Hijo, ahora mismo quieres comerte al mundo, pero después de unos años en este trabajo habrás tenido suficiente. Para cuando cumplas 29, estarás acabado».

Jack recordó aquella noche en la que, por primera ocasión, consideró que tal vez estaba haciéndose demasiado viejo para eso. Fue alrededor de la medianoche y estaba bebiendo solo en Hogs & Heifers, un bar húmedo con escasa iluminación. Apenas tres horas antes, dos traficantes de heroína habían tratado de atropellarlo.

Comenzó como una operación de vigilancia rutinaria. Jack, quien en ese entonces aún llevaba su cabello recogido en una coleta, estaba solo en un BMW M3 sin placas y vestía de civil. Los otros dos agentes de la DEA estaban cerca en otro vehículo. Estaban ahí para observar a un traficante de heroína vinculado con la mafia en Little Italy. El sospechoso entró a un club social y regresó a la calle sosteniendo una bolsa térmica plateada, para luego dársela a dos hombres jóvenes sentados dentro de un auto estacionado en la cercanía.

El supervisor de Jack estaba emocionado. Era una bolsa grande que podría contener hasta un kilo de heroína. Lo suficiente para que valiera la pena el riesgo. Le ordenó a Jack por la radio que siguiera a esos dos hombres y, de ser posible, los arrestara. Otros agentes llegarían un momento después para brindar respaldo. Los sospechosos partieron en su auto y Jack los siguió, tratando de mantenerse tan lejos como fuera posible. Se detuvieron. Lentamente, Jack comenzó a caminar hacia su vehículo.

Hubo miles de cosas que Jack Kelly debió de haber pensado cuando el hombre del auto entró en pánico y pisó a fondo el pedal en reversa. Debió de haber pensado en cómo sus piernas estaban a escasos segundos de ser aplastadas. Debió de haber pensado en por qué fue lo suficientemente estúpido para dejar su reluciente placa colgada de su cuello mientras se acercaba al vehículo. Debió de haber pensado en dónde carajos estaban los refuerzos prometidos. Debió de haber pensado en qué tan rápido podía desenfundar su pistola Glock. Debió de haber pensado en cómo las balas pueden cambiar de dirección cuando golpean un parabrisas y en que correría el riesgo de herir a un civil si abría fuego. Debió de haber pensado en todas esas cosas, pero en una fracción de segundo solo pudo pensar en una: no podía creer que esto estuviera pasándole en su cumpleaños.

Jack estaba a punto de quedar atrapado. El auto seguía una trayectoria directa para embestir su cuerpo y aplastarlo contra su propio BMW. Pero el conductor pisó el pedal con demasiada fuerza, lo cual provocó que perdiera el control y se dirigiera hacia el tráfico, en sentido contrario. En ese momento, los compañeros de Jack aceleraron en la calle y chocaron por el costado el vehículo del traficante. Después de realizar el arresto, le hicieron un favor a Jack y lo dejaron en Hogs & Heifers en lugar de obligarlo a reportarse a la oficina para hacer el papeleo. Después de todo, era su cumpleaños.

Mientras bebía a solas en el bar, por primera vez se dio cuenta de que no podía dedicarse a eso para siempre. Había pasado más de una década desde aquel encuentro con el BMW. Jack había sido agente en la DEA desde hace más de 15 años y se le había prometido una posición en los cuarteles generales desde hacía mucho tiempo. Prometía ser una época mucho más tranquila en su vida, tramitando documentos desde un apacible escritorio en una oficina en Arlington, Virginia. Aburrido, tal vez, pero después de años de patrullar las calles, Jack lo necesitaba. Luego recibió una llamada de Derek Maltz.

Maltz era el agente especial a cargo de la División de Operaciones Especiales de la DEA, una unidad de élite asentada cerca de Chantilly, un pequeño pueblo en las afueras de Washington D. C. Desde fuera, la SOD, como se le conocía, se veía como la oficina regional de una compañía de seguros de vida. Pero, escondidas dentro de ese edificio de ladrillos café de tres pisos, ubicado entre la autopista Lee-Jackson Memorial y el Aeropuerto Internacional Dulles, hileras enteras de agentes de la DEA estudiaban una cacofonía multilingüe de grabaciones clandestinas de conversaciones, metadatos telefónicos e información de espionaje. Y era desde ahí que Derek Maltz estaba ocupado construyendo uno de los experimentos más audaces en la historia de las fuerzas de orden público estadounidenses.

Jack conoció a Maltz en las calles de Nueva York en la década de 1990, cuando apenas era un novato y trabajaba en casos de espionaje telefónico a miembros del crimen organizado. Maltz había sido el jefe de la Fuerza Operativa de Control de Drogas de Nueva York. Fue ahí que Jack aprendió cómo operar micrófonos ocultos, olfatear dinero y elaborar casos. Maltz sabía identificar a un buen policía de drogas a primera vista, y el hombre que quería a su lado en Virginia era John Kelly, mejor conocido como Jack.

Desde el momento en que Jack dejó el hogar en el que creció en los suburbios de Nueva Jersey para unirse al programa de entrenamiento de la DEA en Quantico a los poco más de veinte años, se había comprometido con su trabajo con gran frenesí. En ese entonces, cuando vivía en un pequeño departamento en Hell's Kitchen, estaba disponible en su *localizador* día y noche, a cualquier hora. Los agentes de mayor edad solían desconectarse y regresar a casa con sus familias. Para Jack no había redada a la cual no se ofreciera como voluntario, no había informante que se negara a ver en persona a la mitad de la noche en un fin de semana, no había puesto de vigilancia que no ocupara durante horas. Sus esfuerzos llamaron la atención de sus superiores en la DEA de inmediato, lo cual le ganó su reputación como «un trabajador incansable» y luego, conforme pasó el tiempo, como un investigador talentoso y dedicado: un «cazador de casos» que podía ir detrás de pandillas criminales peligrosas y complejas.

Con la cabeza rapada y musculatura fornida, Jack hacía pesas o salía a correr casi todos los días de su vida adulta; sin importar dónde se encontrara o cuántas horas había trabajado. Puede que algunos hayan considerado que estaba obsesionado con la salud. Pero Jack también amaba beber vino tinto. No salía a correr porque era una actividad respetable. Era una necesidad visceral, una válvula de escape para una energía nerviosa inmensa, y a veces abrumadora, que solía acumularse más y más en su interior desde que era pequeño. Saltarse un solo día provocaba que sufriera de migrañas o mareo.

Ello lo convertía en el tipo de agente que los jefes de la DEA amaban. Pero había tenido un alto costo. Cinco años en la DEA eran como veinte en un trabajo normal. Después de más de 15 años, Jack estaba desgastado, exhausto. Una posición en un trabajo de escritorio le habría caído de maravilla. Cuando Maltz lo llamó para ofrecerle el trabajo en la SOD, le advirtió que esto iba a ser diferente de cualquier cosa que hubiera hecho antes. Y Jack no tenía ni la más remota idea de en qué tipo de casos trabajaría. Pero no importaba, no se pudo resistir.

Iban a colocar a Jack en el Centro de Operaciones Contra el Narcoterrorismo, la división de la SOD que coordinaba todas las investigaciones e información confidencial vinculada con la superposición entre casos de drogas y financiamiento terrorista. El nuevo trabajo de Jack, de acuerdo con Maltz, involucraba dos mantras aparentemente simples: «Colocar las piezas del rompecabezas en orden» y «mantener a los chicos malos fuera de las calles».

Cada vez que uno de los reclutas escogidos personalmente por Maltz llegaba a Virginia, él los llevaba a su oficina para darles una plática motivadora. Ya no estaban en la oficina local de Miami, Baltimore o Nueva York, les advertía Maltz. Los había traído a la SOD para perseguir complejas operaciones internacionales que involucraban casos vinculados entre sí de tráfico de armas, drogas y terrorismo. Esto iba a ser un cambio radical y tendrían que ajustar su estrategia.

La oficina de Maltz estaba repleta de recuerdos de su larga carrera en las fuerzas de la ley. Ser policía de drogas estaba en su sangre. Antes que él, su padre había liderado la Fuerza Operativa de Control de Drogas de Nueva York, la más vieja de su tipo en Estados Unidos. Sus compañeros bromeaban con que el padre de Maltz lo había llevado a operaciones de vigilancia cuando era un niño.

Enmarcadas y colgadas en las paredes estaban las primeras planas del *New York Daily News* del día posterior a los ataques al World Trade Center. El hermano de Maltz, que era parte de la Fuerza Aérea de Estados Unidos, murió en un accidente de helicóptero durante la invasión de Afganistán. El trauma por el 11 de septiembre y la muerte de su hermano dejaron una cicatriz enorme en él. En su cabeza, hacerse cargo de la SOD era su oportunidad para contribuir con algo.

El protector de pantalla de Maltz era una foto de él sobre una isla desierta de caricatura rodeada por tiburones. Tenía la intención de ser un recordatorio divertido de lo que Maltz llamaba la «naturaleza de la bestia»: las batallas políticas entre agencias que surgían a diario al dirigir una operación tan poco ortodoxa como esta. Quería que sus reclutas fueran agresivos, pero también inteligentes:

—Tienes que mantenerte enfocado en lo que estás haciendo y preocuparte por la seguridad del país y del mundo —les decía mientras apuntaba a su monitor—. No te preocupes por los tiburones, solo no vayas a nadar. Y si lo haces, ¡ten cuidado!

Maltz solía llevar a sus nuevos reclutas a su oficina y sacar una caja grande de monedas conmemorativas, blasonadas con la insignia de diferentes fuerzas policiales estadounidenses, agencias militares y de inteligencia, las cuales le otorgaron como regalos cuando las visitó. Maltz vaciaba las monedas en la mesa haciéndolas repiquetear. Luego azotaba una gran manzana roja metálica que le habían dado como un regalo de despedida de la Fuerza Operativa de Control de Drogas de Nueva York.

—Okey —comenzó Maltz con su marcado acento neoyorquino—. Todos ustedes fueron excelentes agentes, trabajando en el extranjero o en diferentes oficinas de la DEA. Ahora están aquí en la SOD. Y vinieron aquí con una misión.

Luego clavaba su dedo en la brillante manzana roja.

—Estos son ustedes en su primer día. Su meta es que quieren llegar a la manzana, eso es lo que están tratando de hacer.

Luego, señalaba las monedas brillantes. Las monedas, les decía, representaban las minas terrestres repartidas a lo largo del círculo interno del Gobierno federal en Washington D. C., los artefactos explosivos caseros burocráticos y políticos que bloqueaban su camino.

—Si llegan aquí con sus actitudes agresivas de macho alfa e intentan correr en línea recta a su meta, van a toparse con una de estas minas. Van a volar en mil pedazos y no se van a recuperar jamás.

No pasó mucho tiempo antes de que Jack entendiera de lo que su nuevo jefe estaba hablando. Podía ver con claridad que Maltz tenía entre sus manos una máquina poderosa, una que estaba determinado a explotar al máximo. La sod era una división élite de la DEA cuyo trabajo era en su mayor parte secreto. Tenía trescientos empleados y colaboraba con más de veinte diferentes agencias de orden público e inteligencia para perseguir casos multijurisdiccionales de drogas usando tecnología de punta para vigilancia.

Casi todo ocurrió por un accidente histórico. Antes del 11 de septiembre, la DEA era vista por muchos en el Gobierno de Estados Unidos como, en las palabras de Maltz, «una pequeñita agencia de drogas». Desde que se fundó en la década de 1970 para combatir en la guerra contra las drogas, la DEA creció a 83 oficinas en 62 países, creando una amplia red de fuentes e información que se extendía al interior del submundo criminal internacional. En 1994, la SOD fue lanzada para permitir que la DEA encontrara una manera más efectiva de procesar la enorme cantidad de información, denuncias y pistas que sus investigaciones generaban.

Luego, en 2006, el año siguiente desde que Maltz llegó a Virginia como agente especial a cargo de la SOD, Estados Unidos aprobó una ley federal poco conocida llamada 21 U.S.C. § 960a relacionada con lo que desde hace mucho tiempo la DEA había llamado narcoterrorismo, o la interconexión entre grupos terroristas y traficantes de drogas. Antes de eso, si la DEA iba a perseguir criminales en el extranjero, como cárteles de cocaína en Latinoamérica, tenía que probar que estaban conspirando para introducir narcóticos a Estados Unidos. Ahora cualquier negocio de drogas realizado en cualquier parte del mundo que involucrara una transferencia «de valor pecuniario a cualquier persona u organización que haya participado o sea participe en actividad terrorista» podía convertirse en un caso para la policía estadounidense. De un segundo a otro, la «pequeñita agencia de drogas» parecía tener jurisdicción universal.

Por esa misma época los cambios a las leyes estadounidenses tras el atentado del 11 de septiembre estaban derribando las barreras informativas entre las agencias de inteligencia y las de orden público. La DEA fue oficialmente admitida en la comunidad de inteligencia de Estados Unidos y se le concedió acceso a algunas de sus herramientas más poderosas. La División de Operaciones Especiales ahora era más fuerte que nunca y Derek Maltz tenía la autoridad para perseguir a algunos de los delincuentes más poderosos y atemorizantes en la faz de la tierra.

El primero de estos importantes casos llegó en 2007 cuando los agentes de la DEA arrestaron a Monzer al-Kassar, un traficante de armas nacido en Siria, conocido como el Príncipe de Marbella, a quien se había vinculado con el secuestro del crucero *Achille Lauro* por el Frente de Liberación Palestina en 1985. La DEA, mediante el uso de informantes que fingieron ser paramilitares colombianos en busca de armas, arrestaron a al-Kassar en una riesgosa operación encubierta en España. Fue extraditado a Estados Unidos y sentenciado a treinta años en prisión. Las agencias rivales quedaron atónitas por la audacia de lo que la DEA acababa de conseguir.

Luego, en 2008, la DEA decidió ir aún más lejos. Maltz asistió a una junta en la Casa Blanca entre los directivos superiores de la DEA y los altos funcionarios de seguridad nacional. Juan Zarate, el consejero de seguridad nacional del presidente George W. Bush, mencionó el nombre de un infame traficante de armas nacido en la antigua Unión Soviética llamado Viktor Bout. Nadie había podido ponerle una mano encima a Bout en décadas. Maltz y los otros jefes de la DEA lo tomaron como un reto directo: salir en busca suya y meterlo tras las rejas.

Antes de ese día, Maltz ni siquiera había oído de Bout; pero al poco tiempo se enteró de que el personal de las agencias de inteligencia estadounidenses lo tenía en la mira desde hacía varias décadas. Muchos creían que Bout, quien operaba bajo la protección de Moscú, era intocable. ¿Qué podían hacer un montón de policías de drogas cuando ya habían fallado los mejores y más brillantes agentes de la inteligencia estadounidense? Entonces, de la nada, como Maltz les contaba a sus reclutas con orgullo:

—La pequeñita y vieja DEA aparece de incógnito y *¡bum, bum, bum!*

Así sin más, la DEA arrestó a Bout en una operación encubierta en Tailandia. Quizás se sorprendieron a sí mismos con lo que acababan de lograr. La operación entera, desde la conversación en la Casa Blanca hasta el arresto de Bout, les tomó solo siete meses.

En un abrir y cerrar de ojos, los agentes de la DEA que Maltz trajo a la SOD, quienes habían pasado sus carreras arrestando traficantes en las calles de Baltimore y el Bronx, estaban persiguiendo supercriminales de la altura de los villanos de James Bond. El éxito temprano de esta operación policiaca nueva y turbocargada implicó que el presupuesto de la SOD se había expandido, lo cual la proveyó de nuevos recursos para pagar informantes y para gastar en casas de protección de testigos, seguridad y transporte aéreo para sus agentes alrededor del mundo.

Pero esta transformación estaba inquietando a algunas personas, y Maltz lo sabía. Algunas de las operaciones encubiertas de la DEA provocaban incidentes diplomáticos a gran escala. El Gobierno ruso estaba furioso porque Estados Unidos hubiera arrestado a Bout y tratara de bloquear su extradición. Los abogados defensores comenzaron a quejarse de que la DEA estaba sobrepasando por completo su jurisdicción. Algunos alegaron que sus elaboradas misiones en el extranjero no eran nada más que un intento artero para obtener un chivo expiatorio: algunas habían atrapado gente sin lazos con las drogas o el terrorismo. Un abogado citado en un artículo de la revista *Times* llamó al SOD «los Navy Seal de la DEA». Implicaba que la agencia estaba rebasando los límites de su autoridad. Incluso Bout les disparó una crítica desde prisión:

—La DEA se ha vuelto peor que los narcotraficantes. Al menos ellos tienen ética.

Nada de esto parecía preocuparle mucho a Maltz. Estaba muy orgulloso de la SOD y sus osadas operaciones, y tomó la crítica mordaz de los «Navy Seal» como un cumplido. Si su uniforme estaba fastidiando a las personas, excelente. Era la prueba de que estaban cumpliendo con su cometido.

Divorciado y en sus cuarenta y tantos, Jack vivía con sus dos gatos en un departamento en una ciudad a unos 15 minutos de la oficina de la SOD. Cada mañana conducía al trabajo en su Jeep Wrangler al ritmo de Stone Temple Pilots y llegaba a su escritorio, donde lo esperaban montículos crecientes de papeles y, colgados a lo largo de la pared, esquemas con información y fotografías que, como piezas de un rompecabezas, reconstruían una imagen de las redes criminales internacionales.

Mientras que los otros agentes salían a comer a restaurantes de cadena locales, Jack traía su propio almuerzo y lo comía en su escritorio. Algunos de sus compañeros lo tacharon de inmediato como un bicho raro. Aunque el ritmo en la SOD tenía la intención de darles a los agentes un mejor balance entre su vida laboral y personal, muchos aún acudían a los bares cercanos cada noche. Jack casi nunca iba, a excepción de las veladas en que alguien se retiraba tras 25 años de servicio. La mayoría de las veces esto involucraba beber en exceso, los gaiteros de la DEA interpretando a todo pulmón una versión de «Auld Lang Syne» y Maltz dando un estridente discurso de despedida cargado de profanidades.

Maltz le había pedido a Jack que inspeccionara con atención lo que, a primera vista, le parecía una de las áreas más oscuras en la lista de objetivos internacionales de la SOD: rastrear redes criminales vinculadas a Irán y Hezbollah, el grupo terrorista libanés y partido político chiita que Teherán había patrocinado como una fuerza subsidiaria desde su nacimiento, a inicios de la década de 1980.

Antes de llegar a Virginia, Jack apenas y conocía la diferencia entre chiitas y sunitas, ya ni se digan las complejidades entre la historia iraní y libanesa. Pero se enfrascó en su trabajo con el mismo fervor con el que lo había hecho en Nueva York.

Sentado en su cubículo plagado de papeles, Jack se dio cuenta de que esta área tenía potencial. Con la información que llegaba de informantes y agentes alrededor del mundo a su disposición, el trabajo de Jack era coordinar las investigaciones en estas redes: ser un «ojo en el cielo», como le llamaban. Los fines de semana se despertaba temprano, tomaba su café matutino y luego iba al gimnasio antes de pasar horas trabajando en investigación con información de acceso público.

Mientras más investigaba Jack de cerca, mientras más estudiaba transcripciones de grabaciones clandestinas y leía más reportes, más se daba cuenta de que algo muy perturbador estaba ocurriendo. Era como si estuviera al centro del panóptico observando cómo el dinero, las drogas y las pistolas se movían y cruzaban fronteras. Las investigaciones de Jack comenzaron a mostrar conexiones entre organizaciones criminales que a veces no tenían una idea muy clara siquiera de la maraña de asociaciones y alianzas en las que estaban involucrados. Un cártel de drogas en Colombia podía estar enviando cocaína a las mafias en Europa, que a su vez lavaban su dinero a través de bancos en Medio Oriente, los cuales guardaban dinero para regímenes que no se conducían de acuerdo a las normas internacionales. Esos Gobiernos sancionados entonces podrían utilizar los fondos recaudados en el mercado negro internacional para comprar bombas y armas de fuego.

La DEA había recopilado varias pistas sobre Irán y Hezbollah explotando estas redes para eludir las sanciones impuestas por Estados Unidos. Gobiernos como el de Irán aún necesitaban procurar grandes cantidades de dinero y armas como antes, pero ahora tenían que recurrir cada vez más a esquemas criminales para conseguirlos. Para hacerlo, usaban agentes de adquisiciones o «superfacilitadores»: unidades que operaban en el lado oscuro de las armas internacionales y el tráfico de drogas.

Se trataba de un mundo turbio en el que era difícil saber quién estaba haciéndolo por el dinero y quién estaba trabajando por una causa mayor. Jack podía ver que algunos objetivos eran emprendedores sin escrúpulos que se beneficiaban del libre comercio criminal a escala global, y que suministraban artículos difíciles de conseguir como partes de helicópteros o transportaban fondos ilícitos entre fronteras de manera sigilosa. Pero otros parecían estar estrechamente integrados con las operaciones clandestinas de Hezbollah e Irán. Algunos de estos superfacilitadores, según creía la DEA, parecían estar comunicándose con algunos de los oficiales de alto rango en la organización libanesa.

Desde un inicio, Maltz le dijo a Jack que si planeaba conseguir tracción en otras agencias tendría que proponer un nombre clave para el proyecto. Jack había estado leyendo *En el jardín de las bestias* de Erik Larson, un libro sobre William Dodd, el embajador estadounidense en Alemania que advirtió a Washington sobre el peligro que presentaba Hitler en los años treinta. Dodd había nombrado a su gira de conferencias Casandra, en honor a la princesa troyana que estaba predestinada a que nunca le creyeran, pero cuyas profecías eventualmente resultarían verdaderas. Jack estaba convencido de que el nuevo tipo de criminal que estaba persiguiendo era una amenaza que aún no se comprendía del todo, pero que ameritaba un ataque urgente. Así que propuso un nombre: Proyecto Casandra.

Para 2014, Jack Kelly estaba trabajando con más fervor que nunca. A miles de kilómetros de su cubículo en Virginia, una sangrienta guerra civil acababa de explotar en Siria. De inmediato pudo sentir su impacto propagarse por el submundo criminal global. Bashar al-Assad, el dictador sirio, estaba desatando una violencia brutal en contra de su propia población, apoyándose de armas químicas contra civiles. Y parece que nadie sabía exactamente cómo responder. La fatiga de la guerra había reemplazado desde hacía mucho tiempo el sentido de propósito tras el atentado del 11 de septiembre que había inspirado las intrépidas primeras operaciones encubiertas en el extranjero de la SOD, y la economía estadounidense aún seguía inestable debido a la crisis financiera global.

Mientras los políticos occidentales dudaban, Hezbollah e Irán se movían deprisa para asegurarse de que el régimen de Assad no colapsara. Si un nuevo gobierno hostil tomaba poder en Damasco, entonces Hezbollah se arriesgaba a dejar de recibir fondos de su patrocinador iraní y perder su habilidad para mover personas, dinero y armas a través de Siria.

Los reportes de inteligencia mostraban que algunas de las redes de adquisición criminal que Jack estaba rastreando habían acelerado el ritmo a fin de suministrar armas para el conflicto. Ahora tenía más objetivos que nunca. Algunos de estos superfacilitadores parecían estar trasladando material a Siria que podría usarse para fabricar armas. Para Jack, era como mirar dentro de una casa de los espejos de globalización, revelando la deformación del orden internacional a tal grado que de pronto sentía como si fuera a romperse por completo.

Había un hombre en alguna parte que probablemente estaba en el fondo del asunto: el cliente final. Su nombre era Mustafa Badreddine y él era el legendario terrorista libanés que había sido enviado a Damasco para liderar a los luchadores de las fuerzas especiales de Hezbollah a favor de Assad. Todos sabían que treinta años antes había sido Mustafa quien ejecutó el ataque letal en los cuarteles del Cuerpo de Marines estadounidenses en Beirut, mirando a través de sus binoculares desde el techo de un edificio cercano.

Un montón de agentes de la DEA jamás iban a lograr acercarse a un tipo como Mustafa. Era un fantasma, un fantasma que había evadido a los agentes de inteligencia más determinados del mundo por décadas. Pero Jack sabía que al menos podían perseguir a algunas de las personas que enviaban armas a individuos como él y otros que apoyaban a Assad en Siria. Solo necesitaban las pistas correctas.

Una mañana, un compañero se detuvo por el escritorio de Jack y le preguntó qué sabía sobre un hombre de negocios libanés llamado Ali Fayad. Buscaron el nombre de Fayad en una base de datos. Parecía ser un importante traficante de armas que estaba vendiendo armamento en Damasco.

Los informantes encubiertos de la DEA que trabajaban en África occidental averiguaron que Fayad ahora vendía las armas que usaba Hezbollah para pelear en Siria. Los informantes, según le dijeron a Jack sus compañeros, estaban trabajando poco a poco para acordar un trato de grandes cantidades de armas para poder grabarlo en secreto y así reunir evidencia.

La SOD ahora tenía en la mira lo que parecía ser un objetivo codiciado. Tras varias juntas preliminares, los informantes consiguieron que el traficante de armas accediera a encontrarse con ellos en un hotel en República Checa. La misión encubierta estaba en marcha. Jack y el equipo de agentes volarían a Praga y pondrían a Fayad tras las rejas de una vez por todas.

2

«ELIAS SAAB»

Damasco, 2014

En algún lugar de Siria, un hombre de mediana edad con anteojos, uniforme militar verde y una gorra de beisbol con estampado de camuflaje preparaba a sus luchadores para la batalla que tenían por delante.

—Están listos para el desafío —les dijo él mientras agitaba el puño, que lucía un anillo con una enorme ágata color rojo sangre en el dedo—. Que Dios santísimo bendiga sus obras.

Los estadounidenses no sabían exactamente cuándo Mustafa Badreddine había cruzado la frontera a Siria, pero tenían la certeza de que estaba ahí. Al inicio de la guerra civil siria en 2011, los dirigentes de Hezbollah negaron que alguno de sus hombres estuviera en el país. Cuando las primeras bolsas para cadáveres comenzaron a enviarse de regreso a Líbano, los funerales tuvieron lugar a la mitad de la noche para evitar llamar la atención. Para 2014, ya era un secreto bien sabido: Mustafa, uno de los hombres más buscados en Medio Oriente, estaba en Siria; aunque nadie sabía exactamente dónde. Los rebeldes reportaron haberlo visto comandando grupos de guerreros élite de Hezbollah y librando una guerra urbana cerca de la frontera libanesa. Los espías estadounidenses creían que estaba en la capital, Damasco, actuando como intermediario en reuniones de crisis entre los Gobiernos sirio e iraní mientras se esforzaban por apoyar la dictadura tambaleante de Assad.

Incluso los enemigos de Mustafa, y vaya que tenía bastantes, debieron admitir que no solo era bueno, sino uno de los mejores. Por más de tres décadas había presidido uno de los periodos continuos más largos de bombardeos, asesinatos y secuestros que el mundo jamás hubiera visto. Y siempre se las ingeniaba para escabullirse. La verdad era que, al menos oficialmente, Mustafa apenas si existía. Desde su juventud, había evitado con mucho cuidado que lo fotografiaran y nunca había tramitado un pasaporte ni una licencia de conducir con su propio nombre. Ni siquiera había un registro de una cuenta bancaria a su nombre. No había registro alguno de él entrando o saliendo de Líbano. No había pagado impuestos ni era dueño de propiedad alguna.

Era un nombre con muchos rostros. Antes de partir para la guerra en Siria, había sido temerario, un sinvergüenza. Mustafa, decían algunos, podía atravesar las concurridas calles de Beirut a solas en su *scooter*, con una gorra de beisbol negra cubriéndole hasta el entrecejo y unas gafas de sol eclipsando sus ojos penetrantes. Otras veces, viajaba en convoyes de camionetas todoterreno con altos niveles de seguridad, bramando instrucciones a través de múltiples celulares al mismo tiempo.

Ahora que había cumplido cincuenta hacía pocos años, su barba recortada al ras, alguna vez de un negro azabache, se había vuelto gris. Mustafa aún tenía que cumplir una última misión e iba a ser la más difícil que jamás hubiera enfrentado. La instrucción de los dirigentes de Hezbollah era clara: protejan al dictador sirio de la insurrección a cualquier costo.

Para marzo de 2014, el mismo Bashar al-Assad había comenzado a perder la esperanza y consideraba salir del país. Las milicias rebeldes estaban posicionadas cada vez más cerca de las puertas del Palacio Presidencial y los oficiales de alto rango del régimen estaban apresurándose para enviar a sus familias a un lugar seguro. Los luchadores anti-Assad —una mezcla del Ejército Libre Sirio y yihadistas sunitas— habían conquistado grandes partes de Alepo, en el extremo norte. La segunda ciudad de Siria ahora estaba asediada por batallones gubernamentales, fuerzas iraníes y luchadores de Hezbollah bajo el comando de Mustafa. Este sabía que el destino del dictador probablemente se decidiría en las calles bombardeadas de Alepo. Si los rebeldes lograban tomar control, Damasco era el siguiente en la lista.

Con el ejército sirio incapaz de recuperar su territorio perdido, el régimen desató una violencia indignante en su propia población. Un año antes, había atacado los suburbios de Damasco que estaban bajo control de la oposición con gas neurotóxico sarín, lo cual infligió una muerte agonizante a cientos de civiles. Mediante el uso de armas químicas, Assad cruzó sin mayor reparo lo que el año anterior el presidente Barack Obama juró que sería una «línea roja». Pero las represalias internacionales por el crimen fueron mínimas. Cientos de miles de sirios ahora habían muerto en medio del combate y millones más estaban huyendo del país.

Siria, algunos advirtieron, se convertiría en el Vietnam de Hezbollah. Mustafa era un asesino que había matado a cientos de personas desde que era un adolescente. Pero hombres como él afirmaban que asesinaban en nombre de una causa justa: defender su tierra de ataques israelíes. Ahora estaba enviando a hombres jóvenes a morir en un sangriento predicamento sectario, peleando en nombre de un aborrecido dictador árabe.

Algunos de los hombres con quienes Mustafa había comenzado a pelear en los años ochenta decían que su guerra era una traición a los principios fundamentales del movimiento. Aquellos que maten niños en Siria, advirtió el antiguo general secretario de Hezbollah, «se irán al infierno y no pueden ser considerados mártires». Pero Mustafa creía que no podía permitirse que Assad cayera. Durante varias décadas, el régimen de Assad había servido como un puente entre Teherán y Hezbollah. Y debían defender este puente; defenderlo de las hordas de luchadores del Estado Islámico que se precipitaban como alquitrán de ciudad en ciudad; defenderlo del Ejército Libre Sirio, que en parte estaba recibiendo entrenamiento y apoyo por parte de los estadounidenses. Y sobre todo, defenderlo de caer en un nuevo régimen que podría hacer un trato con los enemigos de Hezbollah, lo que lo dejaría varado en el sur de Líbano y desconectado de Irán.

Mustafa sabía que, para él, solo había dos posibles resultados: la victoria o la muerte.

«No volveré de Siria si no es como un mártir o el portador del estandarte de victoria», este era su juramento.

Pero la determinación no bastaría. La batalla en Siria no solo le estaba costando a Hezbollah miles de bajas; estaba estirando sus recursos financieros hasta el punto de quiebre. La victoria requería armas y dinero. Y al otro lado del mundo había hombres y mujeres trabajando en las sombras para garantizar que el armamento siguiera fluyendo hacia la campaña de guerra de Mustafa.

Más de tres décadas antes, Mustafa, un adolescente con una nariz larga y delgada, y una maraña de cabello rizado negro, entró a la casa de sus padres en el distrito de Ghobeiry, al sur de Beirut. Ese día llegó a casa con un invitado, su primo y su mejor amigo, Imad Mughniyeh.

Saada, la hermana menor de Mustafa, siempre se emocionaba cuando Imad iba de visita. Era un chico serio y de semblante melancólico, un año más joven que Mustafa, que vivía a unos pasos de la familia Badreddine en una casa de bloques de cemento sin suministro de agua.

Saada sabía que Mustafa e Imad pasaban horas completas juntos debatiendo política y religión en las mezquitas cerca de sus casas. Ambos vivían cerca de la Línea Verde, una frontera divisoria infestada de francotiradores que rebanaba la ciudad entre facciones en conflicto. Desde que se desató la guerra civil de Líbano en 1975, los sonidos de disparos y fuego de artillería pesada marcaron sus años de adolescencia, acompañados por el ruido de las balas perdidas y metrallas que impactaban en la casa de los padres de Imad.

Los barrios marginales chiitas del sur de Beirut, asolados por la pobreza y la guerra, eran terreno fértil para las ideas radicales teocráticas que habían inspirado la Revolución iraní de 1979. Mientras escuchaba las conversaciones de su hermano y su primo, Saada sentía que algo importante estaba gestándose en su vecindario. Los jóvenes chiitas desfavorecidos estaban desafiando abiertamente a las generaciones mayores en las mezquitas. Y la chica adolescente se percató de que Mustafa e Imad querían hacer más que solo hablar. Eran ambiciosos y ahora estaban muy ocupados entrenando para el futuro.

En ese entonces, Líbano estaba repleto de oportunidades para los jóvenes militantes que buscaban aprender sobre el oficio. Al principio los dos chicos se vieron tentados por el comunismo, al leer textos de León Trotski traducidos al árabe. Luego, cuando eran adolescentes, patrullando su vecindario durante el conflicto en Beirut, se cruzaron con grupos de militantes palestinos. Al poco tiempo, entraron en la órbita de Fatah, fundado por Yasser Arafat, tras lo cual asistieron a campos de entrenamiento al sur del país.

Para los militantes más veteranos en los campos quedaba claro que los dos chicos tenían talento. Mustafa comenzó a aprender la fabricación de bombas. Imad cayó bajo la tutela de Ali Salameh, el jefe de operaciones para Septiembre Negro —la organización terrorista responsable por la masacre en los Juegos Olímpicos de 1972 en Múnich— y lo reclutó la Fuerza 17, el séquito de seguridad personal para Arafat. Los primos eran jóvenes e inexpertos, pero fueron disciplinados: estudiaron con cuidado tácticas militares y tomaron notas, mientras que otros combatientes jóvenes tan solo querían disparar pistolas. Comenzaron a ganar seguidores entre la nueva generación de militantes chiitas que emergían a su alrededor.

Durante las visitas irregulares de Imad, Saada comenzó a conocerlo mejor. Cautivada por su seriedad, en secreto, estaba enamorada de su primo. Sabía que Imad, el hijo de un vendedor de golosinas, era pobre, por lo que no tenía los medios para mantener a una esposa e hijos. Y ella no era particularmente religiosa. Pero nada de eso importaba. Al poco tiempo, estaban comprometidos.

En 1982, Israel invadió Líbano y Mustafa e Imad se levantaron en armas junto con los luchadores de Fatah con quienes habían estado entrenando. Ambos primos sufrieron heridas graves en un tiroteo y Mustafa casi pierde el uso de una de sus piernas. Saada le rogó a su padre que le permitiera quedarse con Imad para cuidarlo, aunque no estuvieran casados aún. Con el tiempo, dio su permiso.

Mustafa e Imad no solo eran hermanos en armas; ahora eran también cuñados. Saada se casó con su primo en una ceremonia simple presidida por el famoso clérigo chiita Mohammad Hussein Fadlallah, quien contrató a Imad como su guardaespaldas. La joven pareja no tenía el dinero suficiente para una fiesta ni para comprar un vestido para Saada. Tampoco les alcanzaba para su propio hogar, así que vivían en un cuarto provisional construido en el balcón de la casa de los padres de Imad.

Imad trató de proteger a Saada de su trabajo. Pero ella se percataba de que cada trazo de energía de su esposo y Mustafa la consumía la planeación de su siguiente operación. Después de la guerra de 1982 con Israel, Fatah dejó Líbano y los primos se quedaron sin patrocinadores. Pero una fuerza nueva y mucho más peligrosa había tomado el lugar de Arafat. Durante el caos de la guerra, la Guardia Revolucionaria Iraní había establecido discretamente un campo de entrenamiento en una base militar abandonada en el Valle de la Bekaa y estaba ansiosa por reclutar a los dos ambiciosos jóvenes militantes. Mustafa e Imad ahora tenían la fuerza y los recursos de una nación estado respaldándolos; una que estaba dispuesta a desatar una violencia espectacular para conseguir lo que quería. Al mismo tiempo, las escuadras de jóvenes chiitas, respaldadas por los iraníes revolucionarios, estaban fusionándose en una nueva organización que sería conocida como Hezbollah: el partido de Dios.

Saada era consciente de que jamás tendría un matrimonio normal. Pero en 1983, después de los ataques que masacraron a cientos de soldados estadounidenses planeados por su hermano y su esposo, las consecuencias de sus decisiones de vida aparecieron con total claridad. Tendrían que esconderse entre las sombras para siempre. Mustafa e Imad ya no eran muchachos hablando en una mezquita. Eran terroristas que estaban en la mira de algunos de los Gobiernos más poderosos del mundo.

La fumarola que emanaba de los escombros en los cuarteles del Cuerpo de Marines apenas acababa de apagarse cuando, seis semanas después, Mustafa emprendió una nueva misión. Con un pasaporte falso bajo el nombre de «Elias Saab», entró de incógnito en Kuwait.

Mustafa aprovechó las habilidades que aprendió en los campos de entrenamiento para pulir una técnica sofisticada que incrementaba el poder de los explosivos plásticos al rodearlos de envases de gas. Un experto en artillería que investigaba el ataque a los cuarteles señaló que construir una bomba tan letal habría requerido «una maestría en explosivos y quizás hasta un científico». Ahora que formaba parte de un equipo de veinte miembros despachados al diminuto emirato, Mustafa estaba a punto de demostrar sus letales talentos.

El 12 de diciembre de 1983, se desencadenó una devastadora serie de explosiones a lo largo de Kuwait en un lapso de noventa minutos. La explosión inicial detonó en la embajada estadounidense, cuando un camión cargado con cilindros de gas atravesó la entrada principal y estalló. Mientras las personas conmocionadas observaban el daño, que había reducido a pedazos el anexo frontal del edificio y reventado las ventanas del hotel Hilton cercano, otro coche bomba explotó fuera de la embajada francesa. Dentro, el impacto provocó que un candelabro de cristal que colgaba sobre el escritorio del embajador cayera con gran estrépito a unos cuantos centímetros de su cabeza. Una explosión tras otra, el abrumador bombardeo continuó, con estallidos que resonaban desde el aeropuerto, la compañía eléctrica y otros objetivos estratégicos a lo largo del país. Una bomba compuesta de más de doscientos cilindros de gas escondida dentro de un camión falló en explotar lo suficientemente cerca de una de las refinerías de petróleo más grandes de la nación, lo cual la salvó de un estallido que habría liberado un infierno perpetuo.

La cacería para encontrar un culpable comenzó. Mientras Mustafa y sus cómplices se apresuraban a escapar, Kuwait declaró un estado de emergencia, tras lo cual las autoridades instalaron retenes en las calles y les prohibieron a las mujeres usar velo mientras conducían para evitar que los culpables se escondieran. Los kuwaitíes no tenían duda alguna de quiénes estaban detrás de estos ataques. El bombardeo, señaló el Gobierno, fue «la primera operación iraní concentrada que exportó la revolución más allá de sus fronteras». La huella dactilar de un pulgar cercenado que se encontró en el sitio de la explosión en la embajada estadounidense, según confirmó la investigación, pertenecía a un miembro conocido de un grupo terrorista con base de operaciones en Teherán. La policía descubrió más tarde que, en las semanas previas al ataque, las pistolas y granadas habían sido introducidas de contrabando a Kuwait desde Irán y escondidas en barriles de petróleo.

Dos meses después de la explosión, las autoridades guiaron a 21 hombres jóvenes, rodeados por guardias armados, al interior de una jaula de metal en una sala de tribunal en la ciudad de Kuwait. Sentado entre ellos, mientras bromeaban y reían, estaba un hombre de cabello negro y rizado llamado Elias Saab. Tras un juicio corto, a 17 de ellos, incluyendo a Saab —que en realidad era Mustafa Badreddine— los declararon culpables de orquestar los ataques y los sentenciaron a muerte.

Imad Mughniyeh no iba a quedarse de brazos cruzados mientras el amado hermano de Saada se pudría en una cárcel de Kuwait, esperando a que lo arrastraran al patio y le dispararan. Iba a recurrir a cualquier medio necesario para liberar a su primo.

3

UNA PISTOLA CARGADA

Calabria, 2014

Lejos de los campos de batalla de Siria, en un pequeño pueblo en una región al sur de Italia, llamada Calabria, Salvatore Pititto estaba de pie en su huerto mientras su esposa le apuntaba a la cabeza con una pistola.

Pero incluso mientras Antonella empuñaba la pistola, sabía que volarle los sesos a su esposo no cambiaría lo que más le dolía: el corazón de Salvatore le pertenecía a otra mujer.

—Aunque te dispare en las rodillas, seguirás deseándola —declaró—, porque estás enamorado de ella.

Era cierto. Para Salvatore, fue amor a primera vista. Más de una década antes de que su esposa amenazara con matarlo, una joven de Ucrania salió de una estación de tren en Calabria lista para comenzar una nueva vida. Oksana, de 21 años, con cabello rubio decolorado y lentes cuadrados de marco grueso, no tenía papeles de residencia ni casa ni trabajo. Había llegado a Italia siguiendo el consejo de una amiga de su país que hizo el viaje varios años antes y logró encontrar trabajo.

La amiga de Oksana fue a recogerla. La llevó en su auto un hombre italiano que conocía del trabajo. Su nombre era Salvatore. Era corpulento, con una cabeza grande, cabello rapado y ojos inquietos un tanto pequeños para su ancho rostro. Salvatore no era alto, moreno ni guapo, pero era poderoso y autoritario. Y quizá, mientras estaban de pie afuera de la estación, en los primeros momentos de Oksana en Calabria, él la hizo sentir segura.

Salvatore se sintió instantáneamente atraído por Oksana y se ofreció a ayudarla. Al principio, le consiguió un trabajo en el mismo lugar donde trabajaba su amiga: la cooperativa agrícola local que producía queso y leche. Pero Salvatore quería a Oksana más cerca, así que le consiguió otro trabajo, esta vez como cuidadora de la pareja de ancianos que vivía al lado de él y su familia.

La casa de la pareja de ancianos tenía ventanas que daban a la casa de Salvatore. A veces, Oksana lo descubría mirándola mientras trabajaba. Poco después comenzaron un amorío.

Oksana no sabía a ciencia cierta a qué se dedicaba Salvatore. Pero tenía dinero y conocía a muchas personas importantes en la zona que podrían facilitarle la vida mientras se adaptaba a un nuevo y extraño país.

Cuando la pareja de ancianos que ella cuidaba murió de un momento a otro, Oksana necesitó otro trabajo. Salvatore hizo arreglos para que su nueva novia trabajara como cajera extraoficial en un supermercado y viviera en un pequeño departamento encima de la tienda.

El supermercado era propiedad de una anciana que tenía tres hijos. Uno de ellos, un chico amable y dulce, comenzó a interesarse por la hermosa ucraniana. Los dos comenzaron a pasear a la anciana juntos. La familia la trataba como si fuera una integrante más. Después, Oksana se enteró de que el chico le comentó a su tío que se había enamorado de ella. Sí, Salvatore era una opción. Pero Salvatore y Antonella llevaban más de una década casados. Tenían tres hijos. Quizás era sensato que Oksana empezara a pensar en otras opciones.

Luego, un día, el chico del supermercado rompió abruptamente la relación. Oksana descubrió más tarde que Salvatore le había advertido al tío del chico:

—Si yo no puedo tenerla, nadie puede.

La gente en el vecindario parecía tomar muy en serio lo que decía Salvatore.

Para entonces, Salvatore la había ayudado a instalarse en un departamento, registrado a nombre de ella. Ahora tenía su propio hogar, hablaba el idioma y tenía un trabajo estable. Él empezó a llevar extraños a la casa de Oksana y le decía que saliera de la habitación para que pudieran hablar en privado. Ella notó que Salvatore tenía pánico de que lo grabaran. A veces, él y sus amigos bajaban la voz y empezaban a hablar de cosas extrañas. Su novio no era granjero, pero frecuentemente le decía a alguien por teléfono: «Hoy necesito ir a ver a las ovejas» o «Voy a llevarte el queso».

Poco a poco, Salvatore se volvió menos cauteloso alrededor de Oksana. A veces le permitía quedarse en la habitación mientras él y sus amigos tenían sus pláticas. Comenzó a compartir pequeños secretos con ella.

Una noche estaban acurrucados en el sillón de su sala, mirando una serie de televisión sobre un policía encubierto que se infiltra en una poderosa familia de la mafia calabresa. El héroe estaba disparando una ametralladora.

—Tengo dos de esas —señaló Salvatore con orgullo mientras señalaba la televisión.

—¿Qué? —preguntó Oksana—. ¿Dos Kalashnikov?

—Sí —respondió—. Es verdad, es verdad.

Oksana y Antonella nunca se conocieron, pero sabían de la existencia de la otra. Incluso si Antonella —una mujer robusta con cabello teñido de negro con corte estilo bob que usaba tenis Converse azules— no estaba contenta, ¿qué podía hacer? Hombres como Salvatore no se divorcian. Él y su esposa vivían con sus tres hijos, en una casa de construcción barata, en una esquina polvorienta de Mileto, el pequeño pueblo de ocho mil personas en el que ambos nacieron y del que nunca se fueron. Al lado de la casa había un pequeño jardín con varios naranjos grandes. Antonella cuidaba del terreno, donde cultivaba verduras.

Ella sabía que Salvatore pensaba que era tonta. A veces le pedía que hiciera pequeñas tareas por él, tomar dinero por aquí o recoger a alguien por allá. Pero sabía que nunca confió en ella y siempre creía que arruinaría las cosas. A veces Antonella les preguntaba a sus hijos por qué su padre la trataba con tanta falta de amor. ¿Les hablaba a sus amigos como le hablaba a ella? Pero no ofrecían mucha empatía. Creciendo bajo la tutela de su padre, estaban empezando a volverse más duros.

Salvatore le contó a Oksana que él y Antonella ya no compartían una cama, sino que su esposa dormía en el sillón. La existencia de Oksana poco a poco dejó de ser un secreto. Algunas veces, Salvatore la llevaba a cenar con sus amigos o a verlo jugar boliche sobre hierba con sus hijos. Era suya por completo. Pero Oksana debió de haber sabido que él nunca podría ser suyo por completo.

Hombres como Salvatore estaban obligados por un juramento a mantener ciertas cosas en secreto. Pero, con el tiempo, los secretos crecieron. Confiaba en Oksana. Le habló sobre su tráfico de drogas y las reservas de armas que sus amigos habían escondido en campos. También le contó sobre su familia, la cual sembraba terror en la pequeña y pobre ciudad en la que vivían.

Oksana descubrió que Salvatore tenía un primo llamado Pasquale a quien nunca se le veía. Pasquale y Salvatore habían nacido en el mismo año, con un mes de diferencia. Pasquale estaba en una silla de ruedas, a causa de una herida de bala por un ataque sufrido años atrás. Más tarde, le dieron una condena de 25 años por asesinato y vivía bajo arresto domiciliario en Mileto, después de apelar con éxito su encarcelamiento debido a su discapacidad.

Pasquale guardaba una gran colección de armas, incluyendo subfusiles M12, rifles automáticos y un revólver calibre .38. Salvatore le contó a Oksana en sus conversaciones nocturnas sobre lo cercano que era a su primo y lo similares que eran. Con el tiempo, descubrió que Pasquale, a pesar de estar encarcelado en su casa, parecía saber todo sobre todos en la ciudad, incluso sobre ella, por lo que decidió que era prudente llevar una buena relación con él. Después de regresar de un viaje a Ucrania, le dio a Salvatore un regalo para Pasquale: una botella de coñac y un barco decorativo cubierto de conchas marinas. Salvatore le dijo a Oksana que su primo colocó el pequeño barco en un lugar destacado en su alféizar. Quizás era la manera de Pasquale de decirle a Oksana que, aunque nunca se hubieran conocido, la estaba vigilando.

Pasquale fue quien convirtió a la familia de Salvatore en los reyes de su ciudad. En la década de 1980, los primos empezaron como jóvenes rufianes que robaban camiones y extorsionaban a negocios locales para que pagaran la protección de jefes del crimen más poderosos. El adolescente Pasquale demostró enseguida ser muy hábil, e incluso innovador, al coaccionar a los empresarios de Mileto. Al principio de sus carreras criminales, un jefe mayor les pidió a los chicos que dejaran un sobre sellado fuera de la casa de un policía. Mientras iban de camino, Pasquale no pudo resistir abrir el sobre. En su interior había una carta escrita en mayúsculas con una amenaza escalofriante. A partir de entonces, adoptó una estrategia similar para su propio creciente negocio de extorsión: ¿por qué extorsionar a alguien en persona cuando podías tan solo dejarle una nota? Pronto desarrolló un sistema de enviar mensajes escritos a mano a sus víctimas exigiendo pago, junto con un regalo intimidante: una botella llena de gasolina o un dispositivo explosivo casero burdamente armado. En una ocasión, Pasquale dejó la cabeza cortada de un perro fuera de la casa de un empresario.

Los Pititto comenzaron a ascender en la jerarquía. Las principales familias criminales calabresas habían operado durante más de cien años, según un sistema de clasificación secreta de membresía, conocido como *doti* o «regalos». Para que ascendieran a un joven rufián a un regalo más alto, conocido como «recibir una flor», debía someterse a un ritual de iniciación tipo masónico realizado por miembros más antiguos. Y fue en 1988, en la celda número 18 de la prisión de Vibo Valentia durante un breve arresto por robo, que Pasquale se convirtió en un *made man*.* Los chicos ya no eran *picciotti*, simples matones callejeros. Ahora sus mayores reconocían a la banda Pititto como una pandilla hecha y derecha.

A lo largo de los años, sobrevivieron a varias guerras contra familias criminales rivales, incluida la que dejó a Pasquale en una silla de ruedas. Su control sobre Mileto no tenía rival. Sin em-

---

* *Made man:* rango dentro de la mafia estadounidense y siciliana que se obtiene cuando un asociado se une a una familia al realizar el juramento de la *omertà*, un código de silencio y honor. El primero de estos rangos es el de *picciotto* o soldado, cuyo plural es *picciotti*.

bargo, la familia Pititto era una organización provincial, un pequeño satélite con dominio sobre su diminuta ciudad gris solo por el beneplácito de jefes regionales mucho más poderosos. Salvatore sabía que el verdadero dinero y el verdadero poder venían de lejos. Y Salvatore era un hombre ambicioso, ambicioso por su familia. Quería lo mejor para ellos.

Los tres hijos de Salvatore y Antonella, Giuseppe, Gianluca y Alex, eran su futuro. Salvatore hablaba con Oksana de sus hijos todo el tiempo, radiante de orgullo. Siempre le decía que estaban creciendo para ser iguales a él.

Giuseppe y Gianluca, ahora en sus veintitantos, comenzaron a vender drogas en la ciudad y a ayudar a su padre en su negocio. Giuseppe, el hijo mayor, estaba comprometido con la hija de un socio de Salvatore. El padre de la novia había estado ahorrando dinero de sus negocios de drogas para casarla en una ceremonia de lujo con carruajes tirados por caballos. Una Pascua, Salvatore le confesó a Oksana que estaba particularmente feliz porque Giuseppe había pasado el día solo con Pasquale en la casa de su primo, bebiendo grappa. Era una señal de que lo estaban preparando para la sucesión. Todo estaba listo para que los hijos de Salvatore tuvieran un futuro maravilloso.

Alex, a los 12 años, era demasiado joven para trabajar con su padre. No estaba claro cuánta atención le prestaban sus padres y hermanos mayores a Alex, un niño regordete que se había rapado el cabello de ambos lados y a menudo llevaba una gorra de beisbol. Hacía las cosas que hacen los niños de su edad: ir a la escuela y pasar las primeras horas de la tarde en la plaza del pueblo comiendo pizza con sus amigos y publicando fotos en Facebook. Pero a veces parecía distante y deprimido.

De vuelta en el departamento de Oksana, al día siguiente de que Antonella le apuntó a Salvatore en la cabeza con una pistola, él le contaba la historia sobre su esposa alterada. Como siempre, ella se mostró comprensiva.

—¿Cómo no va a desmoronar a tu familia si ya no te quiere en ella? —dijo Oksana. Era la familia de Salvatore, no la de Antonella y mucho menos la de ella. Oksana sabía que nunca sería nada más que un apéndice, una posesión. Pero a Salvatore no parecía importarle que su esposa lo hubiera amenazado con matarlo. Estaba más molesto con su hijo mayor. Giuseppe había dejado torpemente su pistola escondida en el jardín. Fue allí donde su madre la encontró mientras cultivaba las verduras.

—En cuanto la vi arando la tierra de las verduras afuera, supe que la encontraría. «Eres un maldito idiota», le dije a Giuseppe —recordó Salvatore. Tener armas en casa estaba bien. El error que su hijo cometió, según Salvatore, fue dejar que su madre encontrara una. Aun así, sabía que su esposa, triste y abrumada, nunca se atrevería a jalar el gatillo.

Desde que Salvatore se hizo cargo de los asuntos criminales de su primo, solía informar regularmente a Pasquale. Pero Oksana comenzó a notar que Salvatore iba a reuniones en casa de su primo con más frecuencia.

Y podía ver que Salvatore era ambicioso. Algunas noches, le contaba historias sobre hombres que conocía, quienes se hicieron ricos más allá de sus sueños más descabellados a través del tráfico de drogas. Algunos, le decía, terminaron perdiendo todo. Pero Salvatore era más astuto y despiadado que los demás; solo estaba esperando su oportunidad.

Durante años, había estado estudiando a las familias criminales más establecidas. Sabía que las mayores ganancias iban para aquellos que podían encontrar una manera de obtener grandes cantidades de cocaína al por mayor a un precio más bajo que en Europa. Y la única manera de hacerlo era establecer una ruta de suministro directa desde Latinoamérica. Habían estado intentándolo durante meses con diferentes intermediarios en Calabria, hombres con experiencia en importar cientos de millones de euros en narcóticos para algunas de las familias mafiosas más poderosas de Italia. Salvatore había probado contactos en España, pero no llegaron a nada.

Entonces, un día en 2014, llegó la noticia que Salvatore había esperado por tanto tiempo. Uno de los intermediarios con los que estaba trabajando recibió una llamada de su contacto en Colombia.

—Hoy tuve la más peligrosa de las suertes —informó el intermediario con entusiasmo por la línea telefónica—. Llegué hasta arriba, al que maneja todo aquí. Tan pronto como regrese, hablaré con el jefe más alto, protegido por trescientas personas, ya sabes. Aquí estamos tratando con Dios mismo.

Puede que Salvatore no lo supiera aún, pero había un nuevo dios en Colombia y se llamaba Otoniel. Otoniel era el seudónimo de Dairo Antonio Úsuga, comandante del clan Úsuga, también conocido como Clan del Golfo. El Clan del Golfo había surgido de las cenizas de las organizaciones paramilitares anticomunistas de Colombia después del cambio de milenio para convertirse en uno de los cárteles de cocaína dominantes del país.

Cuando los paramilitares de Colombia se disolvieron en 2006, dejaron un vacío en el mercado. Con tan solo unos cuantos cientos de hombres, Otoniel empezó a hacerse cargo de sus antiguas operaciones de tráfico de cocaína desde una base en la región tropical de Antioquia, al norte de Colombia. En solo unos años, el Clan del Golfo pasó de ser un cártel novato a uno de los imperios de cocaína más importantes del mundo, el cual exportaba miles de millones de dólares de drogas alrededor del mundo. El éxito de Otoniel comenzó a llamar la atención. Este guerrillero bajo y regordete con un espeso bigote negro y vestido con uniforme militar ahora era uno de los hombres más buscados del mundo. El Gobierno estadounidense había ofrecido una recompensa de cinco millones de dólares por su cabeza.

Era exactamente el tipo de persona con la que Salvatore Pititto estaba buscando hacer negocios. Pero no iba a poder hacerlo solo. Para el tamaño de envío que tenía en mente, el cual valdría decenas o incluso cientos de millones de euros, iba a tener que encontrar patrocinadores. Tenía que hablar con su primo.

La casa de Pasquale estaba a diez minutos en coche de la de Salvatore, por un estrecho camino de alquitrán bordeado de granjas y olivares. Salvatore y sus amigos, las mismas personas que a veces venían a hablar de negocios al hogar de Oksana, eran extremadamente paranoicos al ir a ver a Pasquale, y revisaban constantemente su casa en busca de dispositivos de escucha o receptores de vigilancia policial. Sabían que la policía en el pasado había colocado cámaras ocultas en el bosque más cercano.

Para evitar que los detectaran, entraban a la casa de Pasquale por una puerta oculta dentro de un edificio conectado. Salvatore organizaba sus reuniones con su primo mediante mensajes de texto codificados, pretendiendo ante cualquier persona que pudiera interceptarlos que iba a visitar a una amante, llamando a su primo «mi amor»; y Pasquale respondía llamándolo «mi tesoro».

Esa noche, susurrando dentro de la casa de Pasquale, comenzaron a trazar planes. Aunque la vida personal de Salvatore pudiera estar volviéndose cada vez más volátil, no había tiempo para preocuparse por la furiosa Antonella. Necesitaba concentrarse en Colombia y en la oportunidad que prometía transformar la fortuna de su familia.

4

LA MISIÓN SECRETA DE PRAGA

Praga, marzo de 2014

Jack Kelly y sus compañeros de la DEA estaban fuera del hotel Sheraton en Praga central, esperando. Estaban muy lejos del norte de Virginia: Praga era un laberinto gótico de calles adoquinadas serpenteantes y rieles de tranvías. Jack estaba aturdido por el *jet lag*. La desorientación de un viaje largo e ininterrumpido ya se había vuelto rutina: hacer una maleta, salir hacia el aeropuerto de Dulles, pagar a su vecino para que alimentara a sus dos gatos.

La policía checa les tenía noticias: el hombre que estaban esperando había aterrizado. Era Ali Fayad, el traficante de armas libanés asentado en Ucrania que, según creía la DEA, había estado involucrado en la venta de armas que ahora utilizaba Hezbollah en Siria. Los informantes encubiertos de la DEA, quienes fingían ser paramilitares colombianos, habían pasado meses tratando de convencer a Fayad de volar a Praga para discutir un trato por veinte misiles tierra-aire Igla fabricados en Rusia, ocho lanzadores Igla, cuatrocientos cohetes RPG y cien lanzacohetes RPG. El precio superaba los ocho millones de dólares.

Pero no estaba del todo claro para quién trabajaba Fayad exactamente. Para el equipo de la DEA en Praga, parecía un comerciante de armas sofisticado y bien conectado que había intermediado ventas de armas en Libia e Iraq. Tenía contactos de alto nivel en varios países y actuaba como asesor del expresidente de Ucrania, alineado con Moscú, Viktor Yanukovych. Fayad les había dicho a sus amigos que se había reunido con Vladímir Putin.

Al equipo de la DEA le había tomado horas de preparación, falsos comienzos y callejones sin salida llegar hasta este punto. El simple hecho de lograr que Fayad fuera a un país con el que

Estados Unidos tenía un tratado de extradición no era un detalle trivial. El oficial de enlace de la DEA alertó a la embajada de Estados Unidos y notificó a la policía nacional, quienes acordaron ejecutar la operación. Era crucial mantener lo más corto posible el tiempo entre la llegada del objetivo y la reunión. La habitación de hotel donde tendría lugar la reunión se preparó con dispositivos de grabación ocultos y cámaras. La habitación de al lado sería el centro de control, donde la policía checa y un representante de la DEA observarían todo. Y en el momento en que Fayad intentara salir de la reunión en el hotel, se lanzarían sobre él.

Sería una clásica operación encubierta de la DEA en el extranjero de la era de Maltz. El plan era organizar una transacción de armas entre Fayad e informantes encubiertos que se hacían pasar por representantes de las FARC, la organización paramilitar y narcotraficante colombiana considerada como un grupo terrorista extranjero por el Departamento de Estado de EUA. Esto implicaba seleccionar cuidadosamente a las personas adecuadas de su grupo de expertos en hacerse pasar por criminales. Al igual que los directores de reparto, la DEA tenía que juzgar si cumplían con el papel, si podían actuar de manera convincente y si poseían el temple para improvisar en caso de giros inesperados. Y tenían que ser lo suficientemente hábiles para extraer la información correcta y presentar un caso convincente ante un tribunal estadounidense. Organizar todo esto —los vuelos, los hoteles, los pagos y la seguridad— representaba un costo monumental. Si un traficante de drogas no se presenta a una operación encubierta en la esquina de la calle, puedes regresar otro día. Si llevas a un grupo de agentes e informantes de la DEA en avión hasta el otro lado del mundo para tener una reunión en Europa Central y el objetivo no se presenta, quemaste decenas de miles de dólares, lo cual sería bastante difícil de explicar a tus superiores.

Conseguir que los informantes encubiertos se hicieran pasar por miembros de las FARC era ahora una estrategia fundamental para que la DEA realizara arrestos en el extranjero. Dado que las

FARC eran una organización designada como terrorista, cualquiera al que se encontrara conspirando para vender armas a sus miembros, ya fuera realidad o una actuación, podía ser acusado bajo las aplastantes leyes estadounidenses contra el narcoterrorismo. El uso de militantes colombianos falsos era controversial pero efectivo. La escuadra de talentosos actores encubiertos de la DEA ya había derribado a Monzer al-Kassar y Viktor Bout. Ahora, si todo salía bien, estaban a unas cuantas horas de lograr una captura más.

Jack estaba esperando fuera del hotel con su compañero Jimmy Grace, quien estaba a cargo de la operación en la escena. Jack conocía a Jimmy desde aquellos días en que salían a beber juntos como agentes novatos en Nueva York. Jimmy tenía amplia experiencia en su campo, ya que había trabajado en cientos de investigaciones sobre algunos de los criminales internacionales más peligrosos del mundo. Pero mientras esperaban a que llegara Fayad, ambos estaban nerviosos. Era una lección aprendida a durísimas penas a través de innumerables operaciones encubiertas y casos de micrófonos ocultos: no importaba cuánto planearas, siempre había sorpresas desagradables. Y Jack podía darse cuenta de que algo le preocupaba a su compañero. Jimmy no sabía con exactitud qué sería, pero estaba convencido de que algo iba a salir mal.

Era casi imposible mantener en secreto una operación como esta. Era necesario informar a demasiadas personas con anticipación, desde los informantes hasta la embajada y los numerosos funcionarios en el país anfitrión. Los agentes de la DEA también sabían que cosas curiosas a veces les sucedían a sus objetivos; en especial a aquellos que trabajaban en el oscuro mundo del tráfico internacional de armas. Algunos simplemente desaparecían de la faz de la tierra. Con otros objetivos, quedaba la sospecha de que a algunos de ellos los habían contactado espías que los consideraban más valiosos como fuente de inteligencia que como reclusos en prisión.

El primer susto llegó incluso antes de que Fayad subiera al avión rumbo a República Checa. Llegó una noticia a través de los informantes de la DEA de que habían detenido a Fayad en el aeropuerto. De inmediato temieron que lo hubieran incluido en una lista internacional de personas vetadas para volar y que no llegaría. Pero eventualmente lo dejaron pasar. Luego, una vez que Fayad estaba en el aire, recibieron una extraña llamada del oficial de enlace de la DEA en la Interpol, en Washington D. C. Alguien dentro de la Interpol, no sabían quién, preguntó si la DEA tenía una operación importante en marcha en Praga. ¿Cómo lo sabían? ¿Quién les dijo? Jack estaba paranoico. A veces, actores corruptos abusaban del sistema de la Interpol, y sospechó de inmediato que había un soplón. Trató de mantener la calma y no preocuparse de que las personas que trabajaban con Fayad podrían haber sido enviadas con anticipación para poner el hotel bajo vigilancia y detectar a los estadounidenses de aspecto sospechoso. No era descabellado imaginar que un objetivo sensible tendría amigos influyentes, personas a quienes les convenía asegurarse de que permaneciera a salvo.

Llegó una actualización de la policía checa. Fayad ahora estaba de camino al hotel desde el aeropuerto. La DEA creía que ya había acumulado suficiente evidencia durante reuniones anteriores entre Fayad y sus informantes para presentar un caso criminal convincente en su contra. En las semanas previas a su viaje a Praga, grabaron en secreto a Fayad explicando cómo proporcionaría documentación falsa para el envío de armas, y así pareciera que estaban destinadas a Ecuador o Libia en lugar de Colombia. Después de que uno de los informantes expresó una preocupación técnica sobre si los helicópteros estadounidenses que atacaran a las FARC podrían evadir misiles térmicos, Fayad lo tranquilizó diciendo que los Iglas que estaba vendiendo no tendrían ningún problema para llegar a su objetivo. Las grabaciones que esperaban obtener dentro de la habitación de hotel en Praga serían el toque final para cerrar su caso. Además, las grabaciones no significaban nada sin un arresto real.

El auto de Fayad se detuvo en el hotel. Jack quería echarle un vistazo. Jimmy le decía que se quedara cerca de la entrada, para no parecer sospechoso, pero Jack no pudo resistirse. Alcanzó a ver su rostro: un hombre bien vestido, delgado, afeitado, con ojos esquivos. Fayad, como todo un hombre de negocios, subió las escaleras para comenzar la reunión. El equipo de la DEA esperaba abajo: revisaban nerviosamente sus teléfonos en busca de actualizaciones. Jimmy sabía que era importante dejar que la policía checa hiciera las cosas a su manera. Los estadounidenses eran invitados en su país, y operaban solo con su permiso. Intentar microgestionar el arresto sería como si llegara un francés y le dijera cómo hacer una redada de drogas en el Bronx.

Llegó una actualización desde la sala de control. La reunión iba según lo planeado. Lo siguiente que esperaban ver era a Fayad bajo custodia policial. Entonces, de repente, lo vieron caminando con calma por el vestíbulo y saliendo del hotel. Jack entró en pánico. ¿Qué estaba pasando? ¿Por qué lo dejaron salir de la reunión y a las calles de Praga? Ambos miraron con impotencia mientras subía a un taxi que comenzó a alejarse. Jack instintivamente comenzó a correr tras él. Pero en un momento, Fayad se había ido.

Un tiempo después de que Jack quedara desconcertado y jadeando en medio de una calle de Praga, llegó la noticia de que la policía checa detuvo el automóvil de Fayad. Quisieron esperar hasta que estuviera en un lugar menos céntrico para hacer el arresto. Esa noche, la policía checa celebró una cena en un monasterio para los agentes de la DEA. Jack no fue. En cambio, se sentó solo en la terraza de un bar en el centro de la ciudad, bebiendo una cerveza, recuperándose de su *jet lag* y reflexionando sobre el caso. Todos en la DEA sabían que el arresto era solo el comienzo. Ahora habría una batalla para obtener la aprobación del Gobierno checo para extraditar a Fayad a Estados Unidos para enfrentar un juicio. Podría llevar años. Y las agencias estadounidenses de orden público que arrestaban a traficantes de armas políticamente conectados en países extranjeros tenían la costumbre de provocar consecuencias inesperadas. Si Fayad era tan importante como sospechaba la DEA, entonces seguramente habría una reacción. Pero lo que aún no sabían era hasta dónde alguien allá afuera estaba dispuesto a llegar para impedir que Ali Fayad viera el interior de un tribunal estadounidense.

5

«EL TIEMPO ES ESENCIAL»

París, octubre de 1985

Después de que lo detuvieran durante el bombardeo en Kuwait, Mustafa ahora estaba en el pabellón de los condenados a muerte. Estaba preso en el calor sofocante de la Prisión Central de alta seguridad del país, con su cabello negro rapado y su vida en las manos del emir.

Pero Mustafa no iba a esperar pacientemente su ejecución. El prisionero conocido por sus guardias como Elias pronto había adquirido una reputación como uno de sus reclusos más peligrosos y engañosos. Gritaba de rabia contra sus captores y atemorizaba a los guardias recitando de memoria los nombres de los miembros de sus familias. Comenzaron a circular rumores de que intentó fabricar explosivos con huesos de pollo y otros materiales sacados de la basura alrededor de la prisión para reventar la puerta de su celda. Otros decían que le rebanó la cara a un carcelero con una navaja.

Mientras tanto en Beirut, su cuñado Imad estaba ocupado planeando forzar al emir para que liberara a Mustafa y al resto del escuadrón de bombardeo que ahora llamaban el «Kuwait 17».

En marzo de 1984, el mismo mes en el que Mustafa fue sentenciado a muerte, el jefe de la estación en Beirut de la CIA, William Buckley, recibió un golpe en la cabeza mientras salía de su departamento y alguien lo empujó adentro de un auto. El secuestro del agente de alto rango de la CIA en Líbano solo podía interpretarse como una declaración de guerra contra la agencia de espionaje. Cualquier duda que los estadounidenses en Beirut pudieran haber tenido ahora se había esfumado: ellos no eran quienes estaban observando a Imad, él era quien los estaba observando a ellos.

Y mientras sus enemigos perseguían su sombra, Imad sabía que, si planeaba liberar a Mustafa, tendría que perpetrar ataques aún más espectaculares.

En diciembre de 1984, cuatro hombres armados se infiltraron a través de las puertas del control de seguridad en el Aeropuerto Internacional de Dubái y abordaron un vuelo a Karachi. Unos 15 minutos después del despegue, el piloto oyó gritos provenientes de la sección de primera clase del avión y un solo disparo. Momentos después sintió una granada de mano presionada contra su cuello.

Los secuestradores se apoderaron del control de la nave, tomaron como rehenes a sus 162 pasajeros y se desviaron a Teherán. Exigieron la liberación de Mustafa y del resto del «Kuwait 17», y amenazaron con explotar el avión si no obtenían lo que querían. Después de aterrizar en Teherán, los secuestradores le dispararon a un pasajero estadounidense y lo arrojaron por la puerta del avión. Habían transcurrido tres días de espera cuando los secuestradores asesinaron a otro estadounidense y arrojaron su cuerpo ensangrentado e irreconocible a la pista.

Meses más tarde, la Casa Blanca se quedó atónita al descubrir que Imad no estaba, como habían pensado, escondiéndose en algún barrio bajo al sur de Beirut. Estaba en París, quedándose en un cuarto en el Hôtel de Crillon de cinco estrellas. Uno de los terroristas más buscados del mundo dormía al otro lado de la calle de la embajada estadounidense, cerca del final de los Campos Elíseos.

El almirante John Poindexter, subconsejero de Seguridad Nacional de Ronald Reagan, envió un mensaje urgente desde Washington al Gobierno francés. «Hemos obtenido información de fuentes muy confiables en tres países diferentes de que el líder terrorista veterano de Hezbollah, Imad Mughniyah llegó recientemente a Francia desde Líbano», escribió. «No sabemos qué tiene en mente, cuánto tiempo podría quedarse ni adónde podría ir a continuación, pero tenemos todos los motivos para creer que actualmente se encuentra en el área de París».

Poindexter informó a los franceses que Washington ahora poseía «pruebas abundantes» de que Imad había estado directamente involucrado en la explosión en los cuarteles en Beirut dos años antes, y había ideado otros asesinatos, secuestros y hasta piratería. «La magnitud de las acciones criminales de Mughniyah», escribió, «nos motiva a asegurarnos de que sea llevado ante la justicia».

Que uno de los terroristas más buscados del mundo estuviera alojado en un lujoso hotel parisino, disfrutando de habitaciones frecuentadas alguna vez por Theodore Roosevelt y Winston Churchill, era audaz, por no decir descarado. Pero aún más audaz fue el momento de su viaje. Cinco meses antes de que Imad viajara a la capital francesa, el emir de Kuwait, el hombre que tenía el poder sobre la vida y la muerte de Mustafa, apenas y logró escapar cuando un terrorista suicida embistió la comitiva real. En cuestión de horas, una llamada anónima a una agencia de prensa de Beirut afirmó que la Organización Yihad Islámica había llevado a cabo el ataque, el mismo grupo que se atribuyó el secuestro de William Buckley, entre otros bombardeos vinculados con Imad. «Esperamos que el emir haya recibido nuestro mensaje: pedimos una vez más la liberación de los detenidos o todos los tronos del Golfo serán sacudidos». Algunos incluso creían que Mustafa había participado para organizar el intento de asesinato contra el emir desde el interior de su celda.

Un mes después, Imad orquestó el secuestro del vuelo 847 de Trans World Airlines desde El Cairo a San Diego, durante el cual tomaron el control de la aeronave poco después de que hizo escala en Atenas y la dirigieron hacia Beirut. Los secuestradores emitieron otra demanda para que el emir liberara a Mustafa y a los otros miembros de los «Kuwait 17», y para que todas las fuerzas israelíes se retiraran del sur de Líbano. Luego, los secuestradores arrojaron el cadáver de un buzo de la Marina de EUA de 23 años sobre la pista. Después de una quincena extenuante de negociaciones, se liberó a los rehenes restantes y se les permitió a los secuestradores escapar.

Luego, en octubre de 1985, el mismo mes en que los estadounidenses se enteraron de que Imad estaba en París, la Organización Yihad Islámica anunció que habían asesinado a Buckley y liberaron una imagen de su cadáver envuelto en una mortaja blanca.

Al ir a París, Imad se estaba riendo en la cara del Gobierno más poderoso del mundo. Pero tal vez se había vuelto arrogante. Los espías que lo rastreaban sabían que recientemente había viajado a Europa con un pasaporte a su nombre, sugiriendo que creía que su identidad aún era un secreto. Era posible que al elegir ir a París, el Zorro, como lo llamaban, hubiera cometido el primer y último error de su carrera como terrorista internacional.

Al interior de la Casa Blanca estalló un feroz debate. El presidente Reagan ya había aprobado personalmente una solicitud de la CIA para secuestrar a Imad en las calles de París. Pero otros eran más cautelosos. Secuestrar a Imad sin informar a los franceses sería una provocación diplomática. Los hombres reunidos finalmente acordaron que sería mejor pedirles a los franceses que lo capturaran ellos mismos.

—El tiempo —advirtió Poindexter a su homólogo francés— es esencial.

Los agentes que seguían a Imad ya lo habían perdido una vez. En algún momento, no pudieron establecer si había estado en la capital francesa. Luego, dos semanas después, la CIA envió a la Casa Blanca una actualización: Imad estaba de nuevo en su mira. Ahora tenían que rezar para que los franceses lo atraparan antes de que escapara.

Armados con inteligencia estadounidense, los servicios de seguridad franceses corrieron hacia el Hôtel de Crillon. Un equipo de comandos descendió por el costado del edificio. Pero cuando entraron, estrellando las ventanas, no encontraron al maestro terrorista de 22 años. En cambio, se encontraron con un turista español de 50 años, sorprendido por la irrupción.

Mientras tanto en Beirut, la CIA merodeaba por las calles en busca de Imad, metiendo billetes en los bolsillos de cualquiera que pudiera tener información sobre su paradero. Pero Imad se había convertido en un destello, una silueta. Había eliminado cualquier rastro que pudiera haber dejado: sus registros de la escuela secundaria, sus documentos de solicitud de pasaporte, cualquier registro civil con un indicio de su rostro o detalles biográficos. El

Mossad también lo buscaba, pero la agencia de espionaje israelí tampoco tenía casi nada sobre él, salvo una fotografía descolorida y obsoleta, y ninguna pista sobre su ubicación.

Los espías tenían algunas migajas para seguir. Imad, según analistas de inteligencia estadounidenses, era «un hombre joven barbudo, de aspecto feroz y estatura inferior al promedio». Estaban lidiando con «un adversario astuto, ingenioso y fríamente calculador para quien casi cualquier acto de violencia o venganza realizado en nombre del chiismo es permisible».

Pero Imad era cauteloso. Nunca dormía dos veces en la misma casa. Nunca salía de un edificio de la misma manera en que había entrado. Nunca daba declaraciones públicas, ni aparecía en televisión o radio, y su nombre nunca había aparecido en la prensa. Algunas fuentes dijeron que hablaba árabe, inglés, francés, alemán y farsi con fluidez, pero no estaba claro dónde podría haber dominado algunas de estas lenguas. A medida que su leyenda crecía, comenzaron a circular rumores de que se había sometido a cirugía plástica para cambiar su apariencia.

Esto no significaba que los enemigos de Imad no se acercaran a veces. De vez en cuando, lograban avistarle antes de que de alguna manera lograra escapar. En marzo de 1985, una bomba explotó fuera de la casa de Mohammad Fadlallah, el clérigo para quien Imad había trabajado como guardaespaldas, y quien lo había casado con Saada. Sin embargo, Imad no estaba allí. Fadlallah sobrevivió, pero la explosión mató al hermano de Imad y a otras 79 personas, entre ellas mujeres y niños. Ningún grupo se atribuyó nunca la responsabilidad del ataque, pero muchos sospecharon que lo llevaron a cabo hombres libaneses financiados por la CIA. Más tarde, la agencia de espionaje estadounidense recibió una pista de que Imad había estado durmiendo en una escuela religiosa al sur de Beirut. Por un precio de 12 000 dólares, el informante ofreció poner bombas en cada lado del edificio y detonarlas simultáneamente cuando Imad estuviera adentro, garantizando que colapsaría al instante y lo mataría. Temerosos de que hubiera cuantiosas bajas civiles, los estadounidenses declinaron la oferta.

Imad había desatado un maremoto de violencia en todo Medio Oriente y, sin embargo, Mustafa todavía languidecía en una celda en Kuwait; pero al menos estaba vivo. El emir aún no daba la orden de llevar a cabo la sentencia de muerte, quizás debido a que temía las sangrientas consecuencias si lo hacía. Y los estadounidenses no tenían dudas sobre la importancia del prisionero conocido como Elias en la Prisión Central de Kuwait. A pesar de su reputación asesina, su bienestar se convirtió en una prioridad para el secretario de Estado de EUA, quien escribió un memorándum preguntándole a uno de sus embajadores sobre la condición de Mustafa y si su familia había podido visitarlo.

Mientras tanto Saada, que ahora vivía segura en Teherán, dio a luz a su primer hijo con Imad. Lo llamaron Mustafa. La campaña de asesinatos y secuestros de aviones y personas por parte de su esposo para liberar a su primo continuó. En febrero de 1988, militantes en el sur de Líbano secuestraron a un coronel del Cuerpo de Marines de Estados Unidos llamado William Higgins, quien estaba sirviendo en una misión para mantener la paz de las Naciones Unidas. Dos meses después, un vuelo de Kuwait Airways procedente de Bangkok fue secuestrado y desviado a Chipre. De nuevo, los secuestradores exigieron que el emir liberara a los prisioneros; asesinaron a dos pasajeros, pero aun así él se negó.

En agosto de 1990, un evento inesperado dejó atónito a Medio Oriente. Saddam Hussein invadió Kuwait y sus tropas iraquíes vaciaron las cárceles del país. Elias corrió hacia la embajada iraní. Desde allí lo llevaron de contrabando de regreso a Beirut. Después de seis años tras las rejas, Mustafa finalmente se reunió con su cuñado Imad. El 23 de diciembre de 1991, abandonaron el cadáver de William Higgins a un lado de la carretera cerca del aeropuerto de Beirut. Cuatro días después, los restos de William Buckley, el espía estadounidense secuestrado en 1985, fueron arrojados en una bolsa de basura cerca de una mezquita.

6

REZOS EN LA NOCHE

Calabria, 2014

Cerca del pueblo de Mileto, donde vivía Salvatore, había una señora llamada Natuzza, nacida en una familia numerosa de campesinos en los años veinte. Cuando era bebé, el padre de Natuzza huyó a Argentina y abandonó a su madre, quien tuvo que criar sola a sus hijos. Fue incapaz de pagar una escuela para la pequeña niña, así que nunca aprendió a leer ni escribir.

De niña, Natuzza padecía marcas extrañas, dolorosas e inexplicables en su cuerpo. Tenía convulsiones y a veces hablaba en otras lenguas durante estos episodios. La madre de Natuzza buscó ayuda en el sacerdote católico local, quien realizó un exorcismo. Cuando falló, Natuzza fue recluida en un asilo durante varios años.

Al regresar a casa, comenzó a observar figuras que se formaban a partir de manchas rojas en sus manos, pies y costados de su cuerpo. Durante su confirmación a los 16 años, Natuzza sintió una zona húmeda en el hombro que parecía ser la imagen de un crucifijo hecho de sangre. El sacerdote asustado envió su camiseta ensangrentada a una universidad católica al norte de Italia para que la analizaran, pero los resultados fueron inconclusos. Se difundieron noticias sobre esta extraña mujer; algunos afirmaban que la sangre en su piel formaba caras humanas o palabras en arameo o griego. Los habitantes del pueblo decían que Natuzza les hablaba en sueños o que la veían en dos lugares al mismo tiempo. Un hombre quedó horrorizado cuando ella se apareció a la mitad de la noche dentro de su casa, caminando a paso veloz por los pasillos y prendiendo las luces. Otro testigo reportó que cuando quitó una venda sangrienta de su muñeca, vio las palabras «Soy la concepción inmaculada» escritas en francés.

A medida que Natuzza crecía, los informes de sus aparentes milagros se volvían más frecuentes. Ella misma decía que los estigmas de Cristo aparecían en sus muñecas. Su familia afirmaba que, en ocasiones, al realizar tareas cotidianas o mientras comía, de pronto comenzaba a «viajar». En estos trances, podía escuchar las voces de los ángeles y hablar con los espíritus de los muertos.

Personas de toda la región empezaron a hacer peregrinaciones a su aldea y le pedían que se comunicara con sus familiares fallecidos. Pronto, cientos llegaban cada semana para tener una audiencia con la clarividente, y cada mañana fuera de su casa se formaban largas filas de viudas con la cabeza envuelta en velos negros. Natuzza también empezó a llamar la atención de profesores universitarios y científicos escépticos, ansiosos por investigar las salvajes afirmaciones hechas sobre ella. Para algunos, los informes de sus milagros eran simplemente una masa de delirios alimentados por el catolicismo popular supersticioso. Otros concluyeron que Natuzza sufría del síndrome de Gardner-Diamond, una rara condición de la piel que causaba lesiones sangrantes y episodios emocionales histéricos. Pero para sus devotos, Natuzza era una santa moderna: una encarnación pobre, humilde y ensangrentada de los sufrimientos de Cristo en la cruz, expiando los pecados de quienes la rodeaban.

Oksana creía en esa salvación. Algunas noches, cuando estaba sola en su departamento, se quedaba dormida rezando por Salvatore. Tal vez rezaba por su seguridad, sabiendo que al despertar al día siguiente podría estar tras las rejas o herido de bala. O tal vez, a medida que conocía más sobre sus negocios, rezaba por su alma.

A veces, cuando Salvatore regresaba por la noche, ella le contaba sobre sus oraciones. Esto lo enfurecía. Y cuando se enojaba, con frecuencia se volvía violento. Cuando Oksana se opuso a que uno de los extraños visitantes de Salvatore se quedara en su departamento, la golpeó tan fuerte que la sangre le corrió por la cara. Les dijo a los médicos que se cayó por las escaleras. Al día siguiente, comenzó a desmayarse. Tal vez escuchar acerca de las oraciones de Oksana enfurecía a Salvatore porque sabía que ya estaba más allá de la salvación.

Y tal vez la esquina empobrecida de Italia en la que se encontraba Oksana también lo estaba. En Mileto, la gente desaparecía de la noche a la mañana y nunca más se les volvía a ver. Todos conocían su destino. Algunos gánsteres en Calabria enterraban cuerpos en tumbas poco profundas, otros disolvían a sus víctimas en ácido. Los familiares sabían que lo mejor era no hacer demasiadas preguntas. En 2014, en Mileto una mujer de 78 años fue secuestrada en medio de la noche; la llevaron a un campo y le dispararon en ambas piernas. Nueve años antes, su hijo había desaparecido.

El pueblo de Salvatore era un lugar donde hacías lo que se te decía. De lo contrario, tu casa podía prenderse en llamas. Los hombres conducían por las calles disparando Kalashnikovs. A veces lanzaban bombas caseras a negocios locales que se negaban a pagar dinero por protección. Durante la Semana Santa, las procesiones que llevaban estatuas de la Virgen María por los pueblos cercanos se detenían frente a las casas de los jefes criminales más poderosos e inclinaban la imagen como señal de respeto.

Salvatore, Pasquale y su banda habían dominado Mileto durante años mediante extorsión, robo, asesinatos y terror. Sin embargo, se veían a sí mismos como hombres de honor, criminales nobles vinculados por un código secreto. Salvatore le decía a Oksana que los tipos de otros pueblos con quienes trataba eran «gente limpia», personas como él, su primo y sus amigos. Ella rezaba por el alma de un hombre que parecía creer que no necesitaba salvación.

Sin embargo, había un crimen que incluso asesinos tan despiadados no podían justificar: un acto por el cual no podía haber perdón, un pecado que ni siquiera los estigmas sangrantes de Natuzza podían expiar.

El jueves 29 de septiembre de 1994, alrededor de las 10:30 p. m., una familia de turistas estadounidenses conducía por la autopista Salerno-Reggio Calabria en su Lancia Y10 rentado. Reginald y Margaret Green, de Bodega Bay, California, habían ido de vacaciones a Italia para hacer un viaje por carretera con su hijo de 7 años, Nicholas, y su hija de 4 años, Eleanor.

Después de recoger su automóvil en Roma, condujeron hacia el sur para visitar los antiguos templos griegos de Paestum.

Después siguieron por la punta de la bota de la península italiana, de camino a Palermo. Margaret estaba agotada y quería encontrar un lugar para detenerse y descansar, pero el área de servicio a la que habían entrado estaba demasiado iluminada y era muy ruidosa. Decidieron seguir adelante.

Reginald conducía por la autopista mientras su esposa e hijos dormían. De repente, vio un auto en su espejo retrovisor. Estaba oscuro, pero sintió que algo no estaba bien. El automóvil comenzó a acelerar hacia ellos. Margaret, ahora despierta, vio que el automóvil se movía al carril de alta y aceleró hasta quedar a su lado. Reginald le pidió a su esposa que mirara por su ventana y le dijera qué estaba pasando. Ella pudo ver que había hombres dentro del auto con pasamontañas negros. Les gritaron en italiano. Los estadounidenses no podían entender, pero estaba claro que intentaban sacarlos de la autopista. Se trataba de un robo. Reginald pisó a fondo el acelerador.

Entonces escuchó un fuerte chasquido. La ventana trasera reventó en pedazos. Los hombres estaban disparando al automóvil. Reginald no tuvo tiempo de procesar lo que estaba sucediendo. Lo único que podía hacer era conducir, tan rápido como fuera posible. Hubo otro golpe estruendoso. La ventana lateral de Reginald estalló. Trozos de cristal se esparcieron sobre él y le cortaron el brazo mientras sujetaba el volante. Siguió conduciendo por la autopista vacía, tratando desesperadamente de encontrar un lugar público o un oficial de policía.

Luego, el automóvil que los perseguía desaceleró y se sumergió en la oscuridad. Aterrorizado, Reginald siguió conduciendo. El viento ahora soplaba a través de las ventanas del automóvil destrozadas. Eleanor lloraba, y Nicholas no se movía. Margaret los protegió del frío con ropa. Después de unos diez kilómetros de carretera, finalmente encontraron a la policía de tráfico y se detuvieron. En estado de *shock*, comenzaron a explicar lo mejor que pudieron que habían sido víctimas de un intento de robo a mano armada. Fue entonces cuando se dieron cuenta de que Nicholas estaba inconsciente en la parte trasera del automóvil. Le habían disparado en la cabeza.

Una ambulancia llevó al niño al hospital local, pero no pudieron hacer nada por sus heridas. Así que lo llevaron a través del estrecho de Mesina, a un hospital en Sicilia. Pero los médicos les dijeron a sus padres que sus lesiones eran demasiado graves para operar. Nicholas Green, de 7 años, había sido asesinado.

Después de una búsqueda de 34 días, la policía finalmente capturó a los dos hombres que dispararon al automóvil. Negaron estar allí esa noche, pero finalmente fueron condenados por el asesinato. Fue un terrible caso de identidad equivocada: los tiradores estaban esperando para robar a un comerciante de joyas que conducía un auto Lancia idéntico al vehículo rentado por los Green.

Incluso para un país acostumbrado a actos terribles cometidos por salvajes criminales organizados, la atrocidad del crimen conmocionó a la nación. Estaba claro que algo verdaderamente aterrador había comenzado a hacer metástasis en los pueblos de Calabria. «Nuestra vergüenza» fue el titular en un periódico nacional italiano. «Italia no puede absolverse», señaló un artículo en *La Repubblica*. «Una muerte absurda nos abofeteó con algo que nadie quiere reconocer: hay una tierra de nadie dirigida por bandidos que deciden la vida y la muerte de quienquiera que pase por allí». Resultó que los asesinos eran de la banda de Pasquale Pititto en Mileto. Uno de ellos era su cuñado.

Quizás, más tarde cuando rezaba, Oksana le rogaba a un poder superior que su novio pudiera convertirse en otra persona. Pero para entonces había estado en Mileto el tiempo suficiente como para saber que hombres como Salvatore Pititto no cambiaban.

En el invierno de 2014, Salvatore condujo hasta una pequeña plaza frente a una iglesia de terracota rosácea con vitrales azules en el centro de San Gregorio d'Ippona, un pequeño pueblo cerca de Mileto. Sentado solo en una banca debajo de un naranjo había un hombre bajo de cabello plateado con casi sesenta años, unos diez mayor que Salvatore.

Era desde esta banca que Filippo Fiarè gestionaba un imperio criminal de varios millones de euros. A lo largo de las décadas, la familia Fiarè había convertido su operación en un enorme negocio que abarcaba el soborno a políticos, el control de empresas en toda Italia como socios silenciosos, la propiedad de bienes raíces en el centro de Roma y el uso de complejas redes de empresas ficticias para lavar dinero.

Pero Fiarè no vestía ropa cara ni tenía un automóvil costoso. Cualquiera que lo viera sentado afuera de la iglesia vestido con su esponjoso suéter azul podría haber pensado que era un granjero o quizás un electricista. No necesitaba protección, y ese era el verdadero signo de su poder. Podía sentarse solo, leyendo un periódico en una banca del parque mientras los visitantes pasaban y le entregaban notas escritas a mano o se detenían en un automóvil para intercambiar una sola palabra o una inclinación de cabeza.

A finales de 2014, la pandilla de Salvatore había establecido contacto con el cártel colombiano. A 8 000 kilómetros de Calabria, cerca de la desembocadura del río Currulao en la frontera con Panamá, un área controlada por paramilitares con pasamontañas y armas automáticas, había ocho toneladas de cocaína escondidas en una plantación de plátanos.

Salvatore ahora necesitaba apoyo para llevar a cabo un envío de drogas mucho más grande de lo que antes había intentado. Comenzó a reunir a varios empresarios y jefes criminales locales para formar una iniciativa conjunta que financiara la operación.

Salvatore necesitaba dinero, y el hombre al que iba a ver tenía mucho. Organizar una reunión privada con Filippo Fiarè requería una cuidadosa preparación. Fiarè nunca hablaba de negocios por teléfono. Nunca hablaba una palabra sobre negocios dentro de su casa ni en ningún espacio cerrado.

Después de que Salvatore llegó a la plaza, el jefe se subió a su auto. Los dos hombres fueron a un olivar a unos cinco minutos fuera del pueblo. Parados bajo el sol calabrés, Salvatore describió los detalles del trato que cambiaría su vida.

Sin duda sabía que aceptar capital de riesgo de un hombre como Fiarè era una proposición peligrosa. La familia Fiarè era mucho más importante que la suya y estaba a la altura de las familias criminales más temidas de Italia. En el sistema de clasificación de los jefes criminales de Calabria, Rosario, el hermano de Filippo Fiarè, tenía el «Medallón», un raro estatus criminal que hacía que él y su familia fueran intocables. Los Fiarè prestaban atención a los detalles más minuciosos de su operación; era la forma en que habían permanecido en el negocio durante décadas. Incluso se decía que llevaban un registro con los nombres de los hijos de todos los hombres que habían asesinado, en caso de que fueran lo suficientemente tontos como para pensar en cobrar venganza cuando fueran adultos.

Rosario había estado en prisión desde 2005, por lo que Filippo era el miembro más antiguo de la familia aún en libertad. Grupos más pequeños, como el de Salvatore, operaban bajo la autoridad de familias más poderosas como los Fiarè. Las comisiones clandestinas y los tributos desde abajo hacían ricas a estas familias. Pero el verdadero dinero, lo que transformaba a hombres como Filippo Fiarè de bandidos rurales a millonarios, era la cocaína.

La nueva conexión de Salvatore prometía establecer contacto directo con uno de los cárteles colombianos más poderosos: la cima de la cadena alimentaria mundial de narcóticos; sin intermediarios, sin interrupciones en el suministro. Era un negocio arriesgado e implicaría enviar a sus hombres a los rincones más remotos de la jungla colombiana. Pero si controlabas el suministro de cocaína, controlabas el mercado. Y controlar el mercado te hacía invencible. La conexión colombiana prometía permitirles ir directo a la fuente para abrir un géiser de drogas que podrían vender por toda Europa.

Regresaron al auto de Salvatore y fueron de regreso al banco afuera de la iglesia: el trono de Filippo Fiarè. Con la inversión de Fiarè acordada, Salvatore ahora necesitaba enviar a sus hombres a Medellín para inspeccionar las drogas con sus propios ojos.

7

UN FUNERAL

Florida, mayo de 2014

El arresto de Ali Fayad en Praga fue un rotundo éxito. Pero Jack Kelly ahora enfrentaba una tarea que lo ponía mucho más nervioso.

La DEA había recibido una invitación para presentar su trabajo ante un grupo selecto de oficiales de seguridad nacional y defensa de Estados Unidos en la Base de la Fuerza Aérea MacDill en Tampa, Florida. Iba a tener lugar dentro de la base aérea en el centro del Mando de Operaciones Especiales de Estados Unidos, o Socom, y fue organizado por el comandante William McRaven: el almirante veterano de cuatro estrellas que supervisó la misión para matar a Osama bin Laden. McRaven le pidió a la DEA, el FBI y otras agencias que agruparan toda su evidencia e información clasificada sobre el uso de redes criminales internacionales por parte de Irán y Hezbollah, y que presentaran sus hallazgos ante una audiencia de «visitantes distinguidos». Y el hombre a cargo de ocupar el escenario frente a algunas de las personas más importantes en seguridad nacional era Jack.

Para los jefes de la DEA, la reunión era una oportunidad de oro para discutir sobre su trabajo respecto a Hezbollah e Irán con otras agencias. Para Jack, prometía la vindicación que había estado buscando por años. Durante el Proyecto Casandra, con frecuencia se había topado con analistas de inteligencia, quienes desconfiaban de un tipo de la DEA que estaba metiendo sus narices en asuntos de Medio Oriente. Esta era su oportunidad para darle fin a esa controversia de una vez por todas. Todo lo que necesitaba era dar la mejor presentación de su vida.

El aire de Tampa en mayo era húmedo. Después de que Jack y sus compañeros llegaron a la base aérea que parecía más una ciudad, guardaron sus celulares en cajas de seguridad y entraron al complejo donde estarían encerrados durante las siguientes dos semanas. Jack miró a su alrededor. Esta no iba a ser una presentación de PowerPoint cualquiera. El auditorio del Socom era como algo salido de un espectáculo de luces en Las Vegas, con hileras de gradas que rodeaban múltiples pantallas al igual que un estadio y un piso interactivo que podía iluminarse con mapas, videos y animaciones mientras los expositores usaban su material para deslumbrar con maestría a la audiencia.

Pero antes de todo eso, Jack, sus compañeros y los invitados del FBI, Seguridad Nacional y los analistas de las agencias de inteligencia tenían que ponerse de acuerdo en qué iban a incluir en la presentación. Jack entregó el análisis de la DEA. Por varias décadas, se había pensado que la mayor parte del financiamiento de Hezbollah venía de Irán, su mecenas y patrocinador. Sin embargo, como resultado de las estrictas sanciones impuestas por Estados Unidos contra Teherán, el costo de reconstruir sus fuerzas después de la guerra de 2006 con Israel y ahora la intervención increíblemente costosa de Hezbollah en Siria, el grupo necesitaba encontrar maneras alternativas de recaudar fondos. Las investigaciones del Proyecto Casandra, les dijo Jack, habían amasado evidencia sustancial que indicaba que el brazo armado de Hezbollah, conocido como la Organización de Seguridad Externa, había recurrido al financiamiento ilícito internacional y las redes clandestinas de adquisición para obtener armas, tecnología militar y dólares estadounidenses al margen de la ley. Estas redes no solo eran usadas para evadir sanciones, también estaban conectadas a esquemas a gran escala de lavado de dinero proveniente del narcotráfico, coordinadas por una red de empresarios criminales que la DEA había apodado superfacilitadores.

Jack sabía desde antes de llegar a Tampa que no sería sencillo convencerlos. Él y sus compañeros de la DEA no siempre estaban en la misma página con las otras agencias estadounidenses durante este tipo de reuniones. Jack era tenaz y directo, y eso podía irritar a las personas. Algunos no lo soportaban, pero todos tenían que aceptar que conseguía cerrar los casos.

Algunos años antes, mientras trabajaban con oficiales del Departamento del Tesoro de EUA, la DEA descubrió que se estaba lavando dinero de narcotráfico a través de un complejo esquema en el que estaba implicado el comercio de autos usados en África occidental y luego se enviaba a un banco en Beirut. Con base en la investigación de la DEA, el Gobierno de Estados Unidos presentó un caso de decomiso civil contra el banco libanés, imponiendo una multa de 102 millones de dólares por mover dinero a «canales de lavado de dinero controlados por Hezbollah». Después del caso del banco libanés, Maltz llevó a Jack a su oficina y señaló el protector de pantallas con el dibujo de él rodeado por tiburones.

—Bienvenido a la isla —dijo.

Sin embargo, ese caso les dio lo que algunos agentes llamaban *street cred.** Incluso, Jack fue invitado a la sede central de la CIA en Langley para dar una conferencia sobre el caso del banco.

Jack estaba convencido de que estos esquemas iban más allá de ese banco. Si bien algunos de los que operaban en estas redes ocultas eran tan solo criminales oportunistas que ofrecían servicios ilícitos al mejor postor, la DEA tenía evidencia de que otros estaban en contacto directo con altos funcionarios de Hezbollah y parecían actuar bajo su protección. La DEA llamó a esto el Componente de Asuntos Comerciales de Hezbollah (BAC, por sus siglas en inglés), y Jack creía posible demostrar que los diversos nodos criminales se vinculaban de forma directa con la cima de la organización. El análisis de la DEA podría ser explosivo a nivel diplomático. Hezbollah siempre había negado con firmeza cualquier lazo con el crimen o las drogas, ya que ambos estaban en oposición directa con sus creencias religiosas. Pero la DEA no solo encontró evidencia que conectaba superfacilitadores criminales con la cima de la organización, sino que también

---

* *Street cred* o credibilidad callejera se refiere a la confiabilidad, reputación, influencia y respeto que una persona se gana dentro de cierto ámbito, por lo general en el mundo criminal, al ejercer control dentro de su territorio y llevar a cabo sus operaciones con éxito.

creía tener evidencia convincente que mostraba que el BAC se remontaba a los años noventa, cuando Imad Mughniyeh erigió dicha red con el fin de recaudar fondos para financiar sus operaciones. Jack a veces sentía que tipos de la DEA como él no debían mencionar los nombres de mentes maestras terroristas como Imad Mughniyeh.

¿Por qué les estaba diciendo todo esto? Porque el principal objetivo de la DEA en Florida era persuadir a los funcionarios reunidos para permitirles iniciar un proceso penal contra altos funcionarios de Hezbollah e Irán. Creían fuertemente que la evidencia recopilada a través de informantes, espías telefónicos e investigaciones mostraba que esto iba más allá de un grupo aleatorio de empresarios criminales. Si podían demostrar que la actividad que veían era, de hecho, una conspiración orquestada desde el centro, podrían usar la ley RICO de EUA, utilizada para enjuiciar a grupos criminales complejos, para imputar a toda la organización.

La ley RICO permitía formular cargos de lo que a veces se llamaban conspiraciones *hub-and-spoke*: una red criminal en la que una persona o grupo, el *hub*, tiene muchos acuerdos conspirativos con diferentes sujetos; es decir, decenas o incluso cientos de *spokes*. Los *spokes* no necesitaban conocerse ni trabajar juntos, pero si todos servían a una sola organización, en este caso Hezbollah, entonces se podía llevar a juicio a esa organización.

Jack lo veía como algo brillante en su simplicidad. Un cargo como ese sería el caso más importante de su carrera, el clímax de años de investigaciones minuciosas a nivel de calle en todo el mundo. Pero la idea de que una agencia policial estadounidense lanzara un caso Rico contra Hezbollah o Irán era suficiente para que algunas personas en el Departamento de Estado entraran en crisis.

Saltó a la vista de inmediato, en la sala de conferencias de Tampa, que los analistas de inteligencia no solo mostraban escepticismo, sino hostilidad. Algunos discrepaban fuertemente con el análisis de la DEA y cuestionaban la credibilidad de su reporte de inteligencia desde la raíz. ¿Qué podían saber los informantes y sospechosos de narcotráfico sobre organizaciones terroristas? Para otros, no tenía sentido que una organización con disciplina militar y devoción religiosa como Hezbollah pudiera estar involucrada en actividades ilícitas. Hassan Nasrallah, el general secretario, había hecho una declaración oficial en la que negó cualquier participación en contrabando o narcotráfico y vociferó que esas acusaciones no eran más que propaganda difamatoria inventada por sus enemigos.

Exasperado, Jack señaló a los analistas de inteligencia que el informe del Consejo de Seguridad Nacional de la administración de Obama en 2011 sobre la «estrategia para combatir el crimen transnacional organizado» había declarado que el Gobierno de Estados Unidos estaba «preocupado por las actividades criminales y de narcotráfico efectuadas por Hezbollah». También había conectado directamente al banco libanés que Jack había ayudado a investigar con el tráfico internacional de narcóticos y «la organización terrorista Hezbollah». Su intervención parecía tener poco efecto.

La conferencia se volvía cada vez más acalorada. El hombre del FBI, una agencia con la que la DEA con frecuencia chocaba, parecía estar del lado de Jack y había traído una gran cantidad de material para revisar. Sin embargo, Jack creía que los analistas de inteligencia no habían traído nada de manera intencional. Le parecía que no habían venido a colaborar. En cambio, ponían trabas y se oponían en cada punto para proteger su territorio con fiereza. Las agencias de inteligencia con frecuencia miraban con recelo los intentos de la DEA por involucrarse en asuntos relacionados con el terrorismo. «Era de esperarse que la DEA quiera perseguir a Hezbollah», pensaban. Necesitaba idear alguna aventura para justificar más financiamiento y mantenerse relevante después del fracaso de la guerra contra las drogas. Pero el Medio Oriente era su territorio, no el de la DEA.

El otro problema era filosófico. Las agencias de orden público como la DEA recopilaban pruebas para casos criminales que eventualmente se presentarían ante un tribunal. El éxito para ellos se medía a través de condenas; sin ellas, nada tenía sentido. Los analistas de inteligencia veían el mundo de manera muy diferente. No tenían que construir pruebas para casos criminales. Recopilaban información para informar a los legisladores. Nada de la inteligencia que reunían, ni los informes que escribían, llegarían frente a un juez.

Habían trasladado a Florida a todas las personas de la sala para reunir los atributos de la inteligencia y las fuerzas de orden público; para «conectar los puntos», como diría Maltz. Y, aun así, todos estaban a la defensiva, enojados. Un ambiente de desconfianza mutua se había apoderado del recinto. A los representantes de las diferentes agencias se les dieron instrucciones explícitas de no enviar nada de lo que aprendieran dentro de la sala de conferencias a sus sedes. Pero algunos empezaron a sospechar que otros estaban divulgando sus puntos de conversación con sus compañeros.

Jack se sentía frustrado. Un lado planteaba un punto, el otro lo desarmaba. No estaban llegando a ninguna parte. Uno de los tipos del FBI ya se había hartado.

—¡Eres un puto cero a la izquierda! —le gritó a uno de los analistas de inteligencia—. ¡Viniste aquí a hacer tu trabajo y no trajiste absolutamente nada!

El analista se veía como si estuviera a punto de soltarse a llorar. Todo estaba resultando ser un fiasco. Lo que prometía ser uno de los momentos más importantes en la carrera de Jack comenzaba a sentirse como una de las peores semanas de su vida.

Para el viernes, el ambiente estaba cerca de ser tóxico. Jack tenía programado realizar un ensayo general con lo que tenían escrito hasta ahora. Esa mañana se despertó sintiéndose terrible. Sus oídos estaban tapados, lo cual a veces le pasaba con el calor y la humedad; sentía un vértigo insoportable. Se puso de pie en el auditorio y comenzó a hablar. Todos dentro de la sala de conferencias lo miraban fijamente. Mareado, comenzó a tropezarse con sus líneas.

La presentación era un sofisticado acto escénico multimedia que debía mantener una secuencia y ritmo específicos, y Jack debía sincronizar su discurso con las imágenes que se proyectaban en las pantallas. Si fallaba, perdería el rumbo. Había hecho innumerables presentaciones y nunca había echado a perder ninguna; pero esto se sentía como si le pidieran hacer un espectáculo de un solo actor en Broadway sin haber visto el guion.

—No puede hacerlo —dijo uno de los hombres del FBI mientras sacudía la cabeza—. No puede hacerlo.

Regresaron a la sala de conferencias. Había sido un completo desastre. Tenían pocos días para arreglar las cosas, y todos estaban cansados y enojados. Jack necesitaba salir de la base aérea. Necesitaba espacio para recargar energías, ir a casa y despejar su mente. Si tomaba un vuelo esa tarde, podría regresar a tiempo para la siguiente ronda de ensayos el lunes, antes del evento principal unos días después.

Recogió sus cosas, tomó su teléfono y se subió a un auto con dirección al aeropuerto. En el auto, sonó el teléfono de Jack. ¿Qué podía ser ahora? ¿Qué más podía salir mal?

—Era mi hermana —le comentó Jack a su compañero, que también estaba en el auto—. Mi papá está en el hospital. Lo tienen conectado a un respirador. Dice que no le queda mucho tiempo.

Jack regresó tan rápido como pudo a la casa de sus padres en Nueva Jersey. Llegó al hospital donde su madre, hermanos y hermanas estaban reunidos alrededor de su padre. Los médicos dijeron que el respirador era lo único que lo mantenía con vida. Poco después de que Jack llegara, los médicos lo apagaron. Su familia comenzó a prepararse para el velorio católico y el funeral.

Jack rara vez regresaba a East Brunswick. Había pasado la mayor parte de su infancia soñando con el día en que se iría. Era un lugar de interminables filas de casas genéricas, calles que no llevaban a ninguna parte y un centro de la ciudad coronado por el concreto apagado del Centro Comercial Brunswick Square.

El padre de Jack había sido profesor de historia en una escuela secundaria pública en Brownsville, Brooklyn, y se mudó con la familia a East Brunswick a finales de la década de 1960, poco después de la huelga de maestros de Nueva York. Era un momento en que la población de la ciudad aumentó tras la construcción de la autopista New Jersey Turnpike. La extensa familia Kelly se mudó de una vivienda estrecha en Staten Island a una casa de clase media recién construida con un patio y bosques cercanos. Sus hermanos y hermanas tenían la edad suficiente como para recordar Nueva York. Jack tenía solo tres años cuando se fueron. Uno de sus primeros recuerdos fue el eco tenue y crujiente de un locutor de radio informando emocionado sobre la travesía de los «Milagrosos» Mets para ganar la Serie Mundial de 1969.

Ya que era el más joven de seis hijos por cinco años, Jack siempre fue el más pequeño de su gran familia polacoirlandesa. Su padre era bastante estricto: le impuso un toque de queda a las ocho de la noche hasta que se fue a la universidad y rara vez lo dejó pasar tiempo con otros niños sin supervisión. Cuando Jack llegó a Rutgers, ni siquiera había probado una cerveza.

Ambas ramas de la familia de Jack se habían construido sobre trabajos sindicalizados de clase obrera. Eran policías, bomberos, maestros y soldados. Y el padre de Jack, demócrata de toda la vida, se aseguraba de que sus hijos entendieran lo que el trabajo sindicalizado había hecho por ellos. Ya de adulto, Jack a veces debatía sobre esto con sus compañeros en las fuerzas policiales que desconfiaban políticamente de los sindicatos. Muchos de estos tipos venían de antecedentes similares. Jack solía decir: «Si no fuera por los trabajos sindicalizados, ni siquiera estaríamos aquí. No habríamos llegado a la universidad». Era como si su padre hablara en su lugar.

Volver a casa hizo que Jack recordara su infancia. Siempre tuvo mal carácter de niño. Quería boxear, pero sus padres se negaron. En cambio, lo inscribieron en numerosos deportes en equipo desde los 6 años. Durante las vacaciones de verano, lo enviaban a práctica de futbol; sus amigos se quedaban atrás para disfrutar de las cálidas noches veraniegas mientras a él lo regañaban a gritos sus entrenadores. Jack se tomaba el deporte increíblemente en serio. A veces, esto provocaba que se metiera en peleas con niños del vecindario por juegos o golpeara a uno de sus hermanos mayores en el estómago porque perdía en basquetbol. Recordaba la presión aplastante que se imponía a sí mismo cada vez que lanzaba en beisbol; se ponía tan nervioso que se sentía físicamente enfermo. Si una pelota mala salía disparada hacia el horizonte, Jack se quedaba allí, llorando a mares. Su padre se acercaba y lo consolaba: No pasaba nada, todo estaba bien.

En el lado materno de Jack (su lado polaco), vivían hasta una edad avanzada, pero los hombres del lado irlandés nunca parecían llegar muy lejos. Su infancia estuvo marcada por los velorios y funerales de los irlandeses estadounidenses que morían antes de tiempo.

Su abuelo fue teniente en el escuadrón antisabotaje del Departamento de Policía de Nueva York durante la Segunda Guerra Mundial. Cada mañana tomaba el *ferry* de Staten Island a su oficina en Manhattan. Un día investigó un incendio en un barco y, según creía su familia, inhaló mucho humo. Al día siguiente estaba en su tren habitual hacia la terminal del ferry cuando el conductor, pensando que estaba dormido, intentó despertarlo. Pero había muerto de un ataque al corazón. Tenía solo 39 años.

Al año siguiente, el padre de Jack perdió a su único hermano, quien murió de fiebre amarilla. A los 15 años, era el único varón que quedaba en su familia inmediata. Jack siempre pensó en su padre como un optimista. Pero también podía sentir el peso de esa tristeza sobre él. Después de que su padre sufrió estas tragedias infantiles, lo enviaron a la escuela católica. Su padre siempre le decía a Jack que la iglesia católica le había salvado la vida. La familia asistía a la iglesia en Nuevo Brunswick todos los domingos y los niños iban a clases de la Biblia donde les enseñaban que, si un pensamiento pecaminoso cruzaba por su mente, ya habían cometido un pecado.

El padre de Jack fusionó su catolicismo con una fuerte creencia en la justicia social. Décadas de enseñar historia en una escuela pública de Brooklyn lo pusieron en contacto diario con las desigualdades sociales y raciales de uno de los barrios más pobres de Nueva York. Siempre alentó a sus hijos a pensar en política y en el resto del mundo, y a cuestionar el conocimiento aceptado. Trabajó arduamente para educarlos sobre los derechos civiles, Martin Luther King y la historia de la esclavitud. Animó a sus hijos a leer *El hombre invisible* de Ralph Ellison.

Para Jack y sus hermanos, la mesa del comedor se convirtió en un escenario de debates. Alrededor de la mesa de la cocina, su padre explicaba sus puntos de vista sobre cuestiones como el aborto. Como católico, estaba en contra del aborto. Pero al mismo tiempo, creía firmemente que las mujeres debían tener el derecho de elegir. Su razonamiento, les decía a sus hijos, era que a lo largo de la historia, las personas adineradas siempre habían podido pagar lo suficiente para obtener uno. Eran los pobres y marginados quienes sufrían tan solo por su posición social y falta de dinero. Prohibir el aborto obligaría a las mujeres pobres a someterse a operaciones peligrosas que podrían matarlas. Para algunos, en East Brunswick a principios de la década de 1970, este tipo de charla era herética. Pero el padre de Jack poseía el espíritu de alguien que pensaba por sí mismo.

Como era de esperarse de una gran familia polacoirlandesa de Staten Island, explotaban en reñidas discusiones en las que hablaban unos sobre otros, elevaban el tono para que su argumento fuera escuchado y prevaleciera sobre los demás. Algunos de los hermanos de Jack tomaban una posición contraria solo para molestar a los demás, y todos se interrumpían unos a otros a media oración. Si ya sabías lo que alguien iba a decir, ¿cuál era el punto de dejarlo terminar? ¿Por qué darle ventaja? Era un estilo de conversación que había ayudado a Jack a encajar durante sus primeros años en la DEA. Todos en Nueva York hablaban así, gritándose entre sí. Derek Maltz lo hacía, al igual que muchos de sus amigos de la SOD. Era un ambiente ruidoso y sin rodeos, pero sobre todo de diversión sana y bienintencionada. Todos se entendían entre sí. Más tarde, cuando Jack estaba fuera de Nueva York y trabajaba con personas de otras partes del país, se dio cuenta de que eso podía enfurecerlos. Trataba de mantenerse a raya, pero a veces ofendía a la gente.

En 1991, cuando Jack tenía 24 años, su padre fue a dejarlo hasta Nueva York en su primer día de trabajo en la DEA. Ahora había llegado el momento de darle un último adiós al anciano. Durante el velorio y el funeral, Jack hizo todo lo posible por bloquear lo que estaba sucediendo en Florida. Pero sabía que tendría que regresar a Tampa: la presentación era el miércoles. Después del funeral, condujo al aeropuerto.

Debido al luto de Jack, la responsabilidad de dar el discurso pasó a uno de sus compañeros más jóvenes. En parte, Jack estaba decepcionado, pero no podía negar que también era un alivio.

A la mañana siguiente, los generales de más alto rango, los funcionarios del Gobierno y los fiscales tomaron asiento en el auditorio y vieron la presentación sobre los vínculos de Hezbollah con el tráfico internacional de drogas y el crimen. Les tomó días enteros de discusiones, pero la DEA logró mantener la mayor parte de su material, resistiendo los intentos de los analistas de inteligencia por eliminarlo. La presentación mencionaba el caso de Ali Fayad, el hombre que la DEA arrestó en Praga, alegando que había colaborado con los Gobiernos ruso e iraní y que tenía vínculos con Hezbollah y el régimen sirio.

Jack estaba satisfecho. Fue una buena presentación. Pero tenía la sospecha persistente de que el arresto de Fayad había irritado a algunas personas dentro del Gobierno. Invitaron a la audiencia a hacer comentarios. El primero vino de un alto funcionario. ¿La DEA no estaba preocupada por las posibles consecuencias de llevar a cabo grandes casos criminales contra Irán y Hezbollah? Seguramente existía el riesgo de que pudieran tomar represalias con ataques contra los intereses nacionales de Estados Unidos.

Otro funcionario intervino.

—Entonces, ¿estás diciendo que temes un ataque terrorista debido a la intervención de las fuerzas policiales estadounidenses?

—Sí. Eso es exactamente lo que estoy diciendo —fue la respuesta.

Un general dijo:

—Incluso en el campo de batalla, a veces tenemos que medir nuestros ataques, ya que no sabemos cuál podría ser el contraataque.

Jack no supo si el general estaba apoyando al funcionario que hizo la pregunta o a la DEA. Pero el funcionario asintió en señal de acuerdo, dando a entender que interpretó que el comentario del general respaldaba sus preocupaciones sobre las represalias contra objetivos estadounidenses.

Jack sabía que había personas presentes en la sala que creían que antagonizar con Hezbollah o Irán con incómodos casos criminales no beneficiaría a Estados Unidos de ninguna manera. También sabía que el Gobierno de Estados Unidos y los aliados occidentales estaban iniciando negociaciones diplomáticas con Irán sobre su programa de armas nucleares. Lo que la DEA estaba sugiriendo solo complicaría esas negociaciones.

Después de que Jack y sus compañeros regresaron de Tampa, quedó claro para la DEA que la presentación había fracasado. Regresaron con las manos vacías. Antes de la reunión, todos sabían que obtener apoyo para su plan iba a ser difícil. Pero la esperanza estaba allí. Ahora, la posibilidad de llevar a cabo un solo gran caso de conspiración contra altos funcionarios iraníes o de Hezbollah parecía haberse desvanecido en el cálido aire de Florida.

Jack, aún de luto por la pérdida de su padre, estaba devastado. Siempre pensó que un caso Rico habría sido el golpe de gracia que consolidaría su mayor logro como investigador. Tal vez siempre fue una fantasía. Enviar a la DEA a realizar una operación encubierta con un traficante de armas en Europa era una cosa. Que Estados Unidos arrestara a un alto funcionario de Hezbollah por cargos criminales de conspiración era completamente diferente. Como algunos de los altos funcionarios en Florida temían, una operación así podría fácilmente provocar un ataque terrorista de proporciones catastróficas o incluso iniciar una guerra. ¿Valdría la pena poner todo eso en riesgo por un caso criminal de la DEA?

De vuelta en su escritorio en Virginia, Jack estaba tentado a tragarse su decepción y seguir adelante. Se rumoraba en la SOD que Maltz, después de ocho años como agente especial a cargo, se estaba preparando para el retiro. Era casi inaudito que alguien hubiera durado tanto tiempo en un trabajo como el suyo, pero de alguna manera Maltz lo había logrado. Había construido la SOD y la había convertido en lo que era; y abrió la puerta para que agentes como Jack persiguieran nuevos tipos de casos. Pero no podía dirigirla para siempre.

Quizás el retiro de Maltz era una señal de que lo mejor para Jack era que dejara las cosas en paz. No necesitaba más estrés. Era un agente de la DEA de rango medio que había tenido una buena carrera y completado 23 años de servicio; estaba a solo dos años de ser elegible para la jubilación. Jack tan solo estaba a finales de sus cuarenta, pero el trabajo y los viajes implacables, además de la preocupación constante, lo habían destrozado. Colgó un gráfico en la pared de su departamento, para contar los días hasta llegar a los 25 años. No podía imaginarse a sí mismo jubilándose. Pero el simple hecho de saber que algún día podría hacerlo ayudaba a mantenerlo tranquilo. Reducir las cosas sería bueno para él. Mejor para su salud, mejor para su mente.

Jack redactó un correo electrónico a sus jefes en la DEA. «La falta de acción del Gobierno de Estados Unidos en este asunto ha permitido que Hezbollah se convierta en uno de los mayores grupos criminales transnacionales del mundo», escribió. «Como hemos demostrado en nuestras investigaciones, la red de superfacilitadores utiliza esta actividad criminal para proporcionar un enorme apoyo a la Red Iraní de Amenazas de Hezbollah y a otros grupos terroristas que alimentan conflictos en algunas de las regiones más sensibles del mundo». Jack estaba subrayando la falta de ayuda de otras agencias y del Departamento de Justicia.

No era una decisión coherente para un hombre que buscaba una vida tranquila. Pero Jack no iba a retirarse todavía. Presionó enviar.

LIBRO DOS

8

«SAMI ISSA»

Beirut, febrero de 2005

Un día, un estudiante de mayor edad escribió una solicitud de admisión para la Universidad Libanesa Americana en Beirut (LAU, por sus siglas en inglés) para obtener su título en Ciencias Políticas. «Me gustaría, al final de mi entrenamiento, comprender a profundidad las dinámicas y las reglas que controlan el mundo político, y ser capaz de planificar ante los cambios» explicó el estudiante.

Le dieron una plaza a pesar de que se le olvidó adjuntar una fotografía junto con su solicitud. Se presentó ante sus nuevos compañeros como «Safi». Safi se acercaba a los 40 años y los otros estudiantes pensaban que era un hombre de negocios que decidió regresar a la universidad después de ganar algo de dinero. Era de estatura corta y tenía barba, y con frecuencia escondía sus cabellos cortos y ralos bajo una gorra de beisbol. Algunos días usaba un traje; otros, *jeans*. También cojeaba; su pierna parecía estar asegurada por un soporte bajo sus pantalones.

Safi desaparecía de sus clases por meses enteros. Estas ausencias sin explicación implicaban que frecuentemente debía disculparse con sus profesores por no cumplir con las fechas de entrega de ensayos o perderse los exámenes. En un formulario en el que se le pedía al alumno ausente que explicara brevemente las razones por las que dejó la universidad y qué había estado haciendo desde entonces, alegó: «Estaba viviendo con mi familia en Dubái y, por motivos familiares y económicos, dejé de estudiar en LAU alrededor de un año, con la esperanza de continuar mis estudios en esta universidad». En otro, dijo que su larga ausencia se debía a un caso médico, y añadía: «Por tal motivo no pude presentar mis finales, lo cual provocó que mis calificaciones estuvieran incompletas».

A pesar de su registro de asistencia irregular, Safi tenía hambre de aprendizaje, y cuando sí se aparecía, conseguía calificaciones satisfactorias. Se esforzó bastante para que lo aceptaran en la popular clase de Política 301, que se enfocaba en el Gobierno y la política estadounidense. También se inscribió a otras materias, como el Poder Político de Organización Internacional, y Política de Alemania.

Con el paso del tiempo, el pequeño grupo de estudiantes que conoció mejor al misterioso Safi se enteró de que fuera de la universidad ni siquiera se llamaba Safi. Sus amigos, y múltiples amigas, fuera de la universidad lo conocían por el nombre de Sami Issa, dueño de una cadena de joyerías en Beirut llamada Samino.

Era obvio que Sami disfrutaba de las cosas finas de la vida. Lo llevaban de un lado al otro de la ciudad en autos de lujo, frecuentemente con un escuadrón de guardaespaldas. Algunos días iba a bordo de un Range Rover plateado con ventanas polarizadas y otros se le veía a bordo de un Porsche Cayenne, un Audi R8 o un BMW convertible.

Mientras el sol estaba en el cielo, solía estar en el mar pasando el tiempo en su yate, también llamado *Samino*, y en las tardes salía a los bares de *shisha* de Beirut, hoteles de lujo y restaurantes. Algunas noches era el centro de admiración en el hotel Phoenicia, algunas otras estaba en el Grand Café, comiendo sushi o relajándose en el Holiday Beach Resort, cerca de donde su yate estaba atracado.

Pero la verdadera pasión de Sami Issa, más que la política estadounidense o los autos de lujo extranjeros, eran las mujeres. Donde sea que estuviera, por lo general estaba acompañado por una de sus novias. Sus amantes eran tan numerosas que sus guardaespaldas perdieron la cuenta. Tal vez Sami tenía quince amigas cercanas, tal vez eran veinte. Un día se le veía con una mujer, al día siguiente estaba con otra. Y aunque a su equipo de seguridad se le complicaba mantenerse al tanto de su ajetreada vida amorosa, quedaba claro que Sami era un malabarista experto con el cortejo de sus múltiples compañeras: les enviaba repetidos mensajes de texto en los que las llamaba «mi vida», «mi alma gemela», «mi tesoro».

Ya fuera que lo conocieran de la universidad, en sus joyerías o fumando *shisha* a altas horas de la noche, en realidad nadie sabía mucho sobre Sami Issa. Aunque era encantador, se rehusaba a compartir información personal. Su acento sugería que era del sur de Líbano. También ayunaba algunos días sagrados, lo cual llevó a algunos a pensar que era chiita, pero Sami nunca hablaba de su fe ni de su pasado.

Algunas noches invitaba a un grupo de amigos a su departamento para fumar *shisha* y jugar cartas. Solían platicar sobre chicas o discutían adónde planeaban salir. Pero nunca hablaban sobre su vida personal. Tampoco discutían sobre política, algo que podría considerarse extraño para un hombre con el suficiente interés por el tema como para regresar a la universidad para estudiarlo. Sus amigos notaron que el departamento estaba vacío, con pocos muebles y ninguna foto de su familia.

Los empleados de Sami Issa tampoco sabían mucho sobre la vida del «jefe». Evidentemente era un hombre ocupado e importante, que podía darse el lujo de desaparecer por meses enteros. Al negocio de joyerías de Sami parecía estarle yendo bien, pero era un propietario que no se involucraba mucho en el día a día; no daba la impresión de saber mucho sobre piedras preciosas ni de estar particularmente interesado en los detalles de las operaciones cotidianas.

Quizás había razones comprensibles para el comportamiento de Sami. Al ser un joyero adinerado, podría ser víctima de robo o secuestro. Sus guardaespaldas pronto comprendieron que debían seguir un conjunto estricto de reglas si iban a trabajar para Sami Issa, reglas que sugerían que tenía motivos para ser mucho más cauteloso que un casanova promedio.

Para empezar, no se les permitía hacerle preguntas personales, como cualquier cosa relacionada a su familia, y debían estar constantemente alertas de personas desconocidas que lo siguieran a él o a ellos.

—Cada vez que vayas o regreses a casa —le indicó a uno de sus guardaespaldas— toma una ruta diferente. Procura siempre tomar un camino sinuoso.

Sami solía pedirles a sus guardaespaldas que lo recogieran y dejaran en autopistas o avenidas principales, y cuando estaba escoltado por ellos, iba en un automóvil al frente, mientras que sus otros guardaespaldas lo seguían en un todoterreno, recibiendo instrucciones a través de un *walkie-talkie*.

Todo esto no era inusual en una ciudad como Beirut, donde los secuestros eran comunes. Lo más difícil de explicar era que las licencias de armas que Sami Issa obtenía para su equipo de seguridad, las cuales les permitían tener pistolas Glock y ametralladoras en sus autos, eran emitidas por inteligencia militar libanesa. Pero Sami era rico, quizá con amigos influyentes dispuestos a hacerle favores.

Con el tiempo, su equipo de seguridad comenzó a comprender mejor las peculiaridades de Sami. Aunque no sabían casi nada sobre su historia o antecedentes familiares, se dieron cuenta de que trabajaban para una persona extremadamente paranoica. A nadie se le permitía tomar fotos de él; si estaba en un lugar en el que alguien estaba tomando fotos, les decía a sus guardaespaldas que trataran de detenerlo o se iría. Usualmente salía con gorra y gafas de sol, y cambiaba ocasionalmente su vello facial de una barba de candado a una barba de chivo o a un bigote para alterar su apariencia. Hacía todo lo posible por ocultar su rostro de las cámaras de seguridad, como ponerse su gorra de beisbol e inclinar su cabeza cuando entraba a hoteles de lujo, o bajar su gorra cuando se acercaba a las cámaras de vigilancia dentro de las tiendas o cerca de cajeros automáticos en la calle. Se rehusaba tanto a que lo grabaran o fotografiaran que no asistió a un concurso de belleza repleto de mujeres jóvenes que él mismo organizó para promover la joyería Samino.

Sami no solo se preocupaba por las fotos. En una ocasión, dos guardaespaldas lo acompañaron a comprar un teléfono celular. Levantó el celular y, después de examinarlo, le pidió a uno de los guardias que le diera un pañuelo para limpiar sus huellas dactilares. En otra ocasión, fue de compras y le pidió a su guardaespaldas que le abriera una chamarra y se la pusiera para minimizar el contacto con la prenda. Después de comer en un restaurante, Sami limpiaba su cuchillo y tenedor con una servilleta mojada. Cuando salía a fumar *shisha*, llevaba su propia pipa y tabaco, nunca usaba la del café. Sami rara vez tocaba dinero; hacía que sus guardaespaldas pagaran en efectivo por él.

Los constantes timbres de los celulares del jefe eran otro tema delicado para los guardaespaldas. Sami a menudo llevaba un maletín Samsonite en el que guardaba a veces hasta cuatro o cinco teléfonos, que a veces sonaban todos al mismo tiempo. Quizás el joyero casanova estaba manteniendo contentas a sus novias. O quizás estaba trabajando en tratos comerciales secretos.

Nadie en su equipo de seguridad podía mirar la pantalla de su teléfono bajo ninguna circunstancia; debían voltearlo boca abajo y entregárselo. Una vez, un guardaespaldas tomó la iniciativa de abrir el maletín de Sami y le entregó al jefe un celular que estaba sonando. Sami no estaba nada contento.

—¿Viste de qué se trataba? —le preguntó. El guardaespaldas negó con la cabeza—. ¿Solo cerraste el maletín como estaba? —continuó Sami. El guardaespaldas asintió. Sami comenzó a sacudir su cabeza. El hombre jamás se atrevió a volver a tocar el maletín.

Si sonaba el teléfono de uno de sus guardias, Sami exigía saber quién llamaba antes de que lo contestaran. Casi siempre llamaba desde un número privado, y en las raras ocasiones en que marcaba desde un número visible, la instrucción era clara:

—No le den mi número a nadie.

Seguramente fue alrededor del momento del accidente automovilístico cuando los guardaespaldas de Sami Issa comenzaron a darse cuenta de que su jefe quizás estaba involucrado en algo más que tan solo vender joyas y seducir mujeres. Sami acababa de comenzar a pedirles que siguieran una compleja rutina de contravigilancia para asegurarse de que nadie lo estuviera siguiendo. Esto implicaba cambiarse entre sus diversos vehículos de lujo y sustituir en secreto las placas de los autos. Los guardaespaldas estacionaban uno de los autos de Sami en la parte aislada de una calle, en un estacionamiento subterráneo o escondido detrás de otro vehículo, antes de hacer un cambio rápido. Cualquiera que hubiera intentado rastrear los movimientos de Sami al llevar registro de sus placas se quedaría rascándose la cabeza.

Algunos de los autos de Issa tenían montones de placas de repuesto escondidas bajo periódicos en el maletero. Y algunos de los números eran distintivos. Su Mercedes SLK a veces llevaba la placa número 100 000. Otra placa que Sami usaba había sido emitida por la inteligencia militar libanesa. Al igual que la mayoría de las cosas sobre Sami Issa, cómo obtuvo esta placa especial era algo que ninguno de ellos sabía. Pero para entonces, habían aprendido a no hacer demasiadas preguntas.

Un día Sami tuvo un accidente automovilístico en una calle de Beirut mientras conducía en su Range Rover con sus guardaespaldas. El accidente no fue grave y nadie resultó herido. Pero poco después de que ocurrió, un teniente coronel de inteligencia siria llegó para verificar si estaba bien. ¿Por qué —podrían haber pensado los guardaespaldas— un espía sirio se apresuraría a la escena de un accidente automovilístico que involucraba a un joyero? Parecía que no eran los únicos encargados de mantenerlo a salvo. Al parecer, había personas poderosas de países extranjeros cuidándolo.

Y entonces, así como así, Sami desapareció. Su maletín lleno de celulares quedó en silencio. Ya no se le veía disfrutando de sus noches en hoteles exclusivos de Beirut. Algunos de sus antiguos amigos fumadores de *shisha* intentaron contactarlo, pero solo escucharon un mensaje que les decía que la línea se había desactivado. Quizá Sami se había ido al extranjero de nuevo o había enfrentado una emergencia familiar o de salud. Aun así, era muy extraño desaparecer de la faz de la tierra sin despedirse.

Al poco tiempo de que Sami Issa dejó de aparecer en los hoteles y cafés de Beirut, una crisis política se estaba intensificando del otro lado de la frontera, en Siria. Bashar al-Assad estaba bajo creciente presión por retirar los soldados sirios que habían estado ocupando partes de Líbano desde que lo invadieron en mayo de 1976, durante la Guerra Civil Libanesa.

A lo largo de las décadas, la familia de Assad se había acostumbrado a gobernar a su pequeño vecino como si fuera su propia provincia, con temidos oficiales de inteligencia siria en

Beirut respaldados por cientos de miles de tropas que seguían dictados desde Damasco. Luego, en mayo de 2000, Israel anunció que planeaba retirarse del sur de Líbano y dejó a Siria como la última potencia extranjera en ocupación del país. Un mes después, Hafez al-Assad falleció. Su aparentemente afable hijo Bashar, que sucedió a su padre solo porque su hermano mayor favorito falleció de forma inesperada en un accidente automovilístico, asumió la responsabilidad de proteger el brutal legado de Hafez en el país y en el extranjero.

Ahora, el control de Bashar sobre Líbano estaba amenazado. Rafic Hariri, el multimillonario sunita y magnate de bienes raíces que se convirtió en primer ministro, comenzó a negociar la retirada siria de su país. En septiembre de 2004, el Consejo de Seguridad de la ONU aprobó una resolución que pedía la retirada de todas las fuerzas extranjeras de Líbano y cesar su interferencia en la política nacional. Un mes antes de la resolución de la ONU, Assad convocó a Hariri en Damasco. Regresó de la reunión sudando y les dijo a sus aliados que el dictador sirio lanzó una amenaza: o Damasco se salía con la suya «o romperé a Líbano sobre tu cabeza».

En la víspera del Día de San Valentín en 2005, Sami estaba despierto hasta tarde, enviando mensajes de texto a una de sus novias que se quejaba de que no le estaba prestando suficiente atención. A las 2:31 a. m., le envió un mensaje pícaro: «Si supieras dónde he estado, estarías muy molesta».

Alrededor de las 12:50 del día siguiente, Rafic Hariri salió del café Place de l'Etoile en el centro de Beirut y se subió a un Mercedes S600 blindado negro custodiado por un convoy de seis vehículos.

Hariri estaba plenamente consciente de las amenazas de muerte. Como precaución, siempre mantenía en secreto sus planes de viaje hasta el último minuto e incluso ocultaba los detalles a los miembros más antiguos de su propio personal. Más temprano, esa mañana, su equipo de seguridad había realizado múltiples rondas de rastreo de bombas, en el cual sus guardaespaldas usaron perros y detectores químicos para buscar explosivos. Tres de los vehículos en el convoy de Hariri llevaban inhibidores de cuatro gigabytes, los más potentes disponibles, para bloquear las señales electrónicas que podrían utilizarse para detonar remotamente una bomba en la carretera. Nada de esto sería suficiente.

Más o menos cinco minutos después de que el convoy de Hariri salió del café, llegó a la avenida frente al mar bordeada por palmeras, cerca del hotel St. Georges. Un poco adelante, un camión Mitsubishi Canter se movió lentamente a su posición. De repente, una enorme explosión rasgó el aire, y dejó un enorme agujero en el suelo rodeado de humo negro, gritos humanos y fuego. Un terrorista suicida había detonado explosivos de grado militar dentro de la camioneta, equivalente a dos toneladas de TNT. Hariri murió al instante, junto con otras 21 personas; 226 transeúntes resultaron heridos.

El asesinato de Hariri envió ondas de choque a través de Medio Oriente. Los dedos apuntaron de inmediato hacia Siria. Estallaron protestas masivas en Líbano contra la ocupación siria. George W. Bush, el presidente de Estados Unidos, intensificó la presión sobre Assad, diciendo: «Salgan, y no solo salgan con sus fuerzas militares, sino salgan también con sus servicios de inteligencia. Salgan de Líbano por completo». El 26 de abril, las últimas tropas sirias abandonaron el país, con lo que pusieron fin a una presencia militar de 29 años.

Una investigación preliminar de las Naciones Unidas publicada poco después de la explosión señaló que las pruebas apuntaban «a la posibilidad de que funcionarios sirios estuvieran involucrados en el asesinato». Un testigo, un editor de un periódico libanés que habló con Hariri antes de su muerte, afirmó que el primer ministro le dijo que Assad lo había amenazado con «hacerlo volar por los aires» y con cazar y asesinar a su familia donde sea que estuvieran en el mundo. Dos meses después, ese testigo fue asesinado con una bomba en su auto.

Mientras los investigadores de la ONU sospechaban fuertemente del régimen de Assad por tener un papel en el atentado, aún no conocían la identidad de los miembros en la escena que habían orquestado el asesinato a la perfección. Descubrieron lo que parecía ser una coordinación repetida entre miembros de un equipo de bombardeo los días previos al ataque. Una parte significativa de esta actividad telefónica estaba relacionada con números controlados por un misterioso joyero casanova, un hombre llamado Sami Issa.

Los registros telefónicos parecían mostrar que Sami estuvo llevando a cabo una intrincada operación de vigilancia en Hariri durante meses antes del asesinato. Había algunas pistas sobre su verdadera identidad, como un número al que Sami llamó miles de veces. Pertenecía a una mujer llamada Saada: la hermana de Mustafa Badreddine y esposa de Imad Mughniyeh. Sami recibió saludos de cumpleaños el 6 de abril de 2000. Y el 6 de abril, casualmente, también era el cumpleaños de Mustafa. Uno de sus teléfonos recibió llamadas de un número en Arabia Saudita a finales de mayo de ese año, al mismo tiempo que la esposa de Mustafa viajó allí. El comerciante de joyas, el mujeriego, el estudiante maduro con cojera que estudiaba política estadounidense y quería «comprender las dinámicas y las reglas que controlan el mundo político» había sido en realidad Mustafa Badreddine todo ese tiempo.

Después del asesinato, Sami Issa envió a un amigo a la universidad para recoger discretamente su certificado en ciencias políticas y nunca más fue visto. Mustafa llevó a cabo lo que tal vez fue su operación más audaz hasta entonces. Y una vez más, se desvaneció como humo.

9

LA MAFIA VA A MEDELLÍN

Calabria/Medellín, octubre de 2014

Oksana sabía que Salvatore era un hombre cruel que había hecho cosas terribles. Pero cuando estaba en su departamento, era dócil y cariñoso. El hogar de su amante, según parecía, era el lugar adonde él podía escapar. Solía pasar horas con ella por las noches, sentado en su sillón o viéndola cocinar mientras Salvatore le contaba de su vida y sueños futuros.

El departamento de Oksana no era un palacio, pero era suyo. Vivía a unos 15 minutos de Salvatore sobre una calle larga y angosta, cerca de una *piazza* con una iglesia enmarcada por enormes pilares de concreto. En el verano, cascadas de buganvilias rosadas se derramaban de los balcones de sus vecinos y los lugareños se reunían afuera bajo el sol o en las terrazas de los cafés.

Ella había llegado a Italia con las manos vacías y, desde el punto de vista de Salvatore, él le dio todo: un departamento, un trabajo, una vida. De vez en cuando, algo sucedía para recordarle que nada de eso era suyo en realidad. Una vez, Salvatore le dio las llaves del departamento a un amigo para que se encontrara en secreto con una mujer mientras Oksana estaba en el trabajo. Y, después de que la esposa del amigo descubrió el amorío y lo sacó de la casa, Salvatore exigió que Oksana le permitiera quedarse en su departamento por dos semanas.

Ella odiaba estas intrusiones. Pero su novio tenía otros problemas en mente. Su pandilla había contactado al cártel colombiano y él había reunido la inversión para financiar el trato. Ahora necesitaba formar un equipo para viajar a Colombia, inspeccionar la calidad de la mercancía y abrir negociaciones para comprar un cargamento más grande de lo que jamás había intentado.

El primer y más importante puesto que Salvatore necesitaba cubrir era el de gerente. Esta persona sería el equivalente al capataz de construcción en el tráfico internacional de drogas: encargado de gestionar las comunicaciones con los colombianos, supervisar a las personas enviadas por los italianos a Latinoamérica y negociar el precio, la cantidad y la entrega eventual de la cocaína en Europa.

El hombre que Salvatore eligió para el trabajo fue Pepe, un veterano traficante de drogas italiano con años de experiencia gestionando acuerdos complejos para algunas de las principales familias del crimen en Calabria. Pepe, con una nariz ancha de boxeador, era un negociador feroz que combinaba una eficiencia logística despiadada con un temperamento volcánico para asegurar que nadie se saliera de la línea.

El siguiente trabajo en el equipo de Salvatore era igual de importante. Necesitaba enviar a alguien a Colombia para inspeccionar la calidad de las drogas en persona y demostrar al cártel que su lado iba en serio. Escogió a Antonio, un joven y ambicioso miembro de su pandilla que había mostrado el potencial de ascender en las filas del crimen organizado calabrés. Antonio, que usualmente usaba shorts y chanclas, ya sea que estuviera cometiendo crímenes graves o recogiendo a su esposa de su trabajo en el centro comercial, actuaba como los ojos y oídos de Salvatore en Colombia.

La posición final era, por mucho, la menos atractiva. Las etapas iniciales de un trato internacional de drogas son siempre las más delicadas. Había una manera comprobada de establecer la confianza entre comprador y vendedor para que ambos pudieran avanzar con confianza. Ambos lados enviarían a un invitado, conocido como un garante, para quedarse con el otro durante la transacción. Esto era para demostrar compromiso, pero la persona también servía como garantía humana de que ambos lados serían honestos. Si algo salía mal, por ejemplo, si un lado robaba el dinero del otro o se negaba a pagar, entonces el invitado sería asesinado.

Salvatore y Pepe sabían que así era como siempre había funcionado. Significaba que nunca enviabas a uno de tus mejores hombres primero. La persona que reclutaron para servir como garantía humana fue un hombre nacido en República Dominicana que vivía en Calabria, llamado Osvaldo. El plan era que Osvaldo, que hablaba tanto italiano como español, viajara a Colombia con Antonio para inspeccionar la calidad de la cocaína y luego se quedaría hasta que se completara la transacción.

El equipo estaba listo. Pero Salvatore sabía que, para poner el trato en marcha, los colombianos primero tendrían que enviar su propia garantía humana a Italia.

—Lo importante es que las personas lleguen aquí —le dijo Pepe al intermediario por teléfono—. En cuanto lleguen las personas, tenemos el dinero listo.

Pero para lograr que el cártel enviara a uno de sus hombres a Europa, los italianos tendrían que hacer el pago de un anticipo.

—No confían en nosotros para enviar personas a ciegas —le dijo el intermediario.

En cuestión de semanas, los colombianos enviaron a su garante, un hombre regordete que se hacía llamar el Coronel. A pesar de su imponente apodo, aquel hombre de cincuenta y tantos años, proveniente de Uruguay, era un miembro de bajo rango del cártel y durante mucho tiempo se había ganado la vida como un vendedor de narcóticos trasatlántico. Además de padecer de problemas cardiacos y una crisis profesional, se había metido en varios percances, pero de alguna manera se las ingeniaba para salir sin un rasguño. Aunque sus capacidades eran cuestionables, el principal atractivo del Coronel para sus empleadores parecía ser la posesión de un pasaporte sueco, lo que le permitía entrar y salir de Europa sin requerir visa.

Les dijeron a Salvatore y Pepe que el Coronel se comunicaría con un alto directivo del Clan del Golfo en Colombia conocido como Jota Jota, encargado de coordinar partes de las actividades de narcotráfico del cártel en Europa. Jota Jota tenía hombres posicionados en los Países Bajos y España, los dos principales centros de importación de cocaína del cártel al otro lado del Atlántico, y reportaba directamente a un hombre conocido solo por los italianos como el General, que parecía estar en el nivel más alto del cártel. Jota Jota era quien, siguiendo órdenes del General, tomaría la decisión final de cómo y cuándo se enviaría cualquier cargamento a Salvatore y a Pepe. Si el trato avanzaba, Jota Jota viajaría a Europa para supervisar las etapas finales, pero hasta entonces los italianos tendrían que lidiar con el Coronel.

Al enviar al Coronel a Mileto, los hombres del cártel demostraron que iban en serio. El siguiente paso era que Salvatore enviara a Antonio y Osvaldo a Colombia para reunirse con los representantes del cártel y vieran la mercancía con sus propios ojos.

El 17 de octubre de 2014, Antonio y Osvaldo aterrizaron en el calor sofocante del aeropuerto de Rionegro, en Medellín, poco después de las 5:30 p. m. El Coronel, en Calabria, había enviado con anticipación un mensaje a sus compañeros con sus fotografías y detalles de vuelo, y los instruyó para que los recogieran, los llevaran a un almacén y fueran amistosos. «Espero que los traten bien», les escribió a sus compañeros por WhatsApp, «porque yo estoy de maravilla aquí». El Coronel no solo se estaba esforzando por ser un buen anfitrión. Sabía que, si algo inesperado le pasaba a alguno de los dos, entonces él nunca saldría de Italia.

Salvatore y Pepe les dieron 20 000 euros en efectivo a Antonio y Osvaldo para cubrir sus gastos y establecieron los protocolos de seguridad operativa para sus comunicaciones mientras estuvieran en Colombia. Si necesitaban contactar a sus jefes en Italia, debían de llamar a un celular desechable que le habían dado al Coronel y hacerles llegar los mensajes a través de él. Esto reduciría el riesgo de que las fuerzas policiales interceptaran conversaciones incriminatorias. Para estar aún más seguros, solo podían hablar en términos generales y debían evitar nombres reales o lugares.

Llevaron a Antonio y Osvaldo al almacén en Medellín, pero al poco tiempo estos se dieron cuenta de que iban a tener un problema. Habían entregado una gran suma de dinero al cártel para cubrir gastos administrativos, pero ahora tenían que viajar cientos de kilómetros por las entrañas de la selva colombiana para llegar a la ubicación remota donde el cártel almacenaba la cocaína que planeaba despachar a Europa. El viaje iba a costar muchos miles de euros más. Y no los tenían.

Osvaldo llamó al teléfono desechable para que le pasaran el mensaje a Pepe. Enseguida se dieron cuenta de que el Coronel estaba teniendo problemas para apegarse al protocolo telefónico que habían acordado.

—¡Escúchame! ¡Escúchame! —vociferó a regañadientes Osvaldo por el teléfono—. No uses mi nombre. Llámame Pedro o Juan. Necesitamos dinero para boletos. Necesitamos dinero porque vamos a ir «para arriba». Dile al caballero, con el que vives, que me llame porque necesitamos que hablar con él. Dile que nos llame lo más pronto posible.

El Coronel preguntó ansioso cómo los estaban tratando. Osvaldo lo tranquilizó y le dijo que estaban bien, y de nuevo señaló la importancia de que Pepe se pusiera en contacto con ellos lo más pronto posible.

Mientras tanto en Italia, Pepe se estaba encargando de que todo funcionara de manera eficiente. Cuando recibió el mensaje del Coronel que decía que el dinero que envió con Antonio y Osvaldo ya se había agotado, no estuvo nada complacido. Aun así, llamó a Antonio, quien le explicó su predicamento:

—Tenemos que ir por cuatro días a otro lugar y está a 2 500 kilómetros de aquí —le dijo. Pero transferir dinero a Colombia era un riesgo. Creaba un claro rastro de evidencia para la policía, así que Pepe quería saber cómo se estaba gastando cada euro.

—¿Para qué necesitan el dinero?

—Tenemos que ir al otro lado del país. Se nos acabó el dinero. Estoy pagando todo, comidas, hospedaje... gasolina.

Era imperativo, señaló, que les enviaran el dinero lo más pronto posible, ya que había acordado reunirse con Jota Jota y partir al centro de almacenamiento de drogas secreto en unos cuantos días.

—¿Así que si no enviamos el dinero a tiempo, todo va a retrasarse tres semanas? —preguntó Pepe.

—Sí, tres semanas.

Antonio debió de haber sabido que Pepe no era un hombre que uno quisiera poner a prueba, en especial si se trataba de dinero. Pepe ya le había inculcado la importancia de ser parsimonioso, ya que le dio órdenes de abstenerse de sesiones nocturnas de bebida, prostitutas o comidas suntuosas. Ahora estaban gastando el dinero de Salvatore. Finalmente, después de algunas súplicas adicionales, Pepe accedió a transferir el dinero adicional con la estricta condición de que se usara solo con fines laborales. Le recordó a Antonio que estaban en un viaje de negocios, no de vacaciones.

—¡Basta de derroches! —le ordenó—. Menos sexo, menos comidas y trata de cocinar en casa.

Para ver las drogas, Antonio y Osvaldo tendrían que adentrarse en el territorio del Clan del Golfo, una zona sin ley gobernada por agentes armados vestidos con uniformes militares y sus rostros ocultos. Uno de los principales puntos de almacenamiento del cártel era la Finca Aurora, una remota plantación de plátanos oculta cerca de la desembocadura del río Currulao, a unos treinta kilómetros de la frontera entre Colombia y Panamá y a unas ocho horas en coche de Medellín. Allí trabajaban cientos de campesinos, los cuales vivían en alrededor de cincuenta chozas de madera con techos de lámina de zinc, mientras el hedor del clorhidrato de cocaína flotaba en el aire. Alrededor de tres veces por semana llegaba un camión con alimentos. Dentro de los camiones se ocultaban pequeños lotes de polvo blanco que, lentamente, se acumulaban en un tesoro listo para ser enviado desde el cercano puerto de Turbo a todo el mundo.

El rumor en la plantación era que la Finca Aurora estaba bajo el control directo del Gavilán, el segundo al mando de todo el Clan del Golfo y uno de los hombres más buscados en Colombia. El intermediario italiano en el terreno tenía razón: habían contactado con los mismos dioses.

Escondidas en un búnker debajo de la plantación, había cientos y cientos de grandes bolsas de lona gris llenas de cocaína pura; más de ocho toneladas. Era tanta cocaína que podría llenar una alberca. Tanta cocaína que, quizás, era imposible mirarla sin sentirse insignificante.

En cualquier caso, después de haber visto las drogas con sus propios ojos, el trabajo de Antonio estaba hecho. Solo necesitaba despedirse de Osvaldo, el garante, y regresar solo a Italia. Antonio dejó Colombia en un vuelo a Madrid. Desde allí reservó un vuelo de conexión a Roma y luego se dirigiría al sur hacia Calabria.

Mientras tanto en Italia, el Coronel estaba poniéndose nervioso. Ya habían pasado dos días en los que no tenía noticias de Antonio. Ninguna llamada telefónica, ningún mensaje. ¿Y si le pasó algo? Miles de escenarios pasaban por su mente. El contacto entre el cártel y los italianos aún estaba en pañales y ambos lados estaban nerviosos. Bastaría con un error, una discusión estúpida, una ofensa percibida, y podría derramarse sangre.

Esta era la fórmula sombría de ser una garantía humana: el potencial de una cadena de asesinatos súbitos y brutales. El Coronel sabía que si habían asesinado a Antonio, a él también lo asesinarían. Y si asesinaban al Coronel en Italia, entonces los hombres del cártel harían desaparecer a Osvaldo. Necesitaba saber que Antonio había regresado sano y salvo.

El Coronel llamó a Osvaldo por el teléfono desechable para obtener la opinión de su compañero garante sobre su predicamento.

—Está bien, no le pasó nada —lo tranquilizó Osvaldo—. Se fue. Si le hubiera pasado algo, ya lo habríamos sabido.

Osvaldo sugirió que el Coronel le pidiera a Pepe que llamara a la esposa de Antonio.

—Él está loco por ella. Donde sea que termine, se conectará al wifi y le enviará un WhatsApp a su esposa, o se conectará por Skype.

No fue necesario. Para alivio de todos, Antonio reapareció en Italia para informar a Salvatore y Pepe. No habían podido contactarlo porque apagó su teléfono durante su vuelo y luego lo mantuvo apagado para evitar que lo rastreara la policía. El Coronel podía relajarse.

Con el regreso de Antonio, las cosas comenzaban a verse bien para los dos garantes. Ahora el trato de cocaína podía avanzar, adelantando el momento en que el Coronel podría regresar a Colombia y Osvaldo podría regresar a Italia.

—Todo se está organizando para que regreses —tranquilizó el Coronel a Osvaldo—. Lo importante ahora —le dijo— era que Antonio diera un informe positivo a Salvatore sobre la calidad de la droga y la confiabilidad de los colombianos. Ese es el único problema que tengo.

El Coronel aún no lo sabía, pero este no sería su único problema.

10

BABYFACE

Virginia, otoño de 2014

Jack Kelly estaba de vuelta en su escritorio en la División de Operaciones Especiales rodeado por montículos de papeles, reportes de inteligencia, transcripciones de grabaciones clandestinas y esquemas organizativos. Había comenzado a trabajar hasta tarde. Sentía como si solo hiciera falta un pequeño descubrimiento, una chispa que reavivara el caso.

Pero mientras más distancia tomaba de todo ese mundo, más infinito y abrumador le parecía. Allá fuera, lejos de su escritorio en un soso cubículo de oficina en una pequeña esquina de Virginia, había un océano de crimen. Cada segundo de cada día alguien trasladaba dinero, drogas o armas a través de las fronteras. Aferrarse a una sola conspiración, tratar de dar sentido de un diminuto residuo flotante en medio de ese océano, era casi audaz. «Conectar los puntos» o «colocar las piezas del rompecabezas en orden», como Dereck Maltz siempre les decía que hicieran a sus agentes de la SOD, significaba creer que podías darle sentido a cosas que eran, quizá, demasiado complejas para que alguien las comprendiera.

Después de la junta en Tampa, Jack supo que si iba a construir un caso alrededor de lo que los afiliados de Hezbollah estaban haciendo en Europa, iba a necesitar inteligencia. Y al poco tiempo, se enteró por sus compañeros en Colombia que uno de los informantes encubiertos de la DEA se infiltró en una operación de lavado de dinero dirigida por un hombre conocido como Alex. Alex era un joven libanés que se mudó a Medellín y comenzó a ofrecer sus servicios a dos de los principales cárteles colombianos: el Clan del Golfo y La Oficina de Envigado. Ambos habían estado vendiendo cantidades cada vez mayores de cocaína a criminales organizados situados en Europa, tomando ventaja del precio más alto que podían conseguir al otro lado del Atlántico. Este auge comercial implicaba que los proveedores colombianos necesitaban recibir grandes pagos de efectivo en Europa y de alguna manera moverlos de regreso a Latinoamérica. El negocio de Alex era facilitar estas transacciones: tomaba un porcentaje del dinero a cambio de coordinar la recolección del dinero en Europa, transferirlo a Medio Oriente y lavarlo para enviarlo sano y salvo de regreso a Colombia.

La información de la DEA sugería que Alex tenía lazos familiares con figuras importantes en Líbano, algunos de los cuales parecían estar vinculadas con personas dentro de Hezbollah. Jack sabía que si los agentes de campo de la DEA podían de alguna manera rastrear el dinero que Alex estaba lavando para los cárteles, eso podría guiarlos a quienquiera que estuviera trabajando con él en Medio Oriente. También le permitiría a la DEA recolectar información sobre el crimen organizado en Europa, en países como Italia y Holanda, que compraban la cocaína de cárteles colombianos. Era una posibilidad muy remota, pero era mejor que nada.

Ayudaba el hecho de que la DEA estaba mejor posicionada que la mayoría para trabajar con agencias policiales extranjeras. Aunque muchos países veían los intentos del FBI por dirigir casos en su territorio con cierta cautela debido a la delicadeza que el trabajo de inteligencia demandaba, existía la tendencia a considerar a la DEA como una amenaza menos seria. Jack podía usar la red de fuentes de la DEA para proveer pistas valiosas a la policía europea. Jack esperaba que la información clasificada que estaban recibiendo de la investigación de Alex formara la semilla de un nuevo caso.

Pero también estaba consciente de la cantidad enorme de cosas que tenían que salir bien para conseguir que operaciones como esta despegaran. A lo largo de su carrera, había visto un sinfín de pistas prometedoras que llevaban a callejones sin salida. Llevar un caso internacional hasta la corte era una mezcla de trabajo duro, apoyo de tus superiores y buena suerte. Algunas veces, durante las extenuantes horas que dedicaba a inspeccionar reportes y registros telefónicos, Jack recordaba un caso en el que trabajó muchos años antes. Prometía ser uno de los más importantes de su carrera, pero terminó siendo un fracaso. Y, en esas noches largas en su escritorio, eso lo consumía por dentro.

Todo comenzó en 2007, cuando Jack, quien ya llevaba un par de años en la División de Operaciones Especiales, recibió una llamada de la oficina de la DEA en Miami informándole que descubrieron algo interesante. La división de Miami había estado llevando a cabo una compleja investigación encubierta sobre un capo colombiano conocido como don Pacho, aunque su verdadero nombre era Francisco Antonio Flórez Upegui. Don Pacho era una figura destacada en La Oficina, la violenta organización criminal colombiana con raíces en la fuerza de seguridad del Cártel de Pablo Escobar en Medellín.

Durante su investigación sobre don Pacho, la división de Miami de la DEA había generado múltiples grabaciones telefónicas clandestinas dirigidas a él y sus asociados. Una de ellas captó a don Pacho hablando con un hombre que tenía un fuerte acento extranjero cuando hablaba en español. Los agentes colocaron un micrófono oculto en el teléfono del hombre y descubrieron que muchas de sus otras conversaciones eran en un idioma que ninguno de ellos entendía.

Por casualidad, un joven agente de la DEA llamado Michael estaba caminando por la oficina de Miami esa mañana. Su jefe, que sabía que Michael hablaba árabe, le pidió que fuera a escuchar las grabaciones. Resultó que el hombre al que grabaron hablando con don Pacho estaba hablando en árabe libanés. Michael fue enviado a Colombia para sentarse en una sala de escucha a traducir horas y horas de llamadas. En ellas, el hombre relacionado con don Pacho discutía a detalle envíos de cocaína, porcentajes de ganancias y armas. Cuando la DEA preguntó a las autoridades colombianas qué sabían sobre la identidad de este hombre, dijeron que no sabían mucho, pero que sus fuentes les habían dicho que se trataba de un hombre de Líbano que vivía en Colombia, apodado Talibán.

Talibán, según parecían indicar las llamadas, trabajaba con La Oficina para enviar grandes cantidades de cocaína a través de Jordania y luego a Siria. La oficina de la DEA en Miami llamó a Jack Kelly. Quedó intrigado. Cualquiera que moviera cocaína a través de Siria, sospechaba, no estaba trabajando solo. Era casi inconcebible que pudieran operar sin la protección de un poderoso socio local.

Olía como el inicio de un caso enorme. Jack quería saber más. La DEA ya tenía varios informantes que hablaban español y que se habían infiltrado en la organización de don Pacho. Para acercarse a Talibán, iban a necesitar a un agente que hablara árabe. Michael estaba desesperado por que lo eligieran. Pero sus superiores siempre le habían dicho que sería un agente encubierto problemático. Michael parecía y hablaba como un policía. Había servido en el ejército estadounidense y caminaba con lo que sus compañeros llamaban «un andar militar». Sin embargo, eventualmente, el entusiasmo de Michael convenció a sus jefes de elegirlo. Lo que necesitaban ahora era idear una forma de acercarlo a Talibán sin despertar sospechas.

Entonces, una mañana, la solución a su problema entró por las puertas de la embajada estadounidense en la ciudad de Panamá. Un empresario local llamado Abdul, que dirigía una empresa de importación-exportación, estaba siendo extorsionado por un asistente de confianza y asesino conocido como Babyface que trabajaba para don Pacho. Babyface exigía que el empresario lavara dinero para su organización. Esto puso a Abdul en una terrible posición. O aceptaba y se convertía en un criminal, o se negaba y corría el riesgo de que lo asesinaran. Así que eligió una tercera opción: condujo hasta la embajada de Estados Unidos y pidió ver al FBI. El agente del FBI le indicó que caminara por el pasillo y hablara con el representante de la DEA en el país. El representante de la DEA en Panamá llamó a la División de Operaciones Especiales en Virginia para decirles que un prometedor informante confidencial que ofrecía información sobre don Pacho acababa de llegar de la calle. Pronto idearon un plan. Abdul debía decirle a Babyface que trabajaría para él y que conocía algunos contactos criminales en Estados Unidos que podían ayudarlos.

Varias semanas después, Babyface y Abdul tomaron un vuelo a Miami, donde los recibió en el aeropuerto un grupo de informantes encubiertos y agentes vestidos de manera llamativa que trabajaban para la DEA. Era de noche en el centro de Miami y Michael iba sentado junto a Abdul en un convoy de autos que llevaban a Babyface desde el aeropuerto a un restaurante de alta gama. Era importante encontrar un lugar tan caro y ostentoso que convenciera a un criminal endurecido de que la policía nunca podría permitirse comer allí. Parte del plan de la DEA era que Michael fuera parte de una comitiva más amplia y se hiciera pasar por un contacto de Medio Oriente asentado en Estados Unidos que había venido al aeropuerto a saludar a su amigo. Esto permitiría que Abdul hiciera una breve e inofensiva presentación entre Babyface y Michael, abriendo la posibilidad de que Michael se pusiera en contacto con Talibán en una fecha posterior. Sin embargo, el plan no era que Michael asistiera a la cena esa noche, solo dejaría a su «amigo» afuera.

El convoy se detuvo frente al restaurante. Babyface se acercó a Abdul, quien de inmediato presentó a Michael. Resultó que Babyface tenía modales inesperadamente buenos para un asesino e insistió en que el amigo de Abdul los acompañara a cenar. Michael no tuvo más opción que decir que sí.

Todos los presentes sabían que el secreto para ganarse la confianza de Babyface era evitar a toda costa hablar directamente sobre negocios y, en su lugar, tratar de verse lo más relajados posible. Pero durante la cena, Babyface volteó a ver a Michael y dijo en español:

—Tengo entendido que hablas árabe. ¿Cuál es tu conexión con Abdul?

Michael, que aún era un agente encubierto inexperto, hizo su mejor esfuerzo por verse calmado.

—Lavo dinero a través de Medio Oriente —respondió.

Babyface estaba intrigado. Le dijo:

—Puede que tenga un favor que pedirte. Tenemos a un tipo llamado Talibán a quien le confiamos 450 kilos que se llevó a

Jordania. No ha podido venderlos. Si tienes conexiones por allá y puedes ayudar, estamos muy interesados.

Y así de sencillo, Michael acababa de ganarse que le presentaran a Talibán, el hombre que podría guiar a la DEA, según creía Jack ahora, a lugares en el Medio Oriente que nunca habían sido capaces de alcanzar.

Con el voto de confianza de Babyface, Michael viajó a Bogotá. La DEA se enteró a través de la fuerza policial colombiana que Talibán era un musulmán sunita libanés llamado Chekry Harb, quien estaba inmerso en una situación complicada.

En un inicio, a Harb no le encantó la idea de reunirse con Michael, preocupado de que hubiera sido enviado por el cártel para recolectar una deuda o incluso matarlo. Fueron necesarias varias semanas de falsos comienzos y llamadas telefónicas para tranquilizarlo, pero finalmente Harb accedió a verlo en Bogotá, y ahí explicó su dilema. Había estado enviando dos contenedores de cocaína a la semana desde Colombia hasta el Puerto de Áqaba, en Jordania, pero varios de sus envíos más recientes se habían topado con problemas. Uno se mojó y ahora era imposible de vender. Pero Harb había vendido de manera anticipada parte de ese contenedor, lo cual significaba que le debía mucho dinero, tanto a don Pacho como a su comprador en el Medio Oriente. Si Michael podía ayudarlo de alguna manera a vender el resto de su lote y pagar sus deudas, le dijo, entonces eso solucionaría un horrible dolor de cabeza. Harb invitó a Michael a viajar hacia Amán para inspeccionar las drogas en un almacén.

De vuelta en la División de Operaciones Especiales, Jack estaba cada vez más emocionado. Si lograba que la DEA y las otras agencias estadounidenses autorizaran que Michael viajara a Medio Oriente como un agente encubierto para reunirse con Harb, entonces quizá pudiera descubrir quién era el jefe de Harb. Eso abriría una nueva fase de la investigación y podría revelar un objetivo de alto nivel.

Jack y otros en la DEA comenzaron a discutir el caso con la policía jordana, que también había recopilado información sobre las actividades de Harb. Parecía que los cargamentos que enviaba de Colombia a Puerto Aqaba y los recogían y los transportaban por tierra hasta la frontera de Jordania con Siria. Allí, según los jordanos, oficiales de la Dirección de Inteligencia de la Fuerza Aérea de Siria recibían la droga; esta era la agencia de espionaje más temida y poderosa del régimen de Assad, responsable de todo, desde la contravigilancia hasta la tortura a opositores políticos. Los jordanos sospechaban que la cocaína era trasladada a un almacén en Damasco y después a Líbano, desde donde se contrabandeaba, a través de Turquía, hacia Europa. La policía local estableció espías telefónicos para monitorear los teléfonos que Harb utilizaba en sus viajes al Medio Oriente, y compartieron sus hallazgos con la DEA. Descubrieron que usaba un número de celular sirio y que, cada vez que llegaba un envío de Colombia, se quedaba en Damasco durante varios días.

Históricamente, a la DEA se le había otorgado amplia autoridad para enviar agentes a Latinoamérica y al Caribe. Pero cruzar el Atlántico, en especial para trabajar en el Medio Oriente, era una propuesta muy diferente. Para que a Michael se le permitiera reunirse con Harb en Amán, la DEA tendría que obtener la autorización de la CIA. Esto era fundamental para evitar que Michael, sin saberlo, se tropezara con una investigación dirigida por una agencia de inteligencia o policial aliada.

La situación se complicó aún más porque Babyface, a quien de alguna manera inexplicable le había simpatizado Michael, empezó a preguntarle si podría ayudar a lavar dinero de la droga para la organización de don Pacho. El primer trabajo que el cártel le dio a Michael fue mover una pequeña cantidad de prueba. Michael y un compañero recogieron varios millones de dólares en efectivo del cártel y, en cuestión de días, ya estaba en una cuenta bancaria en Miami. Babyface estaba extremadamente impresionado por su rapidez y eficiencia. Era casi inaudito poder mover efectivo al sistema bancario legítimo de manera tan rápida. Michael parecía ser un gánster de la más alta calidad. Pronto le preguntaron si podía lavar cantidades mucho mayores. Fue a recoger un camión blindado cargado con maletas y bolsas con 20 millones de dólares en billetes afuera de un hotel en la Ciudad de Guatemala.

Mientras tanto, la DEA supo que Chekry Harb ahora se encontraba en una casa de seguridad bajo la vigilancia de la inteligencia siria en Damasco. De vuelta en la División de Operaciones Especiales, Jack sabía que la ventana para llevar a Michael hasta Jordania para reunirse con Harb, y posiblemente con sus gestores, podía cerrarse en cualquier momento.

Después de recoger los veinte millones de dólares, Michael los introdujo en la embajada de Estados Unidos para que los incautaran. Esto significaba que el tiempo de Michael como un solucionador de problemas criminales estaba corriendo. Podría haber sido creíble para don Pacho y Babyface que lavar una cantidad tan grande de dinero tomara más tiempo que antes. Sin embargo, pronto empezarían a hacer preguntas difíciles. Y en el momento en que don Pacho se diera cuenta de que Michael le robó su dinero, tendrían que sacarlo por su propia seguridad y la operación se daría por terminada.

Pero la aprobación que la DEA necesitaba para la reunión de Michael con Harb en Amán aún no se había otorgado. La CIA, por razones desconocidas para la DEA, demoraba el proceso. Jack estaba furioso. Michael llamó a Harb en un último intento por recopilar información, pero este de repente se abstuvo.

—No sé quién eres. No sé nada sobre drogas —le respondió.

De todos modos, ya era tarde. La dirección de la DEA decidió que era el momento de ponerle fin a la operación. Evacuaron a Michael y a los demás agentes encubiertos y arrestaron a 130 personas en redadas por toda Colombia y Centroamérica, incluidos don Pacho y sus tenientes principales. El efectivo que Michael recogió en Guatemala fue enviado de regreso a Miami en dos aviones del Gobierno de Estados Unidos. Chekry Harb, que había regresado a Colombia, fue arrestado un día antes de que volviera a volar a Damasco en un vuelo de Air France.

La operación fue un gran éxito y la dirección de la DEA estaba encantada. Basándose en evidencia de 370 espías telefónicos, que grabaron más de 700 000 conversaciones, incautaron más de 42 millones de dólares en activos, 3.7 toneladas de cocaína y arrestaron a cuatro personas en la lista de capos de narcotráfico internacionales del Fiscal General de Estados Unidos, entre ellos don Pacho. Pero para Jack fue una decepción abrumadora. Ahora nunca sabría con quién estaba haciendo negocios Chekry Harb en el Medio Oriente.

Lo que Jack no sabía en ese momento era que la inteligencia israelí también había estado vigilando a Harb. Y los israelíes poseían información clasificada que la DEA no tenía. El año anterior al arresto de Harb, los israelíes descubrieron que él se reunió con una persona extremadamente sensible que se encontraba en Damasco bajo el más alto nivel de protección del Gobierno sirio. Era una persona que los israelíes habían estado cazando durante décadas. Era Imad Mughniyeh.

11

MEDIANOCHE EN DAMASCO

Damasco, febrero de 2008

En la tarde del 12 de febrero de 2008, Imad Mughniyeh salió caminando de un edificio en un suburbio exclusivo del sudoeste de Damasco y hacia su camioneta Mitsubishi Pajero.

Para un hombre como Imad, la capital siria era uno de los inusuales lugares donde se podía sentir seguro. Tenía 45 años y había estado viviendo una vida de violencia y secretismo por más de dos décadas. Su rostro, que alguna vez fue delgado, se ensanchó y su cabello se volvió gris. Treinta años después de que él y Mustafa se unieran a los campos de entrenamiento de Fatah en Líbano cuando eran adolescentes, Imad estaba en la lista de los hombres más buscados de 42 países. El FBI ofreció una recompensa de 25 millones de dólares por su cabeza. El Mossad, que usaba el nombre en clave Maurice para referirse a él, había intentado matar a Imad por años. Pero cada vez que alguien estaba a punto de lograrlo, se las ingeniaba para escapar.

A lo largo de los años, muchos habían negado incluso que existiera.

—No, no hay nadie con ese nombre entre nosotros —dijo el líder de Hezbollah, Hassan Nasrallah, cuando se le preguntó sobre un miembro llamado Imad Mughniyeh durante una entrevista televisiva en la década de 1990. Incluso sus propios camaradas no sabían con frecuencia cómo era físicamente. Un comandante veterano de Hamás en Líbano pensó que un hombre que solicitó reunirse con él era un vendedor local. En realidad, era Imad disfrazado.

Y había personas a la caza de Mustafa también. Varias semanas antes de esa noche en Damasco, en enero de 2008, un capitán de policía libanés de 31 años llamado Wissam Eid se reunió con los investigadores de las Naciones Unidas en Beirut para darles la evidencia que había descubierto en relación con el asesinato de Rafic Hariri tres años antes.

Eid, un policía con una licenciatura en Ciencias de la Computación, consiguió lo que parecía ser un avance significativo. Analizó los registros de llamadas de cada teléfono celular utilizado cerca del lugar de la explosión frente al hotel St. Georges. Estos datos revelaron una red de teléfonos «rojos» utilizados por lo que parecía ser un equipo de asesinos que rastreaba el convoy de Hariri. Conforme los investigadores siguieron la evidencia descubierta por Eid, descubrieron que muchas de las llamadas estaban vinculadas con un hombre conocido como Sami Issa. Sin embargo, Eid no pudo ayudarles más. Ocho días después de conocerlo, fue asesinado con un coche bomba.

Imad continuó caminando hacia su automóvil. Esa noche estuvo en una reunión con dos hombres muy importantes: Qasem Soleimani, jefe de la unidad de fuerzas especiales de élite iraní, la Fuerza Quds, y el general Muhammad Suleiman, un alto funcionario de seguridad sirio del que muchos sospechaban estaba a cargo del programa de armas químicas de Assad.

A lo largo de los años, Imad había desarrollado una relación cercana, casi fraternal, con Soleimani. Un día, durante la guerra entre Israel y Hezbollah en 2006, Imad regresó a casa para ver a Saada y recoger algo de comida. Llegó en una motocicleta acompañado de otro hombre. Imad le presentó a su esposa a su amigo Haji Qasem, el comandante iraní de barba gris.

Hasta entonces, el matrimonio de Imad y Saada había transcurrido mudándose de un lugar a otro en secreto; rara vez podían ver a sus familias. Saada siempre temía por la seguridad de su esposo. Después de la guerra de 2006, se asentaron en un lugar y por fin obtuvieron la sensación de estabilidad que siempre les había faltado.

Sin embargo, los amigos de Imad percibían que él estaba agotado por la constante planificación, organización y ocultamiento. Tal vez esta fatiga fue la culpable de que, por primera vez en su vida, fuera descuidado.

En Damasco, empezó a relajarse, abandonó los niveles extremos de precaución y paranoia que lo habían hecho tan invisible. Imad viajaba abiertamente, sin intentar ocultar con quién iba a reunirse. Se quedaba durante varios meses en el mismo departamento operativo en el área de Kafersuseh y recibía visitas de alto nivel de Irán, Siria y Palestina en su hogar.

Los israelíes creían que Imad había comenzado a ver a tres mujeres locales atractivas, suministradas por el General Suleiman, y que visitaba a sus amigas sin guardaespaldas. Si fuera cierto, tal descuido, incluso en una ciudad fortaleza como la capital siria, sería otra evidencia de que Imad estaba tomando muchas menos precauciones de las necesarias. Esa noche, mientras caminaba hacia su automóvil, dos espías lo observaban. Agentes encubiertos lo habían estado siguiendo durante semanas, a la espera del momento adecuado en el que no hubiera civiles cerca. En varias ocasiones lo habían acompañado amigos o estaba en un lugar concurrido. Pero esta noche, en un estacionamiento en un suburbio de Damasco, Imad por fin estaba solo.

Dentro de su camioneta Pajero lo esperaba una bomba controlada a distancia. Una explosión destrozó el vehículo y diseminó su cuerpo en pedazos.

Los oficiales de inteligencia y policía sirios se apresuraron a la escena de la explosión. Al poco tiempo, las imágenes del vehículo en llamas, cuyo brillo incandescente se reflejaba en el cielo nocturno de Damasco, fueron transmitidas por la televisión estatal iraní. Las noticias sobre lo sucedido comenzaron a difundirse rápidamente por Medio Oriente y más allá.

Para Bashar al-Assad, fue una vergüenza absoluta. No solo el mundo se enteró de que había estado albergando a un terrorista internacional, sino que también había fallado en proteger a su huésped. Las agencias de espionaje sirias comenzaron de inmediato a señalar con el dedo a sus rivales, culpándose unas a otras por las fallas de seguridad que permitieron que se llevara a cabo el asesinato. Tanto Teherán como Hassan Nasrallah en Líbano estaban furiosos, y algunos en Hezbollah creían que la negligencia siria era responsable de su pérdida.

En vida, Imad fue poco más que un centelleo, un fantasma. En la muerte, cobró existencia. El hombre que Hezbollah una vez negó conocer fue elevado de inmediato al panteón de los mayores mártires del movimiento. Dos días después del atentado, miles de dolientes salieron a las calles bajo la lluvia torrencial en los suburbios del sur de Beirut, cerca de donde crecieron Imad y Mustafa. El ataúd refrigerado de Imad yacía en un escenario, cubierto con una bandera amarilla de Hezbollah y rodeado de guardias uniformados de negro con boinas. Una banda fúnebre tocaba, y cientos de políticos, clérigos y otras personalidades pasaban por detectores de metales manejados por guardias de seguridad vestidos de negro. Hassan Nasrallah realizó su discurso para el evento a través de una transmisión de video desde la seguridad de su búnker. Prometió venganza.

—La sangre de Haji Imad marcará el comienzo de la caída del estado de Israel.

La madre de Imad se sentó entre los dolientes sosteniendo fotos previamente secretas de su hijo fallecido con uniforme militar y una gruesa barba gris. Imad fue el tercero de sus hijos en morir en un coche bomba. No le quedaban fotos de la infancia de Imad. Por razones de seguridad, él se las había llevado todas.

En un servicio conmemorativo, Jihad, el hijo adolescente de Imad y Saada, dio un discurso desafiante:

—¡Vamos a seguir en este camino, el camino de la resistencia y el camino de Nasrallah! —La multitud le respondió con estruendo. Las lágrimas corrían por los rostros de los dolientes, incluso de los guardias de seguridad con rostro serio.

Cualquier oficial de inteligencia que observara el evento habría buscado a Mustafa oculto entre la multitud, rindiendo homenaje a su primo difunto. Durante casi toda su vida, Mustafa e Imad habían sido un dúo inseparable. Ahora, Mustafa estaba solo.

12

GARANTÍAS HUMANAS

Calabria, inverno de 2014

Antonio regresó sano y salvo a Colombia, y Salvatore ahora quería proceder con el envío lo más rápido posible. El trabajo del Coronel, el garante enviado por el cártel a Calabria, era actuar como un canal de comunicación entre ambos lados conforme negociaban los términos de su trato.

Salvatore tuvo cuidado de que su extraño invitado de Colombia nunca se quedara en un lugar por mucho tiempo para evitar atraer atención indeseada. Al inicio de la estancia del Coronel, Salvatore lo puso en un cuarto en su propia casa por unas cuantas noches, luego lo movió al departamento de Oksana y luego se quedó con Pepe. Pero resultó que su visita tenía pésimos modales: estaba volviendo locas a las mujeres en la vida de Salvatore con su impertinencia y malos modales. Oksana odiaba tener que limpiar el desorden del Coronel, quien también se las ingenió para enfurecer a Antonella con su apetito voraz y la aparente falta de gratitud hacia su anfitriona. Salvatore y Pepe decidieron que lo mejor para todos sería que reubicaran al Coronel en una granja lejos de ahí.

Desde ese lugar, el garante debía esperar a recibir noticias desde Colombia en su celular desechable; le pasaba la información a Pepe, quien se la decía a Salvatore. Sin embargo, el Coronel estaba recibiendo mensajes confusos de sus jefes sobre el progreso del trato. Le decían que el cargamento estaba listo para enviarse a Italia, pero luego no sabía nada de ellos por días enteros. Para él, se sentía como si nadie pareciera saber exactamente qué estaba pasando. Y Pepe, un hombre con un temperamento muy explosivo, estaba empezando a perder la paciencia con el garante.

Sentado a solas en la granja la mayor parte del día —con las visitas frecuentes de Pepe para vigilarlo de cerca—, el Coronel estaba cada vez más consciente del peligro en el que se encontraba ahora. Cada día que transcurría sin avances del trato incrementaba la probabilidad de que los italianos lo hicieran desaparecer. En Colombia, el Coronel sabía que su organización se llevaba a la gente «a las montañas» y que nunca regresaban. En Calabria, algunos asesinos de la mafia alimentaban a los cerdos con sus víctimas vivas. La única persona con la que podía compartir sus sentimientos era Osvaldo, que se encontraba en el mismo predicamento a miles de kilómetros de distancia.

Las obligaciones de Osvaldo y el Coronel implicaban que hablaran seguido por sus celulares desechables. Con el paso del tiempo, comenzaron a entablar el tipo de relación íntima que solo dos hombres que eran colateral humano en medio de un trato internacional de narcotráfico podían desarrollar. Eran dos empleados primerizos y dispensables atorados del otro lado del mundo desempeñando el mismo trabajo servil. Cada uno necesitaba al otro para sobrevivir (y no meter la pata) si es que planeaban regresar a salvo a su hogar. Habían desarrollado una especie de entendimiento mutuo, un lazo.

El Coronel, la causa de la creciente ira de Pepe, era miserable.

—Todos los días un hombre viene a traerme comida, el hijo del granjero —le dijo a Osvaldo una tarde—. Viene a las 11:45 a. m., me deja almuerzo y cena, y luego se va. Y no veo a nadie hasta el día siguiente.

Debido al estrés, el Coronel comenzó a tomar el doble de pastillas para el corazón; se le había acabado la medicina.

—Me gustaría que estuvieras en mi cuarto, para que vieras lo que estoy aguantando —se quejó. Su compañero garante le ofreció su solidaridad. Le hablaba a Pepe para tratar de calmar las cosas.

Osvaldo, atorado en Medellín, sin ninguna noticia sobre qué pasaba con el trato, también se estaba desesperando. Se quejó con el Coronel sobre su falta de dinero, y de que Pepe se había negado a enviar más dinero después de que Antonio regresó a Italia.

—No me puedo quedar así aquí, no me puedo quedar así en un lugar —dijo—. No me puedo mover. No tengo ni un euro, no tengo ni un centavo en mi bolsillo, ni siquiera para llenar el tanque. ¡No me puedo quedar así aquí!

Pero Osvaldo también sabía por sus propias conversaciones con Pepe que los italianos estaban convencidos de que el Coronel era el principal obstáculo para que el trato avanzara. Llegó por primera vez a Calabria con la fanfarronería de un vendedor ambulante, haciendo grandes promesas a Salvatore y Pepe sobre la calidad y cantidad de drogas que su organización poseía y la rapidez con la que se enviarían. Esto había sido un error. Debido a los retrasos, Pepe estaba ahora convencido de que el Coronel le mintió.

Osvaldo decidió ser sincero con su amigo y le dijo:

—Escúchame. Seré honesto contigo. Ha habido errores y, debido a esos errores, la gente ya no confía tanto en lo que dices.

Quizás Osvaldo intentaba ser útil, o tal vez solo quería evitar que Pepe perdiera la paciencia y matara al Coronel, ya que si eso sucedía, lo más probable es que a él también lo eliminaran. Pero el Coronel quedó sorprendido. Solo estaba transmitiendo a los italianos lo que sus jefes en Colombia le ordenaban decir. Parte de la confusión provenía de la barrera del idioma. Pepe no hablaba mucho español y el italiano del Coronel era malo. Para comunicarse, a menudo escribían palabras en Google Translate en el teléfono del Coronel.

—Escribo lo que me dicen que escriba, escribo la mierda que me dicen que escriba —dijo el Coronel, en un intento por defenderse—. Cuando Antonio te llame esta noche, dile que mis manos están limpias. Solo estoy haciendo lo que me dicen que haga. Dicen «Escribe esto» y luego lo traducimos de inmediato al italiano usando Google... No te enojes conmigo porque no tengo nada que ver con esto.

Osvaldo le aseguró a su amigo que su advertencia era por su propio bien.

—Lo digo como es, porque para mí eres una persona que tiene mucho valor y merece mucho respeto —afirmó.

El Coronel se sentía herido por la injusticia de la situación, pero la advertencia de Osvaldo le hizo darse cuenta de que se estaba quedando sin tiempo. Intentó aplacar a Pepe pidiéndole a sus jefes que enviaran a alguien más importante de la organización para suavizar las cosas con los italianos. Pero pasaron varios días y aún no había noticias. El Coronel necesitaba urgentemente comunicarse con sus jefes en Medellín y explicarles lo mal que se estaban poniendo las cosas.

Marcó el número. Pero en lugar de que contestara el jefe de línea, contestó su asistente. El Coronel fue directo al grano.

—¿Cuándo llegarán las personas? Tienen que llegar urgentemente, de lo contrario ya sabes lo que me pasará... Alguien tiene que venir y representarme, por favor, de lo contrario me matarán aquí.

El asistente no se conmovió. Le comunicó al Coronel que tendría que esperar a que el jefe inmediato regresara para obtener una respuesta.

Debió de parecerle al Coronel que sus empleadores no apreciaban por completo la precariedad de su situación. Esto no debería estar sucediéndole, pensó. Era un ciudadano de la Unión Europea. No podían simplemente asesinarlo. Debió ser un malentendido. Todo lo que tenía que hacer era explicar la situación. Los calabreses tenían el dinero listo. Antonio había estado en Colombia para inspeccionar la droga. Solo necesitaba hablar con el jefe inmediato. Eso arreglaría las cosas. Todo estaba listo. El trato se completaría pronto y él podría volver a casa.

Finalmente, algunas horas después, el Coronel recibió una llamada.

—Dijeron que estaban enviando gente, mientras yo estuviera aquí, ¿para qué me enviaron? —suplicó el Coronel a su jefe inmediato—. ¿Para dar una mala impresión al caballero italiano?

Pero su jefe lo detuvo en seco. Los jefes del cártel, le dijo al Coronel, habían solicitado que regresara a Colombia antes de que pudieran enviar a alguien más a Italia para avanzar con el trato. El corazón del Coronel se hundió. Ahora estaba en una situación imposible. Pepe se negaba a liberarlo hasta que viera algún progreso con el trato. Pero ahora le estaban diciendo que a menos que regresara a Colombia, el trato estaba en espera.

—¿Y dónde esperan que encuentre el dinero para un boleto de regreso? —suplicó el Coronel—. ¿Cómo se supone que voy a llegar hasta allá? ¿Nadando?

Pepe estaba en la habitación con el Coronel, escuchando la conversación desarrollarse y enfureciéndose cada vez más.

—El italiano que está conmigo aquí está muy enojado porque cambiaste el plan —explicó el Coronel a su jefe inmediato.

De repente, Pepe tomó el teléfono. Decidió tomar cartas en el asunto.

—Llegó el momento de hablar claro —gritó por teléfono—. Entonces, ¿dónde está la mercancía?... Tenemos el dinero; ustedes tienen la mercancía. Si quieren venderla, claro. Porque estoy cansado, no puedo esperar más. En medio día cambias de opinión cincuenta veces. Aquí no ha llegado nada, porque si hubieran llegado ocho toneladas y yo no lo supiera, me cortaría mi propia cabeza en ese mismo instante.

El Coronel recuperó el teléfono. Prometió que arreglaría la situación.

—Encontraré una manera de regresar y dejaré a este caballero en una buena situación —le dijo a su jefe—. Tienen mi palabra. No dejaré a Pepe aquí sin nada. Volveré y todo se resolverá.

A regañadientes, Pepe acordó permitir que el Coronel regresara a Colombia. Pero días después, el italiano escuchó algunas noticias de Osvaldo que lo hicieron hervir de rabia. Al parecer, los colombianos ahora decían que el precio al que estaban dispuestos a vender la cocaína había aumentado.

—Osvaldo, tengo los huevos hinchados, demasiado hinchados —gritó Pepe—. No me interesa tratar con personas que cambian de opinión de un minuto a otro. Ya estuvo bueno: no quiero saber nada de nadie. No voy a darles ni una lira más, ni siquiera para mi propio funeral.

Osvaldo intentó calmar a su jefe, pero Pepe ya estaba en su límite. La solicitud de más dinero lo había sobrepasado.

—No sé por qué cambió el precio... No me interesan estas personas. Tienen los huevos del tamaño de un camión —expresó

Osvaldo, tratando de mantener una actitud positiva. El trato aún era posible, y le recordó a su jefe que él fue quien estuvo atrapado en Colombia durante meses tratando de concretarlo todo.

—Estoy aquí para hacer las cosas bien, para que todo salga bien —le aseguró a Pepe—. No hago nada que no sea bueno para nosotros, ¿lo entiendes?

Pero Pepe estaba harto. Cansado de las constantes solicitudes de dinero, tanto de los colombianos como de Osvaldo. Cansado de tener que decir que no.

—Escúchame. ¿Entiendes que no es fácil perseguir dinero sin ver nada? Todos aquí piensan que soy Rico McPato.

Y luego estaba el asunto de lo que sea que el Coronel hubiera dicho o hecho para enfurecer a Antonella.

—Le dijo cosas a la esposa de Salvatore —explicó más tarde a Osvaldo—. Dijo muchas tonterías. Le dimos lo que quiso... ¿y luego habla con la esposa? Hay otras cosas que te contaré más tarde, porque estas son cosas que no se pueden decir por teléfono.

—El Coronel bloqueó todo —coincidió Osvaldo—. Jota Jota le va a dar una paliza.

Después de que el Coronel regresó a toda prisa a Colombia, les contó a sus superiores sobre la ira de Pepe, las amenazas y el trato nada hospitalario que le dieron. Con base en el reporte de Italia realizado por el Coronel, los directivos del cártel decidieron que no valía la pena el riesgo de trabajar con alguien tan impetuoso como Pepe. Si el trato iba a continuar, entonces de ahora en adelante solo trabajarían directo con Antonio y Salvatore. Cada vez parecía más probable que excluirían por completo a Pepe y Osvaldo de la transacción. Esto significaría que no recibirían ningún pago por la conclusión del trato. Ahora se enfrentaban a haber trabajado durante meses sin obtener nada a cambio.

Pepe estaba que echaba fuego de rabia. No solo iba a matar al Coronel, lo iba a decapitar.

—¡Si ese puerco cae en mis manos, le voy a cortar la cabeza! —le gritó a Osvaldo a través del teléfono—. Te prometo que si el Coronel regresa aquí, lo voy a matar solo por diversión. ¡Lo mataré en la calle frente a las cámaras!

Puede que fuera un narcotraficante endurecido, pero Pepe era un hombre con una afinidad por el detalle histórico. No, cortar la cabeza del Coronel como un animal de granja no sería suficiente. Pepe iba a colgarlo en la misma plaza milanesa en la que ejecutaron a Il Duce en 1945.

—¡Lo mataré en Piazzale Loreto, con un carajo, en Piazzale Loreto como mataron a Mussolini! No entendieron ni un carajo allá, ¿me entiendes? Si creen que pueden burlarse de mí, llevaré a todos los colombianos ahí y los mataré de inmediato, ahora mismo. ¡A todos y cada uno de ellos! ¡Ya me reventaron las bolas!

Mientras Osvaldo escuchaba a Pepe despotricar de las diversas maneras en las que planeaba asesinar al Coronel, le quedó claro que a su jefe no le importaba en lo más mínimo la situación incómoda en la que estaba poniendo a su empleado primerizo. Osvaldo no era tonto. Sabía que si a él y a Pepe los sacaban del trato, él ya no le serviría para nada al cártel. Y también había oído rumores de que Jota Jota estaba enojado con el Coronel por no haber manejado bien las cosas en Italia.

Pepe estaba plagado de remordimientos. Remordimientos por el pago de un trato que probablemente nunca tendría en sus manos y remordimientos por haberle permitido al Coronel regresar a Colombia.

—Si hubiera sabido lo que sé ahora, él no habría regresado ahí, te lo garantizo —le aseguró a Osvaldo.

Algunos días después, el Coronel, ahora de regreso en Colombia, llamó a Antonio en Italia. Antonio confirmó que Pepe y Osvaldo estaban fuera. Salvatore había ordenado que Antonio supervisara todo el contacto telefónico con el cártel. Ambas partes decidieron que una reunión de alto nivel era la única manera de volver a encarrilar las cosas. Jota Jota viajaría a Italia para reunirse con Salvatore.

El Coronel comenzó a organizar el itinerario de viaje y los documentos de su jefe para la travesía a Milán.

—Mañana Jota Jota tendrá su visa —le aseguró el Coronel a Antonio. El resto de la información, incluida una copia del pasaporte de Jota Jota y los detalles del vuelo, la enviarían a los italianos por correo electrónico.

Ahora la pregunta era qué debía suceder con Osvaldo. Estaba atrapado en Colombia como garante sin un propósito. Salvatore ya no lo necesitaba. El Coronel y Osvaldo pasaron por mucho juntos en los últimos meses. Compartieron sus miedos, sus esperanzas. Se entendían. Se habían convertido en amigos. Pero Osvaldo ya no era de utilidad. El Coronel creía que había llegado el momento de que asesinaran a Osvaldo.

—¿Qué quieres hacer con Osvaldo? ¿Quieres enviarle un boleto de regreso o ya está terminado? Dame una orden, ¿qué hacemos? —le preguntó a Antonio.

Antonio ya había expresado sus sentimientos sobre Osvaldo a los hombres del cártel:

—Él me vale madres. Aviéntenlo al mar. —Pero Salvatore había ordenado que no se podía decidir el destino del garante hasta que Jota Jota hubiera llegado a Italia.

—Hagamos todo después de que Jota Jota llegue aquí —dijo Antonio al Coronel—. Olvida a Osvaldo y Pepe. Ya no trabajan con nosotros.

—Si quieres que lo matemos aquí, no hay problema —ofreció el Coronel—. Si me escribes un correo electrónico diciéndome que lo mate, lo hago de inmediato. Este tipo no puede regresar a Italia. Lo sabe todo, sabe demasiado.

—Hablemos con Jota Jota cuando llegue aquí —insistió Antonio—. Hablaremos con Jota Jota y luego te aviso, ¿de acuerdo?

Mientras tanto en Colombia, Osvaldo estaba cada vez más nervioso. Necesitaba hablar con Pepe. Había notado un cambio de actitud por parte de sus anfitriones. Osvaldo estaba convencido de que tanto a él como al Coronel los iban a llevar a las montañas y los iban a asesinar juntos.

—Quieren llevar al Coronel a las montañas —le dijo Osvaldo a Pepe por teléfono—. El comandante les dijo que busquen al Coronel para llevarlo allí, ¡y a mí también!

Pero a Pepe no parecían preocuparle mucho las inquietudes de Osvaldo. Lo que le importaba a Pepe era que todo su trabajo estresante con el Coronel había sido en vano. No iba a ver ni un euro de comisión, ni siquiera si el gran envío de Salvatore se concretaba.

Osvaldo tuvo que callarse y calmarse. La forma en que resolverían este problema, le aseguró Pepe, era reiterarle a Jota Jota que Pepe aún tenía la capacidad de mover cargamentos de cocaína en Europa para el cártel. Jota Jota era un hombre de negocios. Y matar a Osvaldo los privaría de un cliente útil.

—Dile a Jota Jota que venga aquí con producto, con la cantidad de producto que quiera, y que me llame —le dijo Pepe a Osvaldo—. En una semana moveré todo el producto y él se irá con el dinero. Entonces le mostraré si soy una mierda o una persona seria, ¿entendido?

Lo que Pepe sugería era un gran riesgo. Sus jefes los habían excluido de las negociaciones. Pepe había fallado. Y ahora le estaba pidiendo a Osvaldo que actuara a sus espaldas y tratara de comenzar a mover cocaína a Europa.

—Salvatore y Antonio no deben enterarse de esto. ¿Entiendes? No deben saber que hablaste conmigo de estas cosas.

Nadie podía cortar a Pepe de un trato como este. Ni siquiera Salvatore Pititto. Él iba a obtener su venganza.

—Cuando termine nuestra operación, entonces les haré una buena broma a ambos. Los llevaré a las montañas y será el fin de la historia. Los llevaremos a las montañas y les explicaremos quiénes son las mierdas. ¡Les cortaré las cabezas y las colgaré en un poste!

13

ASESINATO EN EL CAFÉ BLUE MOON

Calabria, 2014

Para este punto, Salvatore había compartido muchos secretos con Oksana. Había recibido al Coronel en su departamento y estaba al tanto de los cargamentos de cocaína en los que su novio trabajaba. Pero quizás el día en que Oksana supo que Salvatore en verdad la amaba, fue el día en el que le contó sobre el asesinato.

Comenzó un año antes, una mañana en la que Salvatore le dijo a Oksana que hubo un gran problema la noche anterior. Él y los demás de la pandilla fueron convocados a una reunión urgente en la casa de Pasquale. En el calor del momento, Oksana no podía entender qué ocasionaba la conmoción exactamente, pero de acuerdo con lo que dijo Salvatore, parecía tener algo que ver con un fuego abierto en alguna zona rural.

Cualquiera que fuera el problema, debió de haber sido serio para que Salvatore se apresurara a ir a la casa de su primo. Pasquale, sentado en su silla de ruedas, seguía siendo el rey de Mileto, el hombre que gobernaba cada centímetro de aquel gris y decrépito imperio de tierra.

Habían pasado casi veinte años desde el asesinato del niño estadounidense, Nicholas Green, y sus asesinos fueron liberados de prisión. Uno se convirtió en testigo protegido y se ocultó en el norte de Italia. El otro, Francesco Mesiano, regresó a Mileto. Tenía 22 años cuando fue encarcelado y cumplió casi dos décadas tras las rejas. En el pueblo, ahora algunos lo llamaban el «loco». Y casi tan pronto como Francesco regresó de la cárcel, comenzaron los problemas.

La familia Mesiano tenía estrechos vínculos con la familia Pititto, y algunos de ellos formaban parte de la pandilla desde sus primeros días cuando robaban camiones y extorsionaban negocios locales. Fuera del pueblo, los Mesiano tenían un terreno que colindaba con los campos de otra familia, los Corigliano. Durante décadas, ambas familias habían coexistido en paz, pero desde el regreso de Francesco, apodado Franco por su familia, una serie de agravios comenzaron a surgir entre los dos clanes.

Franco, según las quejas de los Corigliano a la policía local, empezó a llevar a pastar sus animales en sus tierras, y arruinaba sus cosechas. Los Mesiano tenían una panadería en Mileto, y los Corigliano tenían una tienda de barrio. Cuando Marianna, la matriarca de la familia Corigliano, fue a la panadería a quejarse con Franco por destruir sus campos con su ganado, él se molestó. Respaldado por Pasquale Pititto, no se disculparía con nadie.

—Dile a tu esposo que debe dejar esa tierra o lo mataré —la amenazó—. Somos muchos. No querrás enfrentarte a nosotros.

Marianna abandonó la panadería disgustada. En represalia, la familia Corigliano decidió que su tienda ya no compraría pan de la panadería Mesiano. Fue un acto aparentemente trivial de desafío, pero en Mileto, incluso las pequeñas disputas podían terminar en sangre derramada.

Poco después de que los Corigliano comenzaran su boicot, alguien se acercó sigilosamente a su granja en medio de la noche, arrojó gasolina sobre la puerta principal y le prendió fuego. También incendiaron el Piaggio Ape azul estacionado afuera. La policía llegó y tomó declaraciones de los Corigliano. ¿Vieron algo? Estaba demasiado oscuro. ¿Quién tenía motivos para incendiar su casa? Marianna dijo que no sabía:

—Nuestra familia no ha tenido conflictos con nadie. —Les dijo a los agentes que no querían presentar una denuncia oficial por los daños causados por el incendio. No había nada más que hacer.

La siguiente noche, los rumores se propagaron por el pueblo de que Giuseppe Mesiano, el padre de 75 años de Franco, murió de un ataque al corazón. Cuando la policía fue a la casa de Giuseppe, encontraron al anciano tendido boca arriba en la veranda de concreto. Sus brazos estaban extendidos, sus piernas ligeramente separadas. Llevaba zapatos de gamuza azul y un delgado medallón de oro grabado con la imagen de un santo se derramaba sobre la parte superior de su camiseta.

El equipo forense de la policía encontró un cenicero en una mesa de jardín con tres colillas de cigarros recientemente fumados y dos botellas vacías de cerveza alemana. El anciano las había estado saboreando bajo el sol veraniego. También había estado haciendo algunos quehaceres. Cerca de su cadáver estaba su coche, con el maletero abierto y una caja de botellas de agua a un costado. Parecía que Giuseppe fue emboscado mientras descargaba el vehículo: le dispararon varias veces, y debajo de su cuerpo frío había un charco de sangre.

Unos días después se llevó a cabo el funeral del anciano. La policía llegó para observar el evento, preocupada de que el asesinato de un Mesiano pudiera provocar una respuesta violenta e impredecible. Notaron una ausencia significativa entre los dolientes. Nadie de la familia Corigliano fue invitado. No eran bienvenidos.

Dos meses después, en una tarde sofocante de verano, el hijo mayor de los Corigliano, Antonio, condujo su Fiat Punto rojo hacia el centro de Mileto y lo estacionó afuera del Café Blue Moon. Era parte de su rutina diaria detenerse allí alrededor de las tres de la tarde para tomar un café helado. Entró en el Blue Moon, donde el olor de la masa fresca flotaba en el aire. El dueño del café le sirvió su bebida y regresó a la cocina en la parte trasera para seguir preparando las pizzas. Cuando el dueño comenzó a amasar, resonaron varios disparos. Corrió hacia el frente del café y, a través de la ventana, vio a Antonio Corigliano caído sobre el volante de su coche.

En el exterior, las calles de Mileto estaban en silencio, excepto por el motor en marcha del Fiat rojo de Corigliano. Las llaves estaban metidas en el switch y las ventanas delanteras estaban abajo. El interior del coche estaba cubierto de sangre, y un paquete salpicado de cigarros Marlboro estaba en el asiento delantero junto al hombre asesinado. Quienquiera que hubiera venido por Antonio esa tarde sabía exactamente dónde y cuándo atacar.

También quedó claro que Antonio esperaba problemas. Cuando llegó la policía, encontraron una pistola semiautomática Beretta calibre 7.65 en la guantera con el número de serie borrado.

Y entonces fue cuando Salvatore le contó a Oksana lo que pasó: después del asesinato de Giuseppe Mesiano, la pandilla de Pititto aliada con los Mesiano convocaron una reunión de emergencia presidida por Pasquale en su casa. Dispararle a un Mesiano era un desafío inaudito a la autoridad de Pasquale en Mileto. Sí, querían venganza. Pero esto también se trataba de control. Tenía que enviarse un mensaje para cualquiera que se atreviera a pensar que podía matar a uno de los suyos sin sufrir las consecuencias.

Salvatore le contó a Oksana que en la reunión decidieron que los únicos sospechosos posibles del asesinato eran los Corigliano. Ellos fueron quienes discutieron con Franco porque sus animales pastaban en su tierra y quienes dejaron de comprar pan de la panadería de su familia. Como represalia, uno de los miembros de la banda Pititto se deslizó en medio de la noche y prendió fuego a su casa. Los Corigliano eran los únicos con motivo para disparar al padre de Franco, así que después de la muerte de Giuseppe, Salvatore, Pasquale y otros decidieron emboscar a Antonio Corigliano.

Sentado en el departamento de Oksana, Salvatore le contó con gran detalle lo que hizo ese día. Conducía un *scooter* robado; otro hombre iba sentado detrás. Siguieron a Corigliano desde que salió de su casa hasta el café Blue Moon. Después de que terminó su café helado y regresó a su auto, Salvatore condujo el *scooter* hasta el lado del conductor, y el otro hombre descargó siete balas de calibre 9x21 por la ventana abierta. Luego huyeron por las callecitas de Mileto. Nadie vio nada. Antonio Corigliano tenía que morir, le aseguró Salvatore a Oksana, porque su pandilla les «debía» a los Mesiano su venganza.

En los primeros años de su amorío, Salvatore solía esconder sus negocios de Oksana. Ahora le confiaba sus secretos más oscuros. Tal vez Salvatore le estaba confesando sus crímenes a ella para aliviar su culpa. O tal vez estaba tratando de justificar lo que hizo. Sea cual fuera la razón, ahora la conexión entre ellos era irreversible.

14

GALLETAS EN PARÍS

París, inicios de 2015

Dentro del cubículo de Jack Kelly en la División de Operaciones Especiales, el esquema colgante cada vez ocupaba más espacio en su pared. La información proveniente de los informantes encubiertos de la DEA en Colombia sobre Alex, el joven de 21 años que lavaba dinero y vivía en Medellín, abrió una nueva fase de la investigación.

Con base en esos informes, la DEA obtuvo órdenes judiciales para instalar micrófonos ocultos en los teléfonos de Alex y para interceptar sus mensajes y correos electrónicos. Jack luego verificó los números con los que Alex se comunicaba en Europa y Medio Oriente a través de los sistemas de datos de la SOD. Esto mostró casi de inmediato que el joven lavador de dinero estaba en contacto con números telefónicos vinculados al narcotráfico en varios países europeos. Al rastrear la actividad de estos números, Jack y sus compañeros pudieron recopilar más pruebas de que Alex estaba ayudando a coordinar la recolección de grandes sumas de dinero de narcotraficantes que buscaban enviar pagos por envíos de cocaína de regreso a los cárteles en Colombia.

Una de las organizaciones para las que Alex estaba lavando dinero era el Clan del Golfo, el cártel que, aunque Jack no lo sabía, en ese momento intentaba trasladar ocho toneladas de cocaína a Italia con la ayuda de un gánster italiano llamado Salvatore Pititto.

La DEA sabía desde hacía años que los cárteles de Colombia habían cambiado el enfoque de sus actividades de tráfico hacia Europa. Había varias razones estratégicas para este cambio. En primer lugar, los cárteles colombianos podían vender su cocaína a un precio mucho más alto que el que obtendrían enviando sus drogas al norte hacia los cárteles mexicanos, lo cual hacía de Europa un mercado más rentable. En segundo lugar, al eludir a los grupos mexicanos, podían quedarse con una parte mucho mayor de la ganancia, en lugar de tener términos dictados por los capos que controlaban el acceso fronterizo entre México y Estados Unidos. Y, en tercer lugar, Europa solía ser un mercado mucho menos vigilado en comparación con Estados Unidos o Centroamérica.

Enviar grandes cantidades de cocaína de Colombia a Europa era relativamente simple. Puertos como Róterdam o Génova eran enormes: llegaban miles de buques de carga cada semana, con decenas de miles de contenedores individuales. La cantidad abismal hacía imposible revisar cada contenedor y muy fácil que se colara contrabando.

Los cárteles colombianos establecían contacto con criminales organizados en Europa y acordaban enviarles cargamentos de cocaína para recoger en los puertos. Los criminales luego vendían las drogas, y grandes sumas de dinero en efectivo se acumulaban en Europa, parte del cual debía enviarse a Colombia para pagar los envíos.

Estas crecientes montañas de dinero sucio presentaban un desafío logístico mucho más complejo que las drogas. Lavar millones de euros para llevarlos de regreso a Colombia requería mucha habilidad y organización. No se podía hacer a través de una transferencia bancaria regular, ya que depositar grandes cantidades de efectivo sería inmediatamente sospechoso. En cambio, los cárteles y sus clientes necesitaban los servicios de especialistas que tuvieran las redes internacionales para enviar decenas de millones de euros en billetes entre fronteras de manera discreta.

Aquí es donde entraba el Medio Oriente. Los criminales europeos que se estaban convirtiendo en clientes principales de los cárteles colombianos enviaban cada vez más dinero de narcotráfico a través de bancos del Medio Oriente para lavarlo y enviarlo a Latinoamérica.

Las pistas que la DEA generó al intervenir el teléfono de Alex ya empezaban a dar resultados. Habían proporcionado a la SOD información precisa sobre los momentos y lugares exactos de grandes recolecciones de dinero de narcotráfico, que habían pasado a la policía europea, lo que resultó en varias incautaciones importantes en Holanda. Ahora habían notado un nuevo patrón de recolección en Francia. Sin embargo, Jack sabía que tan solo estaban viendo la mitad de la historia. Confiscar dinero de narcotráfico en Europa no era suficiente para construir el caso.

Le parecía obvio que Alex era una pequeña parte de algo mucho más grande. Los informantes de la DEA en Colombia lo describían como un fanfarrón de lengua suelta que usualmente le presumía al informante encubierto de sus poderosas conexiones familiares en Líbano. «¡Mi abuelo es el primer ministro!», escribió en un mensaje de texto. «Y confía en mí, mi padre y mi tío, je, je, mejor no digo quiénes son». Pero Alex parecía ser un facilitador, no un jefe. Habitualmente recibía a visitantes mayores de Medio Oriente en su departamento en Medellín, y se comunicaba con números registrados en Beirut.

El análisis de Jack de los registros telefónicos lo llevó a sospechar que estaban llevando a bancos y casas de cambio en Beirut las bolsas y maletines de dinero que Alex estaba planeando recolectar a través de transportistas en Europa. En días festivos islámicos, Alex le decía al cártel que «su gente» no podía trabajar ese día.

A medida que la DEA continuaba monitoreando la actividad telefónica de Alex, las bases de datos de la SOD mostraban que algunos de los números con los que se comunicaba fuera de Colombia ya eran conocidos por el Gobierno de Estados Unidos. Jack sentía que estaba cada vez más cerca. Pero aún necesitaba pruebas sólidas para construir un caso procesable. Y debido a que la mayor parte de la actividad que estaban observando pasaba por Europa, sabía que iba a ser crucial obtener el respaldo de la policía europea.

Iba a tener que ir a Francia. Le encantaba Francia, en especial sus cafés y su vino tinto; pero trabajar allí también lo ponía nervioso. Tal vez Jack fuera paranoico, pero con frecuencia tenía la sensación de que lo estaban observando.

Unos cuantos años antes, a Jack y a un compañero los habían enviado a París para encontrarse con un hombre que había trabajado en un banco libanés, el cual la DEA y el Departamento del Tesoro de EUA habían investigado por facilitar transferencias de dinero para Hezbollah. El banco tenía que pagar una multa al Gobierno de Estados Unidos, pero nadie en el Departamento del Tesoro podía averiguar exactamente dónde estaba escondiendo su dinero. Jack esperaba que el hombre que él y su compañero iban a conocer a París tuviera la respuesta.

Antes de la reunión, Jack sabía que era muy probable que, si la fuente aceptaba hablar, informaría a sus supervisores. Y dados los vínculos del banco con Hezbollah e Irán, existía una posibilidad razonable de que alguien estuviera vigilando la reunión.

Cuando era un joven agente de la DEA, tener armas apuntándote era algo común. Nunca le había afectado. Pero ahora, caminando por París, estaba hecho un manojo de nervios. Había estado fuera de las calles durante mucho tiempo. Tal vez solo se estaba haciendo mayor. Aun así, también sabía que estos objetivos no eran narcotraficantes comunes. Incluso el jefe de cártel más tonto ya había aprendido para entonces que era una idea terrible matar a un agente de la DEA: las represalias serían demasiado severas. Las personas que trabajaban para los iraníes y Hezbollah podrían no jugar con las mismas reglas.

Jack y su compañero le dijeron a la fuente que se reunieran en el Renaissance Trocadéro, un hotel Marriott a pocos minutos de los jardines del Trocadero, frente a la Torre Eiffel, al otro lado del Sena. Dadas sus preocupaciones sobre que los siguieran, antes de la reunión dieron varias vueltas a la plaza Victor Hugo, una gran rotonda con diez caminos que conducen a ella y una fuente en medio, mientras un tercer agente observaba desde la distancia para ver si alguien los seguía.

Después de pasear lo suficiente bajo el sol parisino para sentirse seguros de que nadie los observaba, los dos estadounidenses entraron al hotel. Se encontraron con la fuente, pusieron un letrero de «No molestar» en la puerta y comenzaron la entrevista.

En cinco minutos quedó claro que el hombre de mediana edad frente a ellos no estaba de humor cooperativo. Cada una de sus respuestas era exasperantemente ambigua, como si los estuviera provocando. Jack podía sentir que se estaba enojando. Habían venido hasta París para esto. Parecía que la fuente solo había aceptado la reunión para hacerles perder el tiempo, o simplemente para reírse de ellos.

Toc, toc. Alguien golpeaba a la puerta de su habitación de hotel. Jack saltó de su asiento. Toc, toc. Miró nerviosamente a su compañero.

—¿Qué quieren? —Jack gritó en dirección a la puerta—. ¿Quién es?

Habían colocado el letrero de «No molestar». ¿Por qué alguien tocaba la puerta en este momento?

—Debe abrir la puerta —respondió la voz al otro lado en inglés mal pronunciado—. Tengo bondades para usted. Debe abrir la puerta.

Jack se asomó por la mirilla. Afuera estaba un hombre con uniforme de botones. El compañero de Jack estaba tratando de hacer que la fuente se escondiera bajo la cama. La fuente se negaba con enojo a esconderse.

—Vete al carajo —gritó Jack—. No necesitamos nada. —Su mente estaba acelerada. ¿Era un agente iraní? ¿O podría ser alguien de los servicios de seguridad franceses?

Jack abrió la puerta y vio al hombre apresurándose por el pasillo y hacia una escalera. Fue a seguirlo, pero luego lo pensó mejor. Tomó el ascensor hasta el vestíbulo. En la recepción, preguntó si el hotel había enviado a alguien a su habitación. Dijeron que no lo habían hecho. Luego Jack vio al hombre con el uniforme de botones en el patio.

—¿Por qué intentaste entrar a mi habitación? —Jack le espetó.

—Tenía bondades para usted —dijo—. ¡Galletas!

Los estadounidenses habían reservado una habitación premier. Las habitaciones premier siempre venían con galletas.

Puede que el botones que llevaba las galletas haya sido inocente, pero poco antes de que Jack tuviera que regresar a Europa, él y sus compañeros descubrieron que hubo una fuga de información. Durante una orden de registro de correo electrónico rutinaria, que le daba acceso a la DEA a la bandeja de entrada completa del correo del objetivo, los agentes se quedaron boquiabiertos al encontrarse con lo que parecía ser una borrosa foto de celular de uno de los organigramas del Proyecto Casandra. No podían estar seguros, pero parecía que había venido de una nota informativa que Jack había compartido con la policía a lo largo de Europa años antes. La foto parecía haber sido tomada deprisa dentro de la oficina de un fiscal.

La paranoia habitual de Jack de pronto parecía justificada. Los datos del correo mostraban que la imagen había sido reenviada varias veces, incluyendo a un facilitador criminal de alto rango en Líbano. Ahora era claro que algunos de sus objetivos estaban plenamente conscientes de que la DEA los estaba vigilando. Y al parecer tenían soplones en algún lugar dentro de la policía europea.

Para Jack, era un recordatorio de que debía ser cuidadoso. Aun así, su investigación al fin estaba tomando forma. La DEA ahora había delineado una compleja red de contactos telefónicos entre lavadores de dinero en Colombia y Medio Oriente, y transportistas de dinero en Francia, Holanda, Alemania, España e Italia. El siguiente paso era seguir ese dinero; descubrir quién estaba del otro lado. Necesitaban coordinar una operación de vigilancia en uno de esos países para ver quiénes estaban recogiendo el dinero y exactamente adónde lo estaban enviando.

15

EL TRADUCTOR

Frontera sirio-libanesa, julio de 2015

Mientras Jack continuaba investigando las pistas en Europa, él y sus compañeros en la División de Operaciones Especiales aún estaban esperando con ansias noticias sobre el paradero de Ali Fayad. Había pasado casi un año desde que Jack fue a Praga para ayudar en el arresto del traficante de armas libanés durante la operación encubierta en el hotel Sheraton. Fayad, mientras tanto, estaba en un limbo jurídico, atrapado en una celda de la Prisión Pankrác, infame por su violencia y saturación de convictos.

La DEA confiaba en que el caso era sólido y que, en última instancia, el Gobierno checo aceptaría la extradición de Fayad. Con base en la evidencia de la DEA, el Departamento de Justicia de Estados Unidos lo había acusado de conspiración para asesinar a funcionarios y empleados del Gobierno estadounidense, conspiración para adquirir y transferir misiles antiaéreos y conspiración para proporcionar apoyo material a una organización terrorista extranjera. Si lo declaraban culpable, enfrentaría la posibilidad de una cadena perpetua.

Pero Jack también sabía que las solicitudes de extradición eran impredecibles. Un juez checo ya había declarado que podían entregar a Fayad al Gobierno estadounidense. Luego un tribunal superior revocó la decisión. La vida de Fayad ahora estaba en las manos de un ministro de relaciones exteriores checo, quien tenía la última palabra. La embajada estadounidense en Praga podía presionar a los checos, pero a fin de cuentas, la decisión les correspondía solo a ellos.

A miles de kilómetros de la celda de Fayad, una miniván Kia plateada era conducida a toda velocidad por un polvoriento camino del Valle de la Bekaa en Líbano. A bordo del vehículo iban cinco ciudadanos checos y un hombre libanés, dirigidos a una ubicación predeterminada en las afueras del pueblo de Kefraya. Era un lugar peligroso para los extranjeros. Era un viernes por la tarde y pronto comenzaría a ponerse el sol, y estaban a tan solo treinta minutos de la frontera siria, la línea invisible entre ellos y la brutal guerra entre el régimen de Assad y los luchadores antigobierno, entre ellos el Estado islámico.

El primero de los cinco checos en la miniván era un hombre corpulento de cincuenta y tantos años llamado Jan. Era el principal abogado defensor de Ali Fayad y había venido a Líbano en una presunta misión para encontrar evidencia en apoyo a la lucha de su cliente contra la extradición. Sentado a su lado estaba un joven traductor llamado Adam, el único de los viajeros que hablaba árabe.

Además de Jan y Adam, los acompañaban dos periodistas de televisión checos. Habían venido por solicitud de Jan, para grabar un video sobre Fayad en el que se diera a conocer su caso de regreso a su país. Su plan era combinar su trabajo con otros reportajes. Más temprano ese día, habían logrado grabar varias entrevistas con refugiados del conflicto sirio. Para motivarlos a realizar el viaje, Jan había usado la posibilidad de un atractivo reportaje como anzuelo: si los periodistas se quedaban en Líbano durante suficiente tiempo, existía la posibilidad de que uno de sus nuevos contactos pudiera agendar una entrevista exclusiva con el muy solicitado presidente sirio.

El quinto hombre checo no hablaba mucho. Emanaba una inquietante aura de misterio. Jan solo les dijo a los otros que era su asistente legal. Y luego estaba el conductor libanés, el hermano de Ali Fayad, quien le estaba pagando al abogado en nombre de su hermano y había organizado entrevistas con personas en su aldea natal para el equipo de camarógrafos.

Ese día, el hermano de Fayad le había ayudado a Jan a agendar una reunión entre dos periodistas y un hombre conocido solo como Malem, quien, según les habían dicho, era el representante de la oposición siria. El grupo había traído 5 000 dólares en efectivo como parte del acuerdo. No era obvio para Adam, el traductor, por qué un miembro de la oposición sunita quería encontrarse en un área bajo el control de los militares chiitas. Pero nadie parecía particularmente preocupado por eso.

La miniván se detuvo en la ubicación, donde Malem ya los esperaba. De pronto, un grupo de hombres armados que usaban máscaras rodearon el vehículo y exigieron que todos salieran. Los hombres armados les dijeron a los checos que les entregaran sus teléfonos celulares, se desnudaran y se cambiaran de ropa. Justo antes de que los esposaran, Adam alcanzó a enviarle un mensaje a su novia para avisarle que estaba en problemas. Lo siguiente que vieron fue oscuridad. Sus captores les habían puesto capuchas sobre sus cabezas, luego los separaron en dos grupos y los metieron en diferentes vehículos antes de desaparecer a toda velocidad en medio de la noche. En algún punto del camino se detuvieron y los transfirieron a vehículos nuevos antes de que aceleraran con ellos a bordo una vez más.

Cuando los hombres por fin le quitaron la capucha de la cabeza a Adam, no sabía si seguían en Líbano o no. Se encontraba en un cuarto pequeño de cemento recién construido que estaba dividido por una serie de barrotes de prisión. Uno de los hombres enmascarados entró al cuarto. Sonriendo, le dijo:

—Bienvenido a Daesh.

Unas horas después, la policía libanesa encontró la miniván plateada, abandonada a un costado del camino. Dentro estaban los pasaportes checos, carteras y teléfonos celulares, así como las cámaras de los periodistas. Las autoridades libanesas alertaron a la embajada checa en Beirut. Era demasiado pronto para determinar qué había pasado, pero un secuestro parecía bastante probable. En 2011, secuestradores sacaron del camino, a punta de pistola, a un grupo de ciclistas estonios en el Valle de la Bekaa (al final los liberaron).

—En este momento podemos confirmar que desaparecieron cinco ciudadanos checos junto con un ciudadano libanés —afirmó una portavoz del Ministerio de Asuntos Exteriores de la República Checa al poco tiempo de que se difundió la noticia—. En estos momentos tiene lugar un enorme dispositivo de seguridad en Líbano. Por supuesto, estamos en contacto cercano con las fuerzas de seguridad libanesas y también con el Gobierno.

Nadie había contactado a la embajada para asumir responsabilidad y no estaba claro si los hombres desaparecidos seguían en Líbano. Sus identidades se habían mantenido en secreto para protegerlos.

Casi una semana después del secuestro, apareció en la bandeja de entrada de la embajada checa un correo electrónico dirigido al presidente de la República Checa. El mensaje anónimo decía ser de las personas que tenían a los cinco ciudadanos checos cautivos. Liberarían a los rehenes, decía el correo, si la República Checa accedía a abandonar el caso de extradición en contra de Ali Fayad y soltarlo de inmediato. A los secuestradores no parecía importarles haber tomado rehén al abogado que estaba intentando liberar a Fayad. Al parecer, Fayad era lo suficientemente importante para ellos como para tomar cartas del asunto. Y al tomar preso al hermano del traficante de armas, no solo ejercían presión sobre Praga, sino también sobre Fayad.

Sentado en su celda, Adam no había visto la luz del sol desde el día del secuestro y aún no tenía idea de en qué país estaba. Los habían encapuchado y movido a nuevas ubicaciones varias veces. Las ventanas en cada celda nueva estaban selladas y oscurecidas. En algunos de los lugares había un baño en el cuarto, en otros tenían que pedir que los escoltaran al otro lado del pasillo y los vigilaba un hombre sosteniendo una pistola mientras hacían sus necesidades.

Adam supo, para su gran alivio, que sus secuestradores en realidad no eran miembros de ISIS, Al Nursa o algún otro grupo militante yihadista. Los hombres tan solo les habían dicho a los checos que eran ISIS para infundir temor y conseguir que cooperaran. Ahora Adam podía ver que les preocupaba lo suficiente mantener saludables a sus rehenes como para darles comida, agua y ropa limpia. Los secuestradores habían demostrado en definitiva que podían usar violencia: uno de ellos disparó un arma cerca de uno de sus prisioneros y otro le soltó una bofetada a Adam. Pero parecían estar disciplinados; y parecían seguir órdenes de alguien más.

—Queremos resolver un problema entre tu país y el nuestro —le dijo uno de ellos a Adam.

El traductor no sabía para quién estaban trabajando los secuestradores, pero le parecía que eran agentes militares entrenados. También parecía que, debido a sus acentos, eran libaneses chiitas. Algunos de ellos usaban palabras como «nosotros» y «nuestro» cuando hablaban sobre eventos en la región que sugerían que estaban de alguna manera conectados con Hezbollah.

Malem, el hombre que los había atraído a la trampa, le pidió al otro hombre enmascarado que llevara a los prisioneros a cuartos separados para interrogarlos. Y ya que Adam era el único prisionero que hablaba árabe, se convirtió en el traductor para cada interacción entre los checos y sus captores. Al principio, los secuestradores les preguntaron una y otra vez a cada uno qué hacían en Líbano. Pero se dieron cuenta de que ya sabían casi todo sobre los cinco hombres, como las fechas en las que volaron a Beirut, a qué se dedicaban y los nombres de sus esposas y novias.

El hombre armado se llevó al quinto checo, el hombre callado que los había acompañado como el asistente legal, para interrogarlo. «¿De verdad era abogado?», le preguntó Malem. Ese era el trabajo que el hombre había escrito en su forma migratoria, llenada en inglés, en el aeropuerto de Beirut. Malem reveló que había visto la forma. ¿El hombre checo era en verdad, continuó, un espía trabajando para la inteligencia checa?

Unos momentos antes, uno de los secuestradores le había preguntado a Adam cuál checo era el «espía»: ¿uno de los dos periodistas o el hombre callado que trabajaba para el abogado? Adam dijo que no tenía idea de lo que estaban hablando. Luego, durante uno de los interrogatorios, el hombre callado confesó. Sí, era un agente de la inteligencia militar checa que trabajaba encubierto.

Adam estaba de igual manera atónito y confundido. Había tomado un simple trabajo como traductor para un abogado y dos periodistas. Ahora no solo estaba cautivo en manos de hombres enmascarados en una ubicación desconocida, sino que además lo arrastraron hacia un asunto más allá de su comprensión. ¿Por qué un miembro de la inteligencia militar checa estaba viajando con ellos en Líbano? ¿El abogado había sabido todo ese tiempo que su «asistente» no era quien decía ser?

Adam notó de inmediato que los hombres enmascarados no eran simples bandidos cualesquiera. Si ya conocían la verdadera identidad del quinto checo, entonces debían estar vinculados a una agencia de inteligencia estatal o algún tipo de gobierno.

Pero Malem no parecía enojado por la presencia del espía checo. Más bien, se burló de él por su deficiente técnica al haber volado a Líbano con su propio pasaporte. Malem evidentemente conocía este secreto mucho antes de que se llevara a cabo el secuestro. En el correo electrónico que los hombres armados enviaron a la embajada checa en Beirut dirigido al presidente checo, no solo exigían la liberación de Ali Fayad; también revelaron que sabían la verdadera identidad del quinto checo y su título laboral exacto.

Cuando les dieron comida y agua a los prisioneros, uno de los hombres enmascarados comenzó a hablar con Adam. Un par de años antes, hombres armados secuestraron a dos pilotos turcos en Beirut como parte de un plan para presionar a Ankara a negociar la liberación de nueve peregrinos chiitas libaneses que habían sido secuestrados por rebeldes en Siria. A Hannibal Gaddafi, uno de los hijos del derrocado dictador libio, el coronel Muammar Gaddafi, también lo secuestraron en Líbano hombres armados que exigían información sobre la misteriosa desaparición de un famoso clérigo chiita en Libia a fines de los años setenta. Uno de los secuestradores le insinuó a Adam que su equipo había estado detrás de esas operaciones, pero el traductor no pudo discernir si decía la verdad. Pensando que había establecido una buena relación con su captor, Adam preguntó si lo podían llevar al techo para mirar afuera por un momento. El hombre respondió que no.

Con el paso de los días, los interrogatorios de Malem se centraron cada vez más en el tema que claramente le importaba más: que Ali Fayad nunca pisara un tribunal estadounidense.

A los rehenes les sorprendió lo bien informados que estaban sus secuestradores sobre los eventos en la República Checa. Preguntaron a los cautivos sobre diferentes decisiones judiciales relacionadas con Fayad, y parecían conocer todas las fechas de sus audiencias de extradición. Los secuestradores dejaron perfectamente claro al Gobierno checo lo que realmente querían ellos, o quien fuera para quien estaban trabajando. No querían dinero. Querían a Ali Fayad. Debían liberarlo de inmediato, y abandonar la extradición a Estados Unidos. De lo contrario, ninguno de los cinco prisioneros volvería a ver la luz del día.

Mientras tanto, en República Checa, Ali Fayad había comenzado a contarle a la policía cómo Jack Kelly lo había atrapado en una habitación de hotel en Praga, mientras él ofrecía vender misiles tierra-aire a hombres que se hacían pasar por paramilitares colombianos.

En el pasado, el equipo legal de Fayad había argumentado que su cliente era víctima de una trampa ilegal y debían liberarlo. En respuesta, el Departamento de Justicia de EUA le dijo al tribunal que la operación de la DEA para arrestar a Fayad no implicaba una provocación, que era ilegal según la ley checa, porque el traficante de armas libanés y sus cómplices habían estado planeando sus crímenes desde mucho antes de que tuviera lugar la operación encubierta.

Fayad ahora tenía una explicación diferente. Declaró que había accedido a reunirse con los informantes encubiertos de la DEA no porque quisiera cometer un crimen, sino porque había intentado resolver uno. Había llegado a Praga, afirmó, para recolectar información de inteligencia sobre las actividades sospechosas de hombres que querían comprarle armas. Esto se debía a que, además de su trabajo como traficante internacional de armas y consejero del presidente derrocado de Ucrania, tenía un trabajo completamente diferente; uno que hasta entonces se había mantenido como un secreto celosamente guardado. Fayad les dijo que era un agente encubierto que trabajaba para la inteligencia militar libanesa.

16

HACER LO IMPOSIBLE

Milán, inicios de 2015

Salvatore hizo una pausa frente a las palmeras delante de la entrada de arcos de acero en el aeropuerto principal de Calabria, Lamezia Terme. Iba vestido completamente de negro: una chamarra negra con cierre, *jeans* negros, tenis negros y una gorra negra tan inclinada sobre su rostro que la barba áspera y encanecida en su mentón parecía nieve en la cima de una montaña.

Era temprano en la mañana del lunes. A su alrededor, había viajeros arrastrando maletas con ruedas, tomando el vuelo temprano de regreso al norte de Italia después de un fin de semana con sus familias. Salvatore también llevaba consigo una maleta negra con ruedas y un maletín negro de mano.

Se colocó en la fila para abordar el vuelo de Ryanair a Bérgamo. Una vez allí, Antonio lo recogería y lo conduciría a Milán, donde se encontrarían con Jota Jota, que llegaría desde Colombia esa noche. Todo dependía ahora de que esa reunión saliera según lo planeado.

Ya se había perdido demasiado tiempo con el Coronel. Desafortunadamente, Salvatore sabía que él y Antonio, al menos por ahora, tenían que seguir haciendo negocios con él. En los días previos a la llegada de Jota Jota, el Coronel, ahora de vuelta en Colombia, había estado organizando la logística de la visita de su jefe a Europa. Pero, al igual que todo lo relacionado con el Coronel, había un problema.

Los italianos, según lo acordado, habían comprado el boleto de avión de Jota Jota, y Antonio había enviado por correo electrónico el itinerario de vuelo al Coronel. Jota Jota tomaría un vuelo de Avianca que salía de Medellín a las diez de la mañana del sábado, y llegaría a Bogotá una hora después. Su siguiente vuelo saldría de la capital colombiana hacia Madrid esa misma tarde. Llegaría al aeropuerto de Madrid Barajas al día siguiente y luego tomaría su vuelo de conexión a Milán, donde Antonio estaría esperando en el aeropuerto para recogerlo junto con Salvatore.

Luego llegaron las malas noticias. El día del vuelo de Jota Jota a Europa, el Coronel llamó a Antonio:

—Jota Jota todavía está en Bogotá.

La aerolínea, le informó el Coronel, no lo dejaría salir si no tenía reservado un vuelo de regreso. Estas eran las reglas estándar para su visa. El Coronel le dijo a Antonio que necesitaría que reservara un nuevo boleto. Antonio estaba furioso. Jota Jota debía estar en Milán a más tardar el martes para reunirse con Salvatore. Si llegaba tarde, entonces el trato se daba muerto.

—No, Coronel, escúchame —gritó Antonio por teléfono—. ¡No me pongas en esta situación! Si tengo que ir y decirles que compren otro boleto, entonces me dirán que eche todo para atrás. ¡No me pongas en esta situación!

El Coronel, Antonio le recordó, ya casi había destruido todo el trato debido a su comportamiento en Italia.

—No querían tener nada más que ver contigo, y lo sabes. Pero insistí porque te conozco... insistí... No me hagas quedar como un pendejo ahora. Asegúrate de que Jota Jota esté aquí el lunes.

El Coronel, al darse cuenta de la gravedad de la situación, informó a Antonio que intentaría resolver el problema. Poco después, volvió a llamar y anunció:

—¡No te preocupes! Ya tengo a la señora de la agencia de viajes resolviendo el problema del boleto. Mañana, pondré a Jota Jota en el avión en Bogotá, luego llegará a Madrid y para el martes estará en Milán.

Antonio le recordó sus términos. Si Jota Jota no llegaba a tiempo, entonces todo se acababa.

—Si no llega para el martes, habrán destrozado todo, y eso sería una lástima. Porque estoy trabajando duro aquí, ¿entiendes? Coronel, haz que esté aquí para el martes, el martes a más tardar. Salvatore llega hoy, ¿comprendes?

El Coronel intentó consolarlo de nuevo.

—Tú estás trabajando duro, yo estoy trabajando duro. —Pero sus consuelos nunca eran particularmente consoladores. Y había un último detalle que el Coronel necesitaba verificar.

—Escucha, Antonio. Solo estará Salvatore, ¿verdad? Sin Pepe.

—Sí, así será. Sin Pepe. Pero entiendes que Salvatore está llegando a Milán porque sabe que mañana Jota Jota estará allí para organizar todo. ¿Lo entiendes, Coronel? Tenemos que hacer lo imposible para que él esté aquí.

Esa noche, Jota Jota abordó su vuelo a Madrid. Estaba en camino.

Antonio sabía que algo andaba mal mientras conducía el Volkswagen Golf plateado de su esposa por la autopista desde Milán hasta el aeropuerto Bérgamo-Orio al Serio para recoger a Salvatore. Ese pensamiento lo había estado atormentando todo el camino. Había una lucecita dentro del tablero, un tenue brillo rojo que nunca antes había notado.

Antonio ya sabía que en cualquier momento podrían estarlos observando. Y era lo suficientemente paranoico como para saber que, si la policía no estaba tratando de grabarlos en su teléfono, podrían haber colocado con mucha facilidad un dispositivo de escucha dentro del auto. Tan pronto como Salvatore se subió al asiento del pasajero en el aeropuerto, Antonio explicó su preocupación.

—Mira, mira esto —dijo, señalando el tablero—. Ha estado aquí desde esta mañana. Puta madre, ¡está conectado!

Salvatore empezó a enfurecerse. Si Antonio tenía razón, todo lo que decían podría estar siendo grabado. Si quitaban el dispositivo, quienes lo hubieran colocado sabrían que habían descubierto la vigilancia. Si lo dejaban, podrían rastrearlos.

Era difícil saberlo. La policía de verdad era capaz de colocar un dispositivo en el auto. Pero era el auto de la esposa de Antonio. Tal vez no era nada. Y aunque hubiera un rastreador, podría no estar activo. Antonio intentó calmar a Salvatore, diciéndole que la luz podría ser simplemente un dispositivo inactivo de una antigua investigación.

—Tenemos que desarmar todo el tablero para ver dónde están conectados los cables —rebatió Salvatore—. De lo contrario, ¿qué estamos haciendo? ¿Qué estamos haciendo? ¿Entiendes, idiota?

Condujeron a toda velocidad por la autopista en busca de un lugar para detenerse, finalmente se desviaron hacia un centro comercial. Allí, en un estacionamiento vacío, los dos hombres pusieron manos a la obra destrozando el panel del tablero. Tan pronto como se desprendió, pudieron ver que había algún tipo de dispositivo electrónico adentro. Lo arrancaron y la tenue luz que Antonio había visto dentro de la parrilla del tablero se apagó.

—¿Qué demonios es esto? —exclamó Salvatore mientras inspeccionaban el desorden de cables—. ¿Un micrófono?... ¿Es una fuente de alimentación?

Antonio no lo sabía.

—¿Una antena? ¿Una grabadora?

No iban a correr riesgos. Tiraron el dispositivo en un bote de basura y continuaron conduciendo. En otras circunstancias, la decisión sensata habría sido abandonar el auto y abortar la reunión con Jota Jota. Pero habían pasado semanas organizando que viajara miles de kilómetros para verlos. Si no lo recogían, todo por lo que habían estado trabajando se destruiría. Ya era demasiado tarde para dar marcha atrás.

Se detuvieron en el estacionamiento del aeropuerto de Milán Linate. Antonio sacó algunas hojas de papel, copias del itinerario de viaje y documentos de identidad de Jota Jota que el Coronel les había enviado por correo electrónico. Salvatore los inspeccionó.

—Este es él. No habla italiano —explicó Antonio.

Salvatore pudo ver que el pasaporte en el que viajaba Jota Jota llevaba el nombre de Jaime Eduardo Cano Sucerquia. La foto del pasaporte era de un colombiano moreno y apuesto, de 48 años. Tal vez era su documento de identidad real, tal vez no.

Una hora después, Jota Jota salió por la puerta de arribos. Vestía una chamarra deportiva color crema con cierre, pantalones blancos y mocasines cafés; llevaba de una gran maleta negra con ruedas. Antonio lo llevó al estacionamiento, donde Salvatore lo esperaba. Salvatore ayudó cortésmente al colombiano a meter su equipaje en la parte trasera del auto, y Antonio se alejó por un momento. Incapaces de comunicarse, Salvatore y Jota Jota se quedaron brevemente juntos en silencio, con las manos en los bolsillos de sus abrigos. Luego, Antonio regresó, sacó dos teléfonos desechables y le dio uno a Jota Jota y uno a Salvatore. Los tres hombres se subieron al auto y se fueron.

Fue un largo viaje de regreso a Calabria. Salvatore llamó a Antonella y Oksana para avisarles que iba camino a casa. Tenía una carga de drogas de varios millones de euros para negociar, y Jota Jota solo estaría en Italia unos días. Salvatore sabía que era crucial cubrir la mayor cantidad de terreno posible.

Las discusiones se llevarían a cabo en un pequeño hotel no muy lejos de Mileto, propiedad de una familia de pequeños delincuentes cuyo hijo menor hablaba español y podía traducir para el invitado colombiano de Salvatore. También pasaría los próximos días reuniéndose con representantes de Filippo Fiarè y otros inversionistas para ponerlos al día sobre el trato.

Las discusiones fueron mucho más sencillas de lo que cualquiera podría haber esperado: fue el primer episodio en meses que le dio confianza a ambas partes de que el trato realmente podría concretarse. Jota Jota explicó la logística de la transacción. Su organización, recordó Jota Jota a los italianos, tenía ocho toneladas de cocaína almacenadas en la plantación de plátanos cerca de Turbo. De esa cantidad, 1.5 toneladas estaban disponibles para enviar a Europa en un futuro cercano.

Para avanzar, ambas partes tendrían que estar de acuerdo en ciertas condiciones inquebrantables. Jota Jota les dijo a los italianos que él solo trabajaba con plátanos. Si iban a enviar las drogas de Turbo a Italia, tendrían que estar ocultas dentro de un cargamento de plátanos. En segundo lugar, ambas partes acordaron que el primer envío de Turbo a Italia sería una cantidad más pequeña (cuatrocientos kilos) para confirmar que la ruta era segura. Si eso funcionaba, el resto de las drogas se enviaría en los siguientes meses.

Los calabreses harían un pago inicial del 25 por ciento del envío inicial, y el resto de las drogas quedarían en posesión del cártel, para que sus personas en Europa las vendieran directamente.

Además, excluirían al Coronel del trato. Los italianos todavía estaban enojados con él, y ahora que habían abierto un canal directo de comunicación con Jota Jota no querían ni necesitaban tratar con él nunca más. Jota Jota regresó a Colombia. Durante las siguientes semanas, él y Antonio continuaron trabajando en los detalles más finos de la transacción por correo electrónico.

—El Coronel ya no tiene nada que ver con esto —escribió Jota Jota a Antonio.

—Jota, no te preocupes, solo somos tú y nosotros —respondió Antonio—. A todas las demás personas que estaban antes no les hablaré más. No les contestaré el teléfono. No quiero tratar con nadie más, solo contigo.

Aún quedaba mucho trabajo por hacer, como organizar el pago y elegir qué puerto italiano recibiría las drogas. Pero, por fin, tenían un trato.

Jota Jota explicó que el cártel enviaría ahora a un nuevo representante, llamado Jhon Peludo, para trabajar con los calabreses, supervisar el cargamento y comunicarse con Colombia.

Un mes más tarde, en marzo de 2015, Jhon Peludo aterrizó en el aeropuerto Milán Malpensa en un vuelo de conexión por Fráncfort, vestido con una gorra de beisbol blanca, *jeans* azules y guantes negros. Antonio lo recogió y le entregó un celular desechable al colombiano para que llamara a Jota Jota.

Jhon era un hombre regordete con cara redonda y de ángulos blandos que le daba la apariencia de un gigantesco osito de peluche. Su exterior tierno, sin embargo, era engañoso. Era uno de los principales solucionadores de problemas de Jota Jota y fue enviado a Europa para ayudar a calmar la mala voluntad que persistía desde el episodio con el Coronel.

—No soy un niño, soy una persona con experiencia —le dijo Jhon a un compañero en Colombia por teléfono unos días después de haber llegado a Italia.

Para Jhon, los italianos finalmente parecían estar listos para avanzar. Pero era importante que los jefes del cártel se mantuvieran calmados.

—No puedo apresurar a estas personas —informó—. Tengo que dejar que organicen sus cosas, no puedo estar encima de ellos.

Según él, el Coronel había causado un problema aún mayor de lo que el cártel se dio cuenta en un inicio. Lo que sea que el Coronel le haya dicho a Antonella claramente no lo habían olvidado los italianos.

—No sé qué le pasó aquí, pero dijo cosas que no debió haber dicho y ahora tengo que reorganizar las cosas... No sé por qué hizo promesas que no puede cumplir. Eso enfurece a la gente.

Algunos días después, Jota Jota volvió a comunicarse con Jhon para ver cómo lo trataban los italianos. También quería saber si Salvatore finalmente le dijo qué hacer con Osvaldo. ¿Se liberaría al antiguo garante o se le llevaría a las montañas para asesinarlo?

Osvaldo, aún atrapado en Colombia, no tenía manera de saberlo, pero para ese momento los italianos habían decidido que deshacerse de él no valía la pena.

—Le pregunté a Antonio: «¿Quieres que nos ocupemos de él?», y dijo «No, no. No quiero nada de eso. Es mejor dejar a ese hombre» —le informó Jhon a Jota Jota. A Osvaldo se le permitiría vivir.

Mientras tanto, el estrés de su enfrentamiento con el Coronel afectó a Pepe, el intermediario despreciado. Lo llevaron de urgencia al hospital por problemas cardiacos, lo cual puso fin a sus esperanzas de vengarse de Salvatore por cortarlos a él y a Osvaldo del trato.

Ahora, con Jhon en Italia, Salvatore sabía que casi todo estaba en su lugar para que los colombianos enviaran el primer lote de cocaína a Europa. Todo lo que faltaba era que él entregara el dinero.

17

UN *HOME RUN*

París, primavera de 2015

Jack Kelly y sus compañeros trabajaban día y noche para analizar los registros telefónicos que recibían de la operación de infiltración que la DEA llevaba a cabo contra Alex, el lavador de dinero que operaba fuera de Medellín.

Jack sabía que para avanzar en la investigación, la DEA debía compartir la información de inteligencia con la policía francesa. Sin embargo, la primera pista debía ser sólida; de lo contrario, la credibilidad de la DEA estaría en riesgo y la investigación podría detenerse. Era como la primera jugada en una partida de ajedrez: si cometían un error, eso dificultaría cualquier otro movimiento que hicieran.

Jack se apoyó de la información que recibían de Colombia y descubrió que habían enviado a un hombre conocido como Samir a recoger varios millones de euros en efectivo en un restaurante argelino llamado Oasis en Montreuil, un suburbio al este de París. El dinero pertenecía a narcotraficantes colombianos que enviaban contenedores de cocaína a México y Europa.

Jack contactó al agregado de la DEA en la embajada estadounidense en París y compartió la información. El agregado se comunicó con la unidad especializada en prevención de lavado de dinero de Francia, la Office central pour la répression de la grande délinquance financière (OCRGDF). El agregado tenía una buena relación con un capitán de policía de la OCRGDF, Quentin Mugg, a quien Jack conoció durante una sesión informativa que le dio a la policía europea. Jack quedó impresionado por Mugg, un joven investigador de mente ágil y fumador empedernido que previamente había trabajado en inteligencia doméstica antes de enfocarse en complejos casos de lavado de dinero.

Armados con esta información, el capitán Mugg y el equipo de la OCRGDF formaron un equipo de vigilancia para observar a

Samir cuando recogiera el dinero. La policía francesa esperó en silencio y a las 5:20 p. m. entró al restaurante. Mugg ahora enfrentaba una decisión difícil: ¿debían arrestar a Samir justo después de que recolectara el dinero? ¿O debían dejar que se fuera y vigilarlo en secreto para reunir más evidencia?

Mugg decidió que era mejor esperar; una decisión que rindió frutos de inmediato. Después de que Samir recogió el efectivo, Mugg y la policía francesa pudieron escuchar mientras llamaba a un número en Líbano. Samir le dijo a su contacto en Beirut que recibió con éxito los «110» en París, pero que «80» de lo que recogió eran «basura», es decir, que estaban compuestos por billetes de menor valor. Al día siguiente Samir condujo con el dinero a Mónaco.

Al recopilar más información sobre Samir, descubrieron que era un distribuidor de autos de lujo libanés que estaba por cumplir los cuarenta; nació en Beirut pero vivía en Düsseldorf y se le conocía como Hassan Tarabolsi. Los datos de geolocalización del teléfono de Tarabolsi mostraron que conducía con frecuencia por Europa y se detenía en ciertas ubicaciones durante periodos cortos; la clara implicación era que realizaba recolecciones de dinero regulares en todo el continente. El equipo de Mugg comenzó a rastrear los números que Tarabolsi había llamado en Medio Oriente después de la recolección en el restaurante Oasis. Notaron que uno de estos números coincidía con una línea telefónica perteneciente a un empresario libanés llamado Mohamad Nourredine, quien, se enteraron, trabajaba en una oficina en Beirut.

A medida que Mugg continuaba con la investigación preliminar, descubrió que uno de los números de teléfono libaneses de Nourredine aparecía en los registros de un hombre detenido por la policía holandesa varios meses antes con medio millón de euros de presunto dinero de narcotráfico en una bolsa deportiva negra de Adidas escondida detrás del asiento del conductor de su Toyota. Los datos de geolocalización de los teléfonos de Nourredine mostraron que había viajado a Francia recientemente: voló al aeropuerto Charles de Gaulle y se alojó cerca de Campos Elíseos durante unos días antes de partir hacia Roma.

La policía francesa ahora tenía la evidencia necesaria para abrir una investigación formal. Mugg se apresuró a ir al Ministerio de Justicia para abrir el caso. Necesitaba un nombre en clave y el único que se le ocurrió fue «Cedro» en referencia al árbol en la bandera nacional de Líbano.

Unos días después, Jack recibió una llamada del agregado de la DEA en la embajada estadounidense en París.

—Jack, creo que esto va a ser un *home run* —le dijo.

Con los espías telefónicos franceses en pleno funcionamiento, el equipo de Mugg descubrió enseguida más miembros de la red de transportistas de dinero de narcotráfico coordinada por Mohamad Nourredine en Beirut. Los transportistas eran enviados por toda Europa para encontrarse con criminales organizados que compraban cargamentos de cocaína de Colombia y recogían grandes sumas de dinero que les debían a los cárteles. Después de que los transportistas recogían el dinero, lo entregaban a otras personas de su red, quienes lo transportaban a Beirut, donde se lavaba para ir de vuelta hacia Latinoamérica. La operación parecía estar moviendo decenas de millones de euros al mes desde Europa, a través de Medio Oriente, y de regreso a Colombia.

Al escuchar las llamadas de la red, la policía francesa descubrió que el grupo hablaba en código y cambiaba de números con frecuencia como medida de precaución. Cuando Nourredine hablaba con Tarabolsi, rara vez mencionaba cantidades específicas. En cambio, discutía los autos que necesitaba recoger o entregar. Un «Mercedes 250» significaba 250 000 euros, un «Audi 200» eran 200 000 euros y un «BMW 430» significaba una recolección de 430 000 euros. Si los transportistas iban a recoger un millón de euros, simplemente se referían a «un camión». Y si los billetes en una recolección eran de menor valor, mencionaban que el auto tenía «asientos pequeños» o «talla de zapato 50», lo que significaba billetes de cincuenta euros. Si los transportistas necesitaban viajar a los Países Bajos, estaban visitando el «horno». Bélgica era el «molino».

Los investigadores descubrieron que Tarabolsi, el principal transportista de dinero, era primo de Nourredine y recibió financiamiento de él para establecer una empresa de transporte en Alemania. Tarabolsi transmitía instrucciones provenientes de Beirut a otros transportistas, quienes conducían a lugares en Italia y España para hacer recolecciones y regresar con el dinero oculto en compartimentos secretos de sus vehículos. Uno de los recolectores, conocido como Jimmy, vivía en Italia y recogía el dinero en Nápoles, antes de conducir más de 1 500 kilómetros hasta el taller de autos que Tarabolsi dirigía en Düsseldorf.

A Jimmy se le daban instrucciones específicas para evitar que lo atraparan. Tarabolsi le decía que quitara el desarmador de su auto para no dar una pista fácil de que escondió dinero en uno de los paneles. También le recordaba cambiar su número celular de manera regular para evitar que lo interceptaran.

—Esto es lo que vas a hacer —la policía francesa escuchó que Tarabolsi le aconsejó a su nuevo compañero—. A primera hora mañana... vas a conseguir uno nuevo.

La red empleaba diversas técnicas para transportar el efectivo a Beirut, como la compra de autos de lujo con el dinero, como Porsches y Range Rovers, que enviaban desde Europa a Líbano o África, donde los vendían en efectivo. Otra técnica era comprar relojes caros, como Rolex o Patek Philippe. El grupo compró 14 millones de euros en relojes de una sola tienda en Münster en poco más de un año. Algunos de los relojes eran transportados en barco a Líbano, y otros los llevaban transportistas al aeropuerto de Beirut, y aduanas e inteligencia aeroportuaria les daban el paso.

Después de tan solo unas semanas, la investigación en Francia empezó a construir una imagen intrincada de la red de lavado de dinero que operaba a lo largo de toda Europa. Sin embargo, Jack Kelly presentía que iba más allá. La DEA se había ocupado de descubrir todo lo posible sobre Mohamad Nourredine.

Los espías telefónicos mostraron que Nourredine estaba en contacto por llamadas casi a diario con otro empresario libanés llamado Adham Hussein Tabaja. Jack se quedó atónito al enterarse de esto. Tabaja era uno de los principales objetivos en la lista de la DEA para superfacilitadores de Hezbollah. Las agencias de inteligencia de Estados Unidos habían identificado a Tabaja como uno de los financieros más importantes de la organización, que reportaba al más alto nivel de su liderazgo y a su unidad de operaciones encubiertas de la Yihad Islámica. Sabían que Tabaja trabajaba junto a miembros bajo el control del comandante iraní Qasem Soleimani para contrabandear grandes sumas de dinero a través de Medio Oriente y financiar la participación de Hezbollah en la guerra civil siria.

La DEA ahora podía conectar a Nourredine, un lavador de dinero que movía los ingresos de la cocaína por todo el mundo para mafias europeas y cárteles latinoamericanos, con las armas que inundaban Siria. Pero había más. Nourredine no solo estaba en contacto regular con Tabaja. También se comunicaba con Mohamed Badreddine, el hermano de Mustafa Badreddine, el hombre que lideraba la lucha de Hezbollah para proteger a Assad.

La intrincada red que Jack Kelly estaba revelando parecía conectarse con algunos de los individuos más nefastos en la faz de la tierra —criminales despiadados y comprometidos que trabajaban en Sudamérica y Europa— y con un conflicto en Medio Oriente que estaba teniendo secuelas por todo el mundo. Por su cuenta, estos hombres realizaban actividades criminales aisladas; pero todos juntos. Jack se dio cuenta, se habían convertido en una fuerza demasiado poderosa como para que alguno de ellos los detuviera.

18

LA CIUDAD ETERNA

Roma, abril de 2015

Seguramente la última cosa que rondaba la cabeza de Salvatore Pititto, mientras se dirigía a toda velocidad hacia Roma con el efectivo para pagar el trato, escondido en la cajuela de su auto, era la guerra civil en Siria.

Al incorporarse a la autopista, sacó su teléfono, lo apagó y le quitó la batería. Sabía que la policía podía estar observando. No sabía exactamente cómo, pero lo sabía. No hacía mucho tiempo, él y Antonio descubrieron el débil resplandor rojo bajo la parrilla del tablero de su automóvil en Milán. Tal vez habían instalado software de espionaje en su teléfono. Era paranoico, pero las personas en el ámbito de Salvatore nunca podían ser lo suficientemente paranoicas.

Quizás en ese momento, al apagar su teléfono mientras se acercaba cada vez más a la capital italiana, sintió alguna especie de control. Si la policía lo estaba rastreando, y su teléfono era en verdad un punto intermitente moviéndose en un mapa en la pantalla de alguna sala de operaciones, la señal acababa de desaparecer.

Salvatore no conocía el nombre del hombre con el que iba a encontrarse a las cinco en punto. Ni siquiera sabía dónde se suponía que debía encontrarse con él. Pero sabía exactamente para qué iba a Roma. Habían pasado meses para llegar a este punto. Cientos de horas de planificación y estrés.

En ese mismo momento, Jhon Peludo, el hombre que el cártel había enviado a Italia para supervisar la entrega del dinero, iba en un tren rumbo a la estación Roma Termini. En algún lugar cerca de Salerno, mientras el tren de Jhon salía de un túnel, su teléfono secundario vibró con un mensaje de un número desconocido. «Ciao. Soy Castro. Este es mi número». Jhon Peludo ingresó una respuesta de dos letras: «OK», y presionó enviar.

El plan siempre había sido que Jhon viajara a Roma en tren y Salvatore en coche. Una cosa era que te atraparan con un maletín de dinero sin explicación. Otra cosa era que te atraparan con el dinero y un narcotraficante empleado por el Clan del Golfo.

Ambos conocían los riesgos. Salvatore había pasado meses armando este trato, recaudando inversiones de los despiadados Fiarè. Él sabía que si el dinero no llegaba, habría consecuencias. No importaba con quién iba a encontrarse esa tarde; lo único que importaba era que el dinero se entregara de manera segura a Latinoamérica. Las instrucciones que recibieron de Medellín eran claras: estar en Roma a las cinco en punto. Esperar el mensaje con la dirección. Dejar el dinero. Irse.

Jhon había estado en contacto constante con sus jefes en Colombia para evaluar a los italianos y asegurarse de que aún fueran confiables. Eso fue lo que explicó a la pandilla de Salvatore algunos días antes de partir hacia Roma. Porque tenía la capacidad de «ver dentro de las personas».

Justo antes de que el tren de los colombianos llegara a la estación, Castro le envió otro mensaje de texto: «Via Castro Pretorio, número 28».

Salvatore se estacionó cerca de la estación Termini. Se encontró con Jhon y caminaron con la bolsa hacia la dirección. Roma se estaba desmoronando. Las calles alrededor de la estación estaban llenas de hoteles en decadencia y tiendas de transferencia de dinero. No era la Italia de Salvatore. La ciudad tenía dinero, poder político, historia. Sin embargo, estaba hundida, hecha un desastre.

Llegaron a un edificio residencial cubierto de contaminación y grafiti, y pasaron por las puertas de roble arqueadas en la entrada. Arriba, detrás de una de las puertas de decenas de departamentos, Castro estaba esperando.

Lejos de allí, una guerra civil asolaba Siria. Cientos de miles huían del país para buscar seguridad en Europa. Esa misma semana, más de seiscientas personas, muchas de ellas sirias, se ahogaron en la costa italiana cuando un barco proveniente de Libia se volcó. Se estimó que fue la mayor cantidad de refugiados muertos en el Mediterráneo en un solo incidente.

Es muy probable que Salvatore y Jhon no estuvieran al tanto de lo que sucedía en Siria. Pero Castro sí lo estaba. El hombre que aceptó el dinero de Salvatore en Roma era un comerciante de autos usados libanés que vivía en el norte de Italia. En su página de Facebook, publicó imágenes de combatientes de Hezbollah que murieron en lo que llamó la «santa defensa» de Siria: hombres bajo el mando de Mustafa Badreddine. «No los olvidaremos», escribió Castro sobre los hombres a los que elogiaba como mártires.

Dos días después de recolectar el dinero, partió de Italia en un vuelo a Beirut.

19

«MUSTAFA BADREDDINE ESTÁ PRESENTE»

Siria, mediados de 2015

Mustafa estaba en algún lugar de Siria, vigilando los campos de batalla humeantes de una guerra civil que parecía estarse moviendo en su contra. En las Montañas del Qalamoun, cerca de la frontera libanesa, los combatientes de Hezbollah ocupaban posiciones de ametralladoras pesadas con banderas amarillas que lucían el rostro del primo muerto de su comandante ondeando sobre ellos.

Mustafa era ahora un hombre viejo, un superviviente que de alguna manera logró mantenerse con vida y evadir la captura durante más de tres décadas. La tarea que tenía por delante en Siria iba a ser la misión más difícil e importante de su carrera. Para mediados de 2015, el control de Assad sobre el país se había reducido a una quinta parte de su territorio; los rebeldes avanzaban deprisa hacia la costa, al corazón de la secta alauita del dictador. En marzo, el régimen sirio sufrió una de sus mayores derrotas desde el inicio del conflicto: fue derrotado humillantemente en la provincia noroccidental de Idlib. En julio, una coalición de grupos yihadistas, incluido el Frente al-Nusra, afiliado a al-Qaeda en Siria, lanzó un ataque a las partes controladas por el Gobierno en Alepo, la segunda ciudad.

La lucha pasó rápidamente de un levantamiento popular a una guerra subsidiaria de tal escala que amenazaba con cambiar el equilibrio regional de poder en contra de Irán y Hezbollah. Los combatientes de Mustafa, junto con las tropas iraníes bajo el control del viejo amigo de Imad, Qasem Soleimani, habían ganado varias batallas importantes. Pero también habían perdido muchos hombres. Y si el régimen continuaba perdiendo territorio a este ritmo, estaba en riesgo de perder la guerra entera.

Cuatro años antes, la Primavera Árabe, la ola de protestas contra los gobiernos autoritarios que estalló en Medio Oriente y el norte de África, llegó a Siria. El régimen no tardó en contraatacar: los soldados de Assad dispararon contra multitudes que incluían a mujeres y niños, y arrestaron a miles. Las infames agencias de seguridad de Siria cometieron atrocidades indescriptibles contra aquellos que detuvieron. En mayo de 2011, el cuerpo mutilado de Hamza Ali al-Khateeb, un niño de 13 años que se unió a las protestas contra el régimen, fue devuelto a sus padres. Le habían disparado y lo habían quemado y castrado. Un video que difundió su familia de los restos de su hijo asesinado provocó más protestas.

A medida que las imágenes de la violencia horrorosa circularon por todo el mundo, Estados Unidos y los líderes europeos pidieron la renuncia de Assad.

—Por el bien del pueblo sirio —dijo el presidente Barack Obama en agosto de 2011— ha llegado el momento de que el presidente Assad se retire.

Turquía y Qatar, antiguos aliados de Siria, estaban lo suficiente indignados como para exigir la salida del dictador sirio.

Assad no escuchó, sino que desató más violencia indiscriminada. Un grupo de desertores de las fuerzas armadas formó el Ejército Libre Sirio, cuyos líderes tenían su base en un campamento al otro lado de la frontera en Turquía. En noviembre de 2011, los rebeldes dispararon cohetes y ametralladoras contra una base de Inteligencia de la Fuerza Aérea Siria en Damasco, el primer ataque al corazón del aparato de seguridad del régimen desde que comenzaron las protestas. Pronto, los desertores del ejército luchaban contra las fuerzas leales al régimen en varias ciudades importantes de todo el país.

En Líbano, Hassan Nasrallah observaba con inquietud los eventos que se desarrollaban al otro lado de la frontera. La crisis que envolvía al régimen de Assad representaba una grave amenaza para la antigua alianza del «Eje de la Resistencia» entre Hezbollah, Irán y Damasco. Siria había sido durante mucho tiempo un aliado vital para Hezbollah, permitiendo a través del país una ruta crítica de suministro de armas y ayuda desde su principal patrocinador, Irán. Si el régimen caía, Nasrallah sabía que su grupo corría el riesgo de quedar aislado.

La inteligencia estadounidense supo que a finales de 2011, Nasrallah comenzó a tener reuniones estratégicas semanales con Bashar al-Assad. El hombre que lo acompañó a Damasco para estas reuniones era su principal comandante militar, Mustafa Badreddine. A principios de 2012, Mustafa fue puesto a cargo de comandar y coordinar una operación militar de Hezbollah en Siria.

Su trabajo comenzó en secreto. Aunque Nasrallah expresó su apoyo al régimen de Assad, Hezbollah guardó silencio sobre si sus fuerzas estaban luchando en nombre del régimen. Rumores empezaron a circular de que miembros de la Unidad 910 de Hezbollah, anteriormente liderada y formada por Imad, fueron enviados para ayudar al régimen sirio a sofocar las protestas. Pronto, obituarios de combatientes de Hezbollah bajo el mando de Mustafa aparecieron en periódicos libaneses, sin explicación de las circunstancias o ubicación de sus muertes. Durante el verano de 2012, comenzaron a excavarse tumbas frescas para «mártires» en Líbano. Hezbollah por fin reconoció en octubre de ese año que uno de sus comandantes superiores había muerto, pero solo dijo que fue asesinado «cumpliendo su deber yihadista», sin decir dónde cayó.

Para mayo de 2013, ya no era secreto. La oposición siria anunció que descubrieron que Mustafa Badreddine estaba en Siria. Estaba preparando una ofensiva de los combatientes de élite de Hezbollah, capacitados por Irán en tácticas de guerra urbana, para limpiar la ciudad fronteriza de al-Qusayr de los rebeldes anti-Assad. El Ejército Libre Sirio emitió un comunicado: «Se ha confirmado que Mustafa Badreddine está presente en el frente de Quseir, donde lidera las operaciones de Hezbollah». Cinco días después, Hassan Nasrallah dio un discurso marcando el aniversario de la retirada de Israel del sur de Líbano. Por primera vez, reconoció abiertamente que Hezbollah estaba luchando en Siria.

—Siria es el principal aliado de la resistencia —dijo—. Creemos que nuestras acciones son una defensa de Líbano, Palestina y Siria.

Nasrallah diría más tarde que nunca quiso que Mustafa fuera a Siria, ya que lo consideraba un agente demasiado importante para arriesgarse en el campo de batalla, pero Mustafa insistió en cruzar la frontera, diciéndole:

—No puedo dirigir desde aquí un campo [de] tal importancia y [que puede tener] un impacto y ser un desafío de tal importancia para Líbano.

Al-Qusayr era una ciudad de treinta mil habitantes en un país de más de veinte millones, pero su destino tenía el potencial de alterar la dirección de la guerra civil. Ubicada en el distrito de Homs en Siria, era un punto de tránsito tradicional para mercancías que viajaban hacia Líbano, lo que la convertía en un importante centro logístico para que los rebeldes contrabandearan armas y combatientes. También formaba parte crítica del frente en la batalla por Homs, la tercera ciudad más grande de Siria, a través de la cual corre la autopista que conecta Damasco con el norte del país y que proporciona acceso a los puertos del Mediterráneo del país.

Las fuerzas gubernamentales sirias ingresaron a al-Qusayr en agosto de 2011 para aplastar las primeras protestas y comenzaron a cortar líneas telefónicas, suministro eléctrico y de agua. A medida que los refugiados de la ciudad huían hacia Líbano, las tropas de Assad emplearon tácticas contrainsurgencia: levantaron puestos de control militar, cortaron el acceso de la ciudad a la carretera Homs-Damasco para detener a los combatientes y armas rebeldes, y usaron francotiradores y fuego indiscriminado contra civiles. Pero las protestas continuaron.

A principios de 2012, las Naciones Unidas intentaron negociar un alto el fuego y propusieron un plan de paz de seis puntos. Pero ninguna de las partes detuvo los combates en gran parte del país, incluida al-Qusayr. Las fuerzas del régimen continuaron desertando para unirse a los rebeldes. Antiguos miembros de la Brigada 77 siria lucharon ferozmente, utilizando armas ligeras, tácticas de golpe y fuga y redadas para atacar posiciones del ejército. Las fuerzas leales lucharon de nuevo y bombardearon los bastiones rebeldes dentro de la ciudad y a su alrededor. A medida que su control sobre al-Qusayr se relajaba, se retiraron a la zona circundante y comenzaron a lanzar bombas de barril improvisadas que contenían explosivos y chatarra de helicópteros, que mataban y herían a civiles con quemaduras y metralletas. A finales de 2012, la situación llegó a un punto muerto: ni los rebeldes ni las fuerzas del régimen lograban tomar el control total de la ciudad.

Varios meses después, Mustafa ideó una operación para limpiar al-Qusayr de las fuerzas anti-Assad de una vez por todas. Los rebeldes habían defendido fuertemente la ciudad en previsión de un asalto del régimen, y habían excavado túneles, minado carreteras y colocado trampas en edificios. En abril de 2013, los combatientes de Hezbollah atacaron pequeños pueblos al sur de la ciudad, con las fuerzas armadas sirias tomando las áreas al norte. A mediados de mayo, justo antes de que los rebeldes anunciaran al mundo que Mustafa estaba en el país, la mayor parte de al-Qusayr había sido rodeada.

Los combatientes veteranos de Hezbollah habían recibido entrenamiento para librar guerras en las áreas montañosas rurales del sur de Líbano, no en entornos urbanos. Pero después de la guerra de 2006 con Israel, sus combatientes de élite recibieron entrenamiento en guerra urbana tanto en Irán como en Líbano.

El ataque propiamente dicho comenzó con la ciudad bajo un intenso bombardeo de morteros, artillería y ataques aéreos del régimen en las primeras horas, seguido por los combatientes de Hezbollah que ingresaron desde sus posiciones en el sur. Algunos informes decían que 1 700 combatientes de Hezbollah, muchos de ellos veteranos de sus unidades de fuerzas especiales, se concentraron en al-Qusayr. Al ingresar, se dividieron en pequeños grupos tácticos y se movieron de edificio en edificio mientras retomaban la ciudad calle por calle. Durante feroces combates, Hezbollah sufrió grandes bajas, pero los combatientes rebeldes finalmente quedaron atrapados en una pequeña área en el norte de al-Qusayr, mientras sus suministros de alimentos y municiones disminuían.

A principios de junio, 17 semanas después de que comenzara el ataque, las fuerzas militares sirias y las tropas de Hezbollah lanzaron un último ataque contra el último enclave de la ciudad aún en manos de los rebeldes y salieron victoriosos. La batalla terminó. Los hombres de Mustafa ganaron. La retoma de al-Qusayr fue una declaración de intenciones; con ella se cortaron los suministros a otras áreas controladas por los rebeldes y se asestó un golpe a su moral. Los estadounidenses se sorprendieron por la escala y el impacto de la entrada de Hezbollah en la guerra civil siria. Algunos creían que el régimen de Assad estaba cerca del colapso. En cambio, Hezbollah inclinó el ímpetu a favor del régimen.

Pero desde esa temprana victoria de Mustafa, el conflicto se había convertido en un sangriento punto muerto. Ahora, con la pérdida de Idlib en 2015, parecía que el régimen estaba en mayor riesgo que en cualquier otro momento desde que comenzó la guerra civil. Los rebeldes estaban recibiendo ayuda en armas y dinero por parte de potencias extranjeras, como Estados Unidos, Turquía y Qatar. Un programa secreto respaldado por la CIA llamado Timber Sycamore había estado inyectando cientos de millones de dólares en el entrenamiento y suministro de armas a los rebeldes desde una base en Jordania.

En Damasco había señales de que no todo iba bien en la casa de Assad. Poco después de la pérdida de Idlib, se informó que Rustom Ghazaleh, el jefe de inteligencia política siria en Líbano en el momento del asesinato de Hariri, fue golpeado hasta la muerte por hombres leales a un jefe rival de espionaje sirio. El hijo de Rafic Hariri, Saad, afirmó que Ghazaleh lo llamó antes de su muerte, diciendo que quería aparecer en la televisión libanesa para «anunciar algo que no sabemos». Algunos especularon que lo habían atrapado planeando desertar. O tal vez había planeado revelar evidencia de que el régimen de Assad ordenó el coche bomba que mató a Hariri, un plan que Mustafa orquestó una década antes.

El dictador sirio y sus aliados sabían que se les acababa el tiempo. En julio de 2015, Qasem Soleimani voló en secreto a Moscú para reunirse con funcionarios rusos. Si Bashar al-Assad iba a sobrevivir, entonces los esfuerzos de Mustafa y sus hombres no iban a ser suficientes. Necesitaba más armas y fuerzas armadas y las necesitaba rápido. Y lejos de los campos de batalla sirios, en las calles de Europa, había hombres trabajando arduamente para asegurarse de que llegaran.

20

TG NIKE

Livorno, agosto de 2015

Tenía 16 días. Salvatore sabía que tenía 16 días a partir de que el buque carguero saliera de Colombia hasta que llegara a Italia.

Cuatro meses después de su encuentro con Castro en Roma para entregar el dinero, la cocaína por fin estaba en camino. Un domingo por la noche, el buque de 210 metros *TG NIKE*, construido en Corea del Sur y con bandera liberiana, partió del puerto de Turbo y zarpó por el Atlántico. Millones de euros estaban en juego, pero también el futuro de Salvatore y posiblemente su vida. Todo dependía ahora de que ese barco llegara a Europa.

TG NIKE haría una parada primero en Livorno, donde se descargarían algunos de sus contenedores, antes de continuar hacia Génova. El plan era que los hombres de Salvatore irrumpieran en el puerto italiano en medio de la noche y retiraran los paquetes antes de cualquier inspección.

Mientras Salvatore revisaba el itinerario de envío que Jota Jota le hizo llegar por correo electrónico, se percató de la complejidad de la tarea por delante. Habría miles de contenedores metálicos en ese barco, pero solo uno contenía sus plátanos. Sabía que los inspectores del puerto con frecuencia realizaban inspecciones aleatorias, eligiendo uno o dos contenedores para revisar. ¿Dónde estaba el suyo? ¿En la parte delantera? ¿En medio? Todo estaba en manos de Jota Jota.

Al menos Salvatore sabía que estaba trabajando con profesionales. Antes de que *TG NIKE* zarpara de Turbo, Jota Jota les había explicado a los italianos con todo detalle cómo se iba a enviar la cocaína. Sí, si tenían mala suerte, su contenedor podría ser seleccionado por los inspectores. Pero las probabilidades eran de mil a uno. Y aun así, Jota Jota sabía cómo empacar la cocaína para evitar que la detectaran.

Las empresas con las que trabajaba el cártel en Turbo solo trabajaban con plátanos. Así que la caja de Salvatore tendría cientos de cajas de plátanos en su interior. Cada una de esas cajas estaría marcada con un número. Y veinte de esos números identificarían las cajas en las que Jota Jota había ocultado las drogas.

Cada uno de los paquetes dentro de esas veinte cajas estaría cubierto con papel de aluminio que lo ocultaría de los escáneres de rayos X. Por si fuera poco, encima de esos paquetes habría montones de plátanos reales. Cualquier inspector tendría que rebuscar en el fondo de las veinte cajas para descubrir los paquetes de Salvatore. Aun así, el papel de aluminio que Jota Jota utilizó para cubrir la cocaína tenía imágenes a color de plátanos a tamaño real impresas en él. Una rápida mirada sugeriría que los paquetes eran tan solo más plátanos.

Otro elemento crucial, explicó Jota Jota, era el peso. Los inspectores del puerto a veces decidían pesar cada caja como una forma rápida de establecer si se podía ocultar contrabando en su interior. Cada cartón que contenía las drogas debía pesar 23 kilogramos, exactamente el mismo peso que las cajas de plátanos.

Sin embargo, había un último protocolo de seguridad que Jota Jota insistía en seguir. Solo él conocería los números del contenedor y las cajas que contenían las drogas. Unos días antes de que el barco atracara en Europa, Jota Jota viajaría personalmente a Italia para compartir esa información crítica con los hombres de Salvatore. Aunque estuvieran interceptando sus comunicaciones, sería imposible para la policía saber en qué contenedor estaban las drogas hasta el último momento.

TG NIKE estaba ahora en algún lugar del Atlántico, navegando lentamente hacia Livorno. Salvatore no podía hacer nada más que esperar. Tenía 16 días.

Salvatore estaba entrando en pánico. Era sábado, unos pocos días antes de que *TG NIKE* llegara al puerto, y aún no tenían noticias de cuándo se supone que llegaría Jota Jota para entregarles los detalles finales sobre el cargamento.

Estaban en el departamento de Oksana. Salvatore y Antonio estaban presionando a Jhon Peludo para que les dijera cuándo iba a llegar su jefe.

—Escucha, Jhon, necesitas saber todo lo que puedas, tienes que estar seguro de todos los detalles —alegó Antonio.

—Ya le pregunté. Jota dice que llegará a Roma, llegará mañana —respondió Jhon.

—Sí, ¡pero no sabemos a cuál aeropuerto en Roma! —exclamó Salvatore.

—En Roma hay dos aeropuertos, Jhon —añadió Antonio.

—Va a llegar al internacional —respondió Jhon con inocencia.

—¡Ambos son internacionales!

—Mira, si no llega aquí para el lunes… —dijo Jhon.

—¡No! —lo interrumpió Salvatore—. ¡No necesitamos que venga el lunes! ¡Necesitamos que llegue el domingo, mañana! El lunes por la mañana, a las 5 a. m., tenemos que ver a nuestra gente, que entonces comenzarán su trabajo, ¿entiendes? El equipo necesita saber todo para las 6 a. m. El lunes por la mañana.

Jhon intentaba mantener tranquilos a los italianos. Jota Jota se retrasó debido a su visa. Tuvieron que pagar 3 000 euros para que Jota Jota obtuviera los documentos correctos para viajar. Mover el dinero para pagar la visa llevó más tiempo del esperado.

—Ya sabes cuál fue el problema….

—¡Sí, tres mil euros, lo sé! —dijo Salvatore—. ¡Por tres mil euros no podemos perder 1.2 millones!

Nada de lo que Jhon decía lo tranquilizaba. Si Jota Jota no llegaba con la información, perderían el cargamento. En cuanto el *TG NIKE* atracara en Livorno, sus hombres tendrían poco tiempo para entrar en la zona del puerto, identificar el contenedor correcto y extraer las cajas adecuadas.

—¡Falta un día para que esté aquí, y aún no sabemos nada! —se quejó Salvatore—. El barco llegará en tres días, pero no sabemos qué tenemos que hacer cuando llegue. Y no sabemos nada de Jota. No sabemos si es cierto que puso la mercancía en el barco, ¡ni siquiera si va a aparecerse!

Salvatore pausó por un momento, luego continuó su diatriba.

—¡No me lo creo! ¡No es posible que quiera perder este envío! ¡No es posible, Jhon! Hay mil contenedores en ese barco, y aún no sé cuál es el nuestro...

Salvatore estaba llegando al punto de ebullición. Esto no solo se trataba del envío. Salvatore tomó dinero de personas peligrosas, personas que sabía que no dudarían en matarlo si la operación salía mal.

—Si este trabajo no sale bien, estaré destruido financieramente. Podrían matarme —le confesó Salvatore a Jhon.

Horas después, Jhon recibió la noticia: Jota Jota estaba tomando un vuelo desde Colombia.

—Sale en un vuelo a las 10 p. m. esta noche —dijo Jhon a Antonio—. Llega a Portugal a las 15:00 mañana y luego toma otro vuelo a Roma. Estará allí a las 19:00 mañana por la tarde.

Jota Jota llegaría al aeropuerto de Fiumicino en Roma.

—De acuerdo. Estaremos allí —aseguró Antonio.

Jhon Peludo esperaba pacientemente en la puerta de arribos, con las manos en la cadera y su gran barriga que se desbordaba por encima de sus *jeans* azul claro. A su lado, una fila de conductores de renta de autos vestidos con trajes oscuros y corbata sostenían los nombres de los diversos pasajeros a quienes estaban allí para recoger.

Al fin, Jota Jota cruzó las puertas corredizas. Esta vez, llevaba una camisa a cuadros en blanco, azul y rojo, y una gran maleta negra con ruedas.

Antonio, vestido con short blanco y chanclas debido al calor del verano, lo esperaba afuera en un Fiat Punto plateado. Los dos colombianos subieron y los tres hombres se dirigieron hacia el punto de encuentro al norte por la autopista Roma-Florencia.

Eran las tres de la mañana cuando llegaron a su destino, un bar en las afueras de Altopascio, una pequeña ciudad a unos treinta minutos de Pisa en coche.

Un instante después de que llegaron, otro auto se detuvo y un hombre alto y calvo bajó del vehículo. Él supervisaría la obtención del cargamento desde el puerto cuando atracara en Livorno en 24 horas.

Los cuatro entraron en el bar, que estaba desierto excepto por una mujer solitaria sentada en la barra de mármol y dos meseros. Aunque era de madrugada, Antonio ordenó un *espresso*. Las paredes estaban decoradas con pinturas de yeso de botes de remo vacíos flotando en un lago.

Jota Jota y el hombre al que acababan de conocer se dirigieron al fondo del bar, mientras Antonio y Jhon permanecieron en la parte delantera. Jota Jota se sentó en una gran mesa blanca circular, sacó una carpeta de su bolsa y la deslizó al lado opuesto. Había volado ocho mil kilómetros a Roma para esta única tarea: entregarle a este hombre un papel en un bar en una pequeña ciudad de Italia en medio de la noche. El italiano abrió la carpeta, anotó la información en otro papel y se la entregó.

Momentos después, se levantaron. Antonio pagó su *espresso*, y los cuatro salieron. Las piezas finales estaban en su lugar. Antonio y los dos colombianos volvieron al auto y comenzaron el largo viaje hacia el sur, a Calabria.

El viaje duró nueve horas. Tan pronto como llegaron, Antonio llevó a Jota Jota y a Jhon Peludo al apartamento de Oksana, donde acordaron encontrarse con Salvatore.

Casi exactamente al mismo tiempo, el *TG NIKE* atracó en Livorno, y comenzaron a descargar los contenedores que llevó a través del Atlántico. En unas pocas horas sabrían si la operación tuvo éxito. Salvatore solo podía esperar. Si todo salía según lo planeado, sería el comienzo de una relación extremadamente redituable. Salvatore ya sabía que el cártel tenía mucha cocaína esperando en la selva de Colombia. Estaba lista para enviarse a Europa, le dijo Jota Jota.

—Mi gente tiene 1.2 toneladas listas para enviarse al puerto de Turbo —informó Jota Jota—. Pero no todas juntas. Podemos enviar trescientos kilos, luego quinientos y la próxima semana otro envío.

Si Salvatore quería comenzar a enviar grandes cantidades de manera regular, explicaron los colombianos, era importante encontrar una empresa de importación de frutas en Europa que actuara permanentemente como fachada para la operación.

—Por lo general trabajamos con plátanos —dijo Jhon—. Necesitamos buscar a una persona o una empresa que nos compre los plátanos directamente.

Sin embargo, otras frutas y puertos eran una posibilidad.

—Tenemos gente en el puerto que verifica los contenedores que vienen de Costa Rica que llegan a Turbo. Van a Génova, a España. Estos contenedores tienen diferentes tipos de frutas, ¿entiendes?

Pero estaban adelantándose. Primero, tenían que recoger el envío que Jota Jota había hecho, que estaba esperando en un contenedor en el puerto. Y esa noche, Salvatore tenía que ponerse en contacto con Filippo Fiarè, su principal inversionista.

Temprano al día siguiente, los colombianos esperaban en el apartamento de Oksana noticias sobre el envío. Salvatore entró por la puerta con un hombre al que no conocían, que tenía noticias: el *TG NIKE* había atracado.

—Anoche —informó el hombre al grupo de hombres que esperaban en la sala de estar de Oksana— todo llegó.

Este nuevo hombre era la persona a quien Salvatore designó para transmitir mensajes al equipo que vigilaba el puerto para la llegada del cargamento. Esa noche entrarían, buscarían entre las filas iluminadas de cajas de metal blanco apiladas, abrirían el contenedor correcto y se llevarían las cajas de plátanos.

Jota Jota repitió la información que había compartido con el hombre en el bar la noche anterior, recitando deprisa los números de las cajas de plátanos con los pesos exactos de cocaína en cada una. Lo habían pensado todo. En una de las cajas estaba un sello de repuesto para el contenedor, que los hombres de Salvatore usarían para reemplazar el que romperían al abrir la carga.

—Entonces, ¿qué tal está la mercancía? —preguntó el hombre a Jota Jota— ¿Es buena?

—Te garantizo que es 97 por ciento pura. Si no es al menos el 97 por ciento, te la daré gratis —respondió el colombiano—. Fui a la empresa en Colombia e hice el embalaje. La pusimos en sobres a prueba de escáneres. No habrá problemas. Invertimos mucho tiempo y dinero en el trabajo.

Lo único que quedaba era recoger los plátanos.

—Si recibo el mensaje esta noche, eso significa que todo salió bien —les dijo el hombre antes de irse—. Tan pronto como reciba la noticia, vendré aquí de inmediato, incluso si es medianoche. Esta noche, mis chicos irán a buscar la mercancía, y mañana por la mañana sabrán todo.

Pero cuando los hombres de Salvatore llegaron al puerto esa misma noche, decenas de policías italianos examinaban cada contenedor del *TG NIKE*. Dentro del contenedor TRIU8763, entre cinco cajas de plátanos, descubrieron 63 ladrillos de cocaína, justo como Jota Jota los había empaquetado. Cada ladrillo estaba envuelto en papel de aluminio a prueba de escáneres con estampado de plátano. El trato de Salvatore quedó al descubierto.

Curiosamente, la policía también vio que debajo del papel aluminio, las drogas llevaban la insignia de un famoso fabricante de relojes suizo: Romain Jerome. Varios meses antes, la Policía Nacional de Colombia había llevado a cabo una redada en San Pedro de Urabá, Antioquia, donde descubrieron 170 gramos de cocaína marcados con la insignia «Romain J» en un búnker, junto con cuatro rifles de asalto AK-47, nueve granadas de 40 milímetros y una gran cantidad de municiones. Durante la redada, mataron a un miembro del Clan del Golfo y arrestaron a otros 57. Entre los hombres arrestados estaban jefes regionales del cártel, sicarios y narcotraficantes.

La policía colombiana sabía que los cárteles de drogas usaban insignias para identificar la propiedad de la cocaína. Y sabían que el hombre que usaba «Romain Jerome» era uno de los narcotraficantes más poderosos de Latinoamérica. Su nombre era Roberto Vargas Gutiérrez, alias Gavilán, el exguerrillero maoísta que ahora era el segundo al mando en el Clan del Golfo. Pero Gavilán no estaba a la vista por ningún lado.

Mientras tanto, en el departamento de Oksana, Salvatore estaba en un estado de pánico absoluto. Ninguno de sus hombres podía explicar lo que sucedió: habían tomado todas las precauciones. ¿Cómo sabía la policía que había cocaína en el barco? ¿Y cómo podían saber en qué contenedor exacto tenían que buscar?

Jota Jota tomó de inmediato un vuelo de regreso a Colombia, por temor a que lo arrestaran. Salvatore estaba en serios aprietos: perdió las drogas y el dinero. Necesitaba respuestas para sus inversionistas, y rápido. Si sospechaban que Salvatore robó las drogas, sabía cuáles serían las consecuencias. Tenía que presentarles alguna prueba de la redada.

—Tiene que salir en los periódicos que fue incautado —le dijo a uno de sus hombres. Salvatore podría preocuparse por el dinero perdido más tarde. Por ahora, solo necesitaba mantenerse con vida—. ¡Tiene que aparecer en los periódicos!

21

TERROR CONTROL

Leidschendam, 2015

Iain Edwards estaba sentado en su oficina de Chancery Lane en Londres central cuando un viejo compañero lo llamó para preguntarle si quería representar a Mustafa Badreddine.

El abogado recientemente había regresado al Reino Unido después de varios años de trabajo en un tribunal internacional defendiendo a clientes acusados de cometer genocidio en Ruanda. Desde entonces, Edwards había estado ocupado tratando de resucitar su práctica de defensa criminal, representando a personas arrestadas por peleas en bares o robo.

Badreddine, explicó el compañero de Edwards, fue acusado de un crimen muy grave por un tribunal respaldado por las Naciones Unidas. Su juicio prometía ser innovador: era la primera vez que un tribunal penal internacional procesaría un acto de terrorismo como un delito independiente.

Pero había cosas importantes que Edwards debería saber antes de aceptar el trabajo. En primer lugar, ni él ni otro miembro del equipo de defensa podría reunirse o hablar con el cliente. Y aunque el cliente fue acusado de cometer un acto terrorista —el homicidio intencional de 22 personas y el intento de homicidio de más de doscientas—, de hecho, no fue arrestado. Incluso si el caso resultaba en su condena, el cliente permanecería en libertad. Esto se debía a que nadie tenía idea de dónde estaba. De hecho, el cliente nunca solicitó a nadie que fuera su abogado. Después de pensarlo un poco, Edwards aceptó el trabajo.

Después de la victoria de Mustafa en al Qusayr, los combatientes de las fuerzas especiales de Hezbollah bajo su control ahora luchaban por retomar Alepo. Al mismo tiempo, a miles de kilómetros de distancia, en la pequeña ciudad holandesa de

Leidschendam, se llevaba a cabo un juicio penal internacional sobre el asesinato de Rafic Hariri.

Cuatro años antes, Mustafa había sido formalmente acusado por el Tribunal Especial para Líbano respaldado por la ONU de planificar la operación de bombardeo que mató al ex primer ministro libanés en 2005. Hassan Nasrallah se rehusó de inmediato a reconocer la legitimidad del tribunal y advirtió que «cortaría la mano» de cualquiera que intentara ejecutar las órdenes de arresto que este emitió.

Debido a la tarea casi imposible de arrestar a Mustafa (junto con otros tres coacusados), los estatutos del tribunal de la ONU permitieron que su juicio continuara en ausencia, la primera vez que esto ocurría en un tribunal internacional desde los Juicios de Núremberg en 1945. Y para asegurar que Mustafa y los demás recibieran un juicio justo, el tribunal designó en su nombre a un equipo de experimentados abogados defensores.

Trabajando desde el edificio del tribunal cerca de La Haya que alguna vez fuera sede de la inteligencia holandesa, Edwards y el resto del equipo legal de Mustafa enfrentaban una tarea poco envidiable. No solo eran incapaces de recibir instrucciones de su cliente, sino que la fiscalía reunió una montaña de pruebas en su contra.

Mustafa, afirmaron, era un terrorista internacional con amplia experiencia que ya había sido condenado a muerte por ejecutar una explosión de bombas en Kuwait en la década de 1980, y solo logró escapar del país después de la invasión por parte de Iraq. Este era un hombre, dijeron, que poseía la formación y el temperamento para llevar a cabo un complejo complot de asesinatos.

Luego, estaba la evidencia telefónica, que era circunstancial pero convincente. Los investigadores de la ONU habían ampliado el análisis de datos iniciado por Wissam Eid, el capitán de la policía libanesa asesinado en 2008. Esto mostró que, en los meses previos al asesinato de Hariri, una persona que creían que era Mustafa se había comunicado de manera clandestina con Salim Jamil Ayyash, un miembro de Hezbollah de menor rango, usando varios teléfonos celulares que la fiscalía denominó la «red verde».

Los investigadores descubrieron que varios de estos teléfonos estaban registrados a nombre de un hombre llamado Sami Issa. Pero Issa, según la fiscalía, era una identidad falsa utilizada por Mustafa, un hombre que adoptó muchos alias durante décadas de operaciones terroristas.

Sostuvieron que Ayyash transmitía las instrucciones de Mustafa a través de la «red verde» a una «red roja» de teléfonos que pertenecían al equipo de asesinato. Semanas antes del ataque, Ayyash había llamado a Mustafa desde un lugar que, según revelaron los registros telefónicos, estaba cerca de la sala de exposición donde se compró el camión Mitsubishi utilizado en el bombardeo, y en el mismo día de la compra.

La evidencia telefónica, sostuvo la fiscalía, también mostraba que a las 11:58 a. m. del día del asesinato, Ayyash llamó a Mustafa desde cerca del hotel St. Georges. Esta, dijeron, fue la llamada telefónica que dio al miembro sus instrucciones finales antes del ataque. Alrededor de una hora más tarde, a las 12:50 p. m., después de que el convoy de Hariri hubiera partido, Ayyash recibió varias llamadas de la «red roja». Estas fueron las últimas llamadas que los números de teléfono de las redes roja y verde realizaron. Cinco minutos después, un terrorista suicida detonó los explosivos de grado militar ocultos dentro del camión.

Edwards y el resto del equipo legal de Mustafa examinaron la evidencia y pensaron en una estrategia de defensa. Sin un cliente que pudiera proporcionarles algún tipo de coartada o explicación, decidieron que la única forma de proceder era poner cada fragmento del caso de la fiscalía bajo el microscopio.

Sí, la evidencia del teléfono celular sugería que un hombre llamado Sami Issa podría haber estado involucrado en el complot. Pero, ¿eran Issa y su cliente realmente la misma persona? Mustafa, según la fiscalía, «pasa como un fantasma irreconocible e imposible de rastrear por todo Líbano, sin dejar huella». No existían fotos recientes de él. Solo una en blanco y negro, de un joven Mustafa de veintitantos años, sonriendo con una camisa y un traje blancos. Su equipo de defensa argumentó: ¿Cómo sería posible que algún testigo confirmara que Issa y Badreddine eran la misma persona? ¿Y podrían esos testigos probar las afirmaciones de la fiscalía más allá de toda duda razonable?

Al mismo tiempo que Mustafa era llevado a juicio por el tribunal de la ONU, apareció un sitio web anónimo. Se llamaba *Terror Control* y estaba disponible en inglés, español y árabe. A primera vista, parecía ser un blog dedicado a rastrear la actividad de Hezbollah. Pero un análisis más detallado sugería que era algo mucho más sofisticado.

El sitio afirmaba que fue creado por «una asociación de organizaciones de inteligencia occidentales establecida para combatir la amenaza del terror». Ya habían publicado varias fotos borrosas de presuntos miembros antiguos de Hezbollah y les prometían a sus lectores «una suma generosa de dinero» por cualquier información que pudieran darles sobre ellos.

«La información que nos envíen será verificada y se enviarán pagos en efectivo» indicaba Terror Control a sus lectores, además de decirles que usaran el navegador anónimo de internet Tor por su propia seguridad. «Después de verificar la información, nos pondremos en contacto con las personas que la enviaron para coordinar la mejor forma de enviar la compensación, sin comprometer su seguridad de ninguna manera. Nos comprometemos a pagar cientos e incluso miles de dólares a cualquiera que envíe información valiosa».

En 2012, apareció un artículo en Terror Control titulado «¡Mustafa Amine Badreddine: ¡Expuesto!». Contenía una foto en blanco y negro de un hombre afeitado con una gorra de beisbol y una camisa a cuadros abierta del cuello. El hombre de la foto, según el sitio web, era Mustafa. Era imposible saber si la imagen era auténtica, pero si lo fuera, representaría un hallazgo significativo. De repente, parecía haber una nueva foto reciente del «fantasma irreconocible». El artículo se despedía con «Más por venir...».

Pronto aparecieron más informes sobre Mustafa, junto con más fotos. Había una imagen de él hablando por teléfono con gafas de sol y una gorra de beisbol sobre su rostro. Otra parecía mostrarlo caminando por una calle con una camisa negra, *jeans* azules y zapatos negros puntiagudos de cuero.

Estas publicaciones también contenían informes de inteligencia detallados sobre la vida secreta del principal comandante militar de Hezbollah. Mustafa, según un informe, «tiende a levantar su pierna derecha frente a él, y mientras da un paso adelante, estira por completo la pierna derecha y se inclina ligeramente al hacerlo». Otra publicación señalaba que se quitaba la gorra de beisbol y las gafas de sol solo cuando estaba en compañía de «sus subordinados más confiables», y que su «*look* preferido consiste en llevar la barba recortada y un corte de cabello estilo militar, aunque a veces se afeita y opta por una barba de chivo.

Según el sitio web, Mustafa tenía importantes intereses comerciales y propiedades en Líbano y en el extranjero. Pasaba la mayor parte de su tiempo en Siria, trabajando desde una oficina en el Dama Rose, un hotel de cinco estrellas en Damasco. También afirmaba que el comandante de Hezbollah era «temido por su temperamento explosivo y personalidad manipuladora», era «propenso a ráfagas de ira acompañadas por violencia física» y había hecho enemigos dentro de la organización desde que asumió el puesto de Imad después de su muerte. Una publicación incluso afirmaba que en el momento del asesinato de Imad en Damasco en 2008, él y su primo ya no estaban en buenos términos: al parecer, Mustafa estaba furioso porque Imad tomó una segunda esposa, además de Saada.

Por supuesto, a los abogados en los Países Bajos les resultaba imposible comprobar todo esto. Tal vez las personas detrás del sitio web anónimo que afirmaban ser agentes secretos de la inteligencia occidental eran estafadores o difamadores. O tal vez, por mucho que Mustafa se hubiera esforzado en esconderse, sus enemigos al fin estaban pisándole los talones.

22

UNA CRISIS FAMILIAR

Calabria, noviembre de 2015

Salvatore estaba desesperado. El decomiso en Livorno significaba que el dinero que sus socios comerciales le dieron se había esfumado en el aire. Tenía que encontrar una manera de traer un nuevo cargamento para compensar una pérdida de más de un millón de euros, además de pagar sus deudas. Si fallaba, sabía a la perfección cuáles serían las consecuencias.

Jhon Peludo seguía asignado a Italia y se esforzaba por asegurarle a Jota Jota, ahora de regreso en Medellín, que la policía había interceptado el cargamento y no lo habían robado. Sin que alguno de los lados pudiera explicar cómo la policía supo qué contenedor de envío registrar, Salvatore estaba más paranoico que nunca. ¿Hubo una fuga de información? ¿La policía había estado escuchando sus conversaciones? Como medida de precaución, la pandilla ya había desechado todas sus tarjetas sim y teléfonos celulares.

Salvatore sabía que era crucial que el cártel no perdiera la confianza en su organización si iba a convencerlos de enviar otro cargamento. Pero Salvatore no tenía dinero para pagarlo. Y Jhon le informó que, debido al decomiso policial, el cártel ahora se negaba a enviar nada sin que se les pagara primero. Tan desesperado estaba Salvatore por convencer a Jota Jota de que le adelantara otro envío, que ofreció a Giuseppe, su primogénito, como garantía humana para ir a Medellín. El colombiano se negó.

Mientras Salvatore se apresuraba, sus socios intentaban idear diferentes formas de transportar el próximo cargamento de manera segura. Discutieron cambiar de puertos, de Livorno a Gioia Tauro en Calabria, o a Nápoles. Algunos sugirieron esconder las drogas en el casco de un barco que saliera de Colombia, o incluso utilizar un submarino improvisado. Pero nada de esto importaría a menos que Salvatore encontrara más efectivo.

Los italianos trasladaban a Jhon de casa en casa, temerosos de que la policía los estuviera observando. Por ahora, lo habían alojado en el departamento de Oksana, algo que ella detestaba. Salvatore fue a discutir la situación con el emisario colombiano.

—Mira, eso ya se fue —dijo Salvatore, refiriéndose al cargamento perdido—. Lo importante es el periódico, ¿entiendes? —continuó, subrayando la necesidad de utilizar informes de noticias sobre el decomiso como evidencia de la inocencia de su bando.

Jhon, por su parte, estaba ansioso por reactivar el trato, y le dijo a Salvatore que el «papá» de Jota Jota, un jefe de cártel de alto nivel, estaba presionando a la organización para mover la gran cantidad de cocaína que estaba almacenada en sus instalaciones en Colombia.

—En este momento, en Turbo, tenemos 1 200 kilos. Él está diciendo que hay que moverlo, pero ya, ya —dijo Jhon—. Tenemos que trabajar duro para esto. ¿Cuánto dinero es? Mucho dinero.

Aun así, Salvatore tenía que encontrar el efectivo para pagarlo. Salió del departamento de Oksana y comenzó sus rondas, tratando con ansias de concertar reuniones con sus inversionistas para informarles sobre sus intentos de salvar la situación y recaudar nuevos fondos.

Mientras tanto, Oksana era miserable. Salvatore estaba desquitándose con ella, se quejó con Jhon. Este trató de tranquilizarla, diciendo que era normal que su novio estuviera tan agitado; acababa de perder una gran cantidad de dinero y droga; y que tan pronto como encontraran una forma de traer un nuevo cargamento, la vida volvería a ser tranquila. Oksana no estaba convencida. Estaban actuando de manera imprudente, dijo, y más valía que tuvieran cuidado con lo que estaban haciendo.

¿Pero qué otra opción tenía Salvatore?

—El «papá» dijo que sin dinero nos quedaremos con toda la mercancía —le advirtió Jhon a Salvatore—. Tienes que pagar, ¿entiendes?

—Sí, Jhon, Te dije que yo me encargo de resolverlo. Pero también él tiene que entenderme.

—Jota dijo que vayas a hablar con el hombre de cabello blanco —respondió, refiriéndose a uno de los inversionistas de Salvatore para el cargamento anterior.

—Él no puede poner nada de dinero. Por ahora, ya no tiene más.

Los colombianos esperaban un esfuerzo mayor, le dijo Jhon a Salvatore. Se le estaba agotando el tiempo.

Antonella y su hijo mayor, Giuseppe, se dirigían hacia el estacionamiento de un centro comercial de concreto en las afueras de Lamezia Terme, una ciudad a una hora al norte de Mileto. Eran alrededor de las seis de la tarde, y tenían una tarea pequeña pero delicada por completar. El auto se acercaba a las luces brillantes del enorme centro comercial.

Antonella sabía que tenía responsabilidades familiares que iban más allá de criar a sus tres hijos y mantener su casa en orden. La familia Pititto enfrentaba una crisis, y ella también debía desempeñar su papel. Salvatore le había pedido que fuera con Giuseppe esa noche para entregar un paquete de cocaína que él obtuvo de otro proveedor en Italia, a un hombre en el centro comercial. Era un trato pequeño que recaudaría solo una pequeña cantidad de dinero, pero ayudaría. Y quizás haría que su esposo la respetara un poco más.

Antonella había sabido sobre el amorío de su esposo durante más de una década. Le dolía. Los padres de Salvatore sabían de Oksana, sus hijos también lo sabían, al igual que sus amigos. Antonella y Salvatore aún dormían bajo el mismo techo, cuando él no estaba con Oksana, pero ya no compartían la misma cama. Tal vez, a estas alturas, era un matrimonio sin amor, uno de rutina y conveniencia cansada, y Antonella había llegado a aceptar todo esto. Pero quizás lo que más la molestaba era que su esposo parecía pensar que ella era una tonta, alguien a quien no se le podía confiar la tarea más sencilla. Esta noche, tenía la oportunidad de demostrarle lo contrario.

Antonella detuvo el auto, y ella y su hijo comenzaron a buscar al hombre con el que debían encontrarse.

—¿Estás segura de que dijo que lo encontráramos aquí? —le preguntó Giuseppe a su madre.

—Sí. ¿No lo escuchaste?

—¿Qué no se supone que debía venir por la entrada de allá?

—No, se supone que debe llegar de por allá.

Giuseppe era el primer hijo de Antonella. Alguna vez fue su pequeño bebé, pero ahora el hombre de 23 años que estaba a su lado en el coche se había convertido en un criminal endurecido. A veces, Giuseppe y su hermano Gianluca, cuatro años menor, se metían en problemas y Salvatore tenía que sacarlos de apuros. Hace poco, un hombre intentó vender marihuana en el área de Mileto que controlaban los dos hermanos. Atacaron brutalmente al traficante, dejándolo con el pómulo, la mandíbula y las costillas rotas. Alguien lo llevó al hospital, donde le practicaron una cirugía. El hombre les explicó a los médicos que se cayó de su motocicleta, pero le contó a la familia Mancuso, uno de los grupos del crimen más poderosos de Italia, lo que los hijos de Salvatore le hicieron.

Salvatore se vio obligado a justificar las acciones de sus hijos ante los Mancuso. Sus dos chicos, explicó, habían sido razonables. Pidieron hablar con el traficante y le advirtieron dos veces antes de golpearlo. Salvatore finalmente logró calmar la situación. Fue una molestia, pero ¿cómo podía no estar orgulloso de ellos? Sus hijos mayores estaban actuando exactamente como él quería. Le dijo a Oksana cuánto se enorgullecía de ellos. El hijo adolescente de Salvatore y Antonella, Alex, tenía diez años menos que Giuseppe, pero pronto también sería como sus hermanos mayores.

Finalmente, Giuseppe y su madre vieron el auto del hombre con el que se reunirían.

—Dame la cosa —le dijo él.

Antonella sacó el paquete de drogas y se lo pasó a su hijo. Él salió del auto y se acercó al hombre, pero luego regresó. Según Giuseppe, el hombre no quería recibir las drogas en un espacio público; tendrían que conducir a otro lugar.

—Me está reventando los huevos con esto —Giuseppe se quejó.

—¿Tenemos que ir a otro lugar? —preguntó Antonella.

—Sí.

—¿Y qué tal si lo perdemos?

—Conduce lento. No lo perderemos.

Manejaron hasta la vuelta y se detuvieron. Giuseppe bajó del vehículo y se acercó al coche del hombre. Rápidamente regresó con su madre y le comunicó que tendrían que moverse de nuevo. El hombre aún no estaba satisfecho con la ubicación. Ahora tendrían que ir a una salida cercana y esperar allí. Antonella estaba poniéndose nerviosa. Sentía que algo no estaba bien. Lo que ella esperaba que fuera una entrega simple se estaba convirtiendo en un confuso problema. Condujo hacia el nuevo punto de encuentro.

—Si no llega aquí, nos iremos, ¿sí? —Giuseppe le propuso a su madre mientras esperaban a que llegara el hombre.

Antonella, claramente nerviosa, quería irse. Pero Giuseppe la detuvo.

—Me estás poniendo los nervios de punta —le dijo.

—¿Yo? —preguntó ella.

—Sí, porque no entiendes lo que te digo.

—¿Y qué debería entender? —le preguntó a su hijo.

—Que tenemos que esperar aquí y ya estabas empezando a irte.

—Y te tomó 15 minutos pasarme la cosa.

—Eso no es cierto —se quejó.

Por fin, el hombre llegó y tomó el paquete de cocaína de Giuseppe. Luego, su madre comenzó a conducir de regreso a casa. Salvatore llamó al teléfono de Antonella. Giuseppe contestó. Le informó a su padre que la entrega había salido según lo planeado y que estaban de camino de vuelta. Después de colgar, le contó a su madre que Salvatore había llamado preocupado porque la reunión estaba tardando demasiado. Antonella le dijo a Giuseppe que esperaba que su padre hiciera eso. Salvatore pensaba que ella era tonta, dijo, y nunca confiaba en que hiciera las cosas bien. Su hijo no respondió.

Era una crisis familiar, y eso significaba que Salvatore, como siempre, tenía que consultar a Pasquale. Visitar a su primo siempre era un riesgo. Al organizar la reunión, Salvatore una vez más utilizó mensajes de texto románticos y crípticos que llamaban a Pasquale «mi amor» y «mi tesoro». Traer a un narcotraficante internacional a la puerta de Pasquale quizás no era prudente. Pero esta era una emergencia.

Jhon se subió al Volkswagen Golf de Salvatore y condujeron por un sinuoso camino de campo, bordeado de árboles silvestres y campos verdes descuidados. Era el tipo de camino oscuro y apartado donde Pasquale, cuando era joven, solía acechar a sus enemigos con una ametralladora.

Se detuvieron frente a la casa de Pasquale. Salvatore se aseguró de que nadie los estuviera observando.

—Jhon, quédate aquí. Voy a entrar, ¿entendido?

—Sí, sí.

—Te dejo las llaves. Voy a ver si está aquí.

—¿Debería esperarte aquí?

—Sí.

Para Salvatore la familia lo era todo. ¿Qué mejor forma de encontrar una salida de este problema que tratando de unir a su familia?

23

«RUSOS MUY IMPORTANTES»

París, noviembre de 2015

En noviembre de 2015, Jack Kelly recibió una llamada desde París. La policía francesa había descubierto que Mohamad Nourredine, el líder de la célula dedicada al lavado de dinero de cocaína, tenía previsto llegar al aeropuerto Charles de Gaulle desde Beirut. Jack subió de inmediato a un avión hacia Europa y pronto se encontró sentado en la terraza exterior del Café du Trocadéro en el centro de la capital francesa, afectado por el *jet lag* y meciendo una copa de vino tinto en la fresca brisa de una tarde invernal.

Durante meses, la policía francesa y la DEA habían acumulado cientos de horas de evidencia de espías telefónicos contra Nourredine. Ahora tenían lo necesario para acusarlo. Sin embargo, tras estudiar sus patrones de viaje, sabían que Nourredine volaba a Europa solo una o dos veces al año. Mañana iba a ser su mejor, y tal vez su única, oportunidad de arrestarlo. La policía francesa coordinó con fuerzas en toda Europa para lanzar redadas simultáneas y detener a todos los transportistas de dinero en la red.

Aunque aún era relativamente temprano, antes de las nueve de la noche, Jack decidió regresar a su habitación de hotel. Pagó la cuenta y caminó hacia el hotel Renaissance Trocadéro, a pocos minutos por la Avenue Raymond Poincaré. A punto de jubilarse en un año, sabía que esta operación probablemente sería la última de gran envergadura de su carrera.

Nunca antes se había visto una cooperación tan estrecha entre la DEA y las autoridades europeas. Estados Unidos y Francia firmaron un acuerdo de colaboración judicial, lo que significaba que Jack y los demás agentes de la DEA tenían la autoridad para monitorear la evidencia de llamadas interceptadas en tiempo real, así como para trabajar en suelo francés. Unos meses antes,

Jack había dado una charla sobre el caso de lavado de dinero a oficiales de orden público de Francia, Alemania, España e Italia, así como a representantes de Europol, la agencia policial conjunta de la Unión Europea, y Eurojust, la agencia de la UE que maneja la cooperación judicial entre los estados miembros.

De regreso a la habitación en el Renaissance, Jack colocó su teléfono en modo silencio sobre la mesa lateral y se sentó en su cama a leer un libro. Su mente estaba acelerada. No podía dejar de pensar en los detalles de la investigación y en los arrestos que iban a tener lugar al día siguiente.

Era una conspiración internacional compleja y extensa, que involucraba no solo el movimiento de dinero de narcotráfico para cárteles colombianos y criminales organizados europeos, sino que también alcanzaba los rincones más oscuros de la economía global clandestina. La evidencia recopilada de los espías telefónicos mostraba que Nourredine y las personas con las que trabajaba en Beirut no solo estaban lavando dinero. También estaban trabajando en la obtención de armas para el régimen sirio en su lucha contra los rebeldes anti-Assad.

Las llamadas interceptadas ya habían demostrado que Nourredine hablaba casi a diario con Adham Tabaja, uno de los financieros más importantes de Hezbollah que se reunía seguido con los más altos niveles de liderazgo militar y político del partido. También estaba en comunicación regular con el hermano de Mustafa Badreddine.

En medio de la investigación de espías telefónicos sobre el grupo criminal de Beirut, el Departamento del Tesoro de EUA sancionó a Tabaja por mantener «vínculos directos con elementos organizativos superiores de Hezbollah, incluido el componente operativo del grupo terrorista, la Yihad Islámica». El mismo día, la policía francesa escuchó una llamada telefónica en la que Tabaja, normalmente de carácter reservado, se quejaba con Nourredine sobre las sanciones y los problemas que causarían a sus operaciones comerciales.

Pero pronto quedó claro que las llamadas de Nourredine a los asociados que trabajaban con él en la oficina de Beirut, donde coordinaba el esquema de lavado de dinero en Europa, eran tan interesantes como las que tenía con Tabaja. La DEA descubrió que Nourredine dirigía la operación de intermediación de dinero en Beirut con la ayuda de tres hombres: su cuñado, Hamdi Zahreddine; un empresario llamado Abbas Nasser; y un amigo cercano de Mohamad Nourredine llamado Mazen al-Atat. La policía francesa grabó una conversación entre Nourredine y Hassan Tarabolsi, el recaudador de dinero situado en Alemania, en la que decía: «Solo coordino con Abbas, Mazen y Hamdi».

Zahreddine, que era más de una década menor que Nourredine, se encargaba de las relaciones con los clientes y la gestión de cuentas; le transmitía instrucciones a Tarabolsi y otros en Europa sobre recolecciones de dinero. Abbas Nasser, al parecer, coordinaba una red internacional más amplia de clientes con quienes discutía recolecciones en lugares tan lejanos como México, Hong Kong, Dubái y Singapur por montos tan grandes como decenas o incluso cientos de millones de euros.

Pero el hombre que realmente llamó la atención de los investigadores fue Mazen al-Atat. Parecía tener un papel menos formal en la operación de intercambio de dinero de Nourredine, pues contestaba llamadas por él y hablaba ocasionalmente con transportistas que recolectaban efectivo en Europa. También acompañaba a Nourredine en sus viajes de negocios a menudo y le propuso lanzar varios negocios con él en Irán. Pero mientras su amigo lavaba decenas de millones de euros de tratos de cocaína europeos a lo largo de Líbano, al-Atat estaba ocupado trabajando para conseguir armas para el Gobierno sirio.

La DEA descubrió que al-Atat había estado en contacto con Alí al-Salim, quien, como jefe de la Oficina de Suministros del Ejército de la República Árabe Siria, supervisaba la adquisición de armas para el régimen de Assad durante la guerra civil. Al-Salim, sancionado por Estados Unidos, el Reino Unido y la Unión Europea por su participación en la adquisición de armas utilizadas para atacar a civiles sirios, había enviado correos electrónicos a al-Atat dándole permiso oficial para negociar acuerdos de armas en nombre de Siria con empresas de armas estatales rusas, y para asegurar los llamados certificados de usuario final que permitirían el envío de las armas a Siria.

«Mediante esta carta, le informamos que estamos en proceso de adquirir el inventario solicitado por el Sr. Mazen El-Atat [*sic*] (ciudadano de Líbano), específicamente 50 000 rondas de munición incendiaria de 100 mm para tanques T-55», escribió al-Salim a un traficante de armas ruso. La DEA vio esta correspondencia después de que un juez de magistrados estadounidense autorizara una orden judicial de registro de correo electrónico.

Al-Salim también escribió una carta en nombre de al-Atat, autorizándolo a preguntar a Belvneshpromservice, la empresa estatal bielorrusa de armas, sobre precios de lanzagranadas, rifles de francotirador y ametralladoras. Estados Unidos había sancionado a dicha empresa en 2012 por vender artículos que podrían usarse como fusibles para bombas aéreas a la Oficina de Suministros del Ejército de al-Salim. Esas bombas fueron utilizadas por el régimen sirio para atacar a poblaciones civiles en Alepo.

En otro correo electrónico, esta vez a un intermediario con sede en Viena que trabajaba con Rosoboronexport, el organismo estatal ruso de exportación de armas, al-Atat enumeró las armas que esperaba obtener. El correo electrónico solicitaba, entre otros artículos, treinta mil fusiles de asalto AK-47 y cincuenta millones de rondas de munición de 12.7 mm para ametralladoras pesadas rusas DShK de calibre grande. En una serie de mensajes de WhatsApp vistos por la DEA, un traficante de armas iraquí le dijo a al-Atat que podría suministrar rifles de francotirador SVD Dragunov, ametralladoras soviéticas PKS y cañones automáticos antiaéreos dobles soviéticos ZU-23.

Estaba claro para la DEA que al-Atat tenía múltiples contactos no solo en la industria de armas rusa, sino también entre la red élite de financieros sirios que operaban en Rusia para sostener al régimen de Assad durante la guerra civil. En su teléfono, tenía los datos de contacto de Mudalal Khuri, un banquero sirio con sede en Moscú a quien Estados Unidos había sancionado por ayudar al régimen de Assad. Khuri, según el Departamento del

Tesoro de EUA, también había intentado negociar la venta de nitrato de amonio a Damasco, un ingrediente letal utilizado en las bombas de barril arrojadas sobre la población siria.

Al-Atat había enviado confirmaciones de algunos de sus acuerdos de armas a Nourredine; un correo electrónico entre los dos mostraba un contrato para la compra de 930 ametralladoras DShK a un precio de 10 500 dólares por unidad. También había enviado listas de adquisición de armas del Gobierno iraquí a un hombre que trabajaba en una empresa bajo propiedad mayoritaria de Adham Tabaja. Ese hombre fue sancionado más tarde por el Gobierno de Estados Unidos por ser miembro de la Organización de la Yihad Islámica de Hezbollah o la Unidad 910, la unidad secreta fundada por Imad que llevaba a cabo operaciones de espionaje y terrorismo en el extranjero.

Mientras la DEA continuaba observando en secreto al grupo de lavado de dinero de Nourredine, veían evidencia de acuerdos aún más complejos y sensibles a nivel internacional que involucraban el comercio de petróleo iraní, que durante años había estado sujeto a sanciones económicas de Estados Unidos. Durante varios meses de rastrear llamadas telefónicas, el equipo de investigación francés interceptó algunas en las que los grupos discutían transacciones con personas en Rusia e Irán.

En una de las llamadas grabadas, Mazen al-Atat llamó al celular de Nourredine, y Hamdi Zahreddine contestó.

—Habla Mazen.

—Mazen. He oído este nombre antes —bromeó Hamdi.

—Ya te llamé unas tres o cuatro veces... Dime por favor que estás en Teherán. ¿O sigues en Irán?

—No, en Teherán —aclaró Hamdi.

—Ya empezaste a hablar con acento teheraní —se burló al-Atat.

—¿Qué noticias me traes? —preguntó Hamdi.

—Estoy en Moscú. Tendremos noticias pronto. Empezaron a trabajar ayer. Acabo de llegar hoy... Estamos haciendo todo lo que podemos para encontrar mercancía. Encontramos una gran cantidad de mercancía, pero las características eran diferentes de lo que pidieron. El grupo nos dice que en uno o dos días tendremos las características que necesitan.

—*Insha'Allah*... ¿Cuánto tiempo vas a quedarte allá?

—Una semana. Luego me voy a Bielorrusia.

—Todo está bien por aquí. Las cosas están mejorando.

A los investigadores no les quedó claro a qué se referían los dos hombres con la «gran cantidad de mercancía», pero, a partir de las intercepciones anteriores y el hecho de que Mazen al-Atat estaba en Moscú, parecía probable que estuvieran hablando de armas. Sin embargo, luego los dos hombres comenzaron a discutir sobre un trato de petróleo iraní.

—Los rusos están persiguiéndome por la tarifa del petróleo —le informó Mazen a Hamdi.

—¿Qué es lo que quieren?

—Quieren dos millones de barriles de crudo pesado y dos millones más de crudo ligero, y los recogerían de barco a barco en Omán.

—Te daré el precio, pero si me preguntan por el destino final, ¿qué les digo? —inquirió Hamdi.

—Diles que va a Europa —dijo Mazen.

—Necesitas decirme un país específico.

—Te juro que no me dijeron uno. Tú diles que va a Europa. Lo más importante es que los papeles digan que es de Omán.

—Okey. Veré qué puedo hacer —resolvió Hamdi.

Durante la llamada, Hamdi alejó el teléfono para bromear con alguien más en el cuarto.

—Somos Hezbollah. No te metes con nosotros —dijo, y Mazen se rio.

Antes de terminar su conversación, Mazen le recalcó a su compañero la importancia de asegurarse de que encontraran el petróleo para sus compradores rusos.

—Dios nos libre si algo sale mal, este es un asunto serio, y las personas son rusos importantes —le dijo Mazen.

Pasaron varias horas antes de que Jack, con la cabeza aún aturdida por el *jet lag* y el vino, dejara su libro y mirara su celular. Afuera podía escuchar el eco de las sirenas de la policía resonando por las calles. Vio una serie de mensajes y llamadas de sus familiares en Estados Unidos. Su preocupación inmediata era que alguien hubiera muerto o sufrido un accidente. Uno de los mensajes de texto era de su sobrina en Baton Rouge, Luisiana:

—Tío Jack, ¿estás bien?

—¿Por qué preguntas? —Jack inquirió.

—Por los ataques —escribió ella—. ¿No has visto en la televisión lo que está sucediendo?

París estaba bajo fuego. Afuera, cundía el pánico por las calles y la ciudad estaba repleta de policías. A partir de las 9:20 p. m., tres terroristas suicidas se habían hecho estallar fuera del Stade de France durante un partido de futbol internacional entre Francia y Alemania. Al mismo tiempo, en el décimo distrito, un grupo de hombres salió de un automóvil Seat León rentado y comenzó a disparar; mató a 13 e hirió a otros 10 antes de regresar al vehículo y conducir varias calles para disparar contra comensales fuera de un restaurante en la rue de la Fontaine au Roi.

Cerca del teatro Bataclan, tres hombres equipados con rifles de asalto y chalecos explosivos esperaban en un automóvil negro. Poco antes de las diez de la noche salieron del vehículo y comenzaron a disparar contra las personas que había fuera del lugar, luego irrumpieron en la sala de conciertos y dispararon a la multitud. Atrincheraron las puertas y tomaron como rehenes a los asistentes al concierto. Poco después de la medianoche, tras intentos de negociación con los atacantes, la policía francesa irrumpió en el teatro y disparó a uno de los pistoleros, cuyo chaleco explosivo detonó. El asedio terminó con otros dos pistoleros haciéndose estallar. Un total de 130 personas murieron y cientos resultaron heridas. Se descubrió que varios de los terroristas eran jóvenes yihadistas que habían regresado a Europa después de viajar para luchar en la guerra civil siria.

El país entero estaba conmocionado. Se cancelaron los vuelos de entrada y salida de Francia. Al día siguiente, Jack se enteró a través de la policía francesa de que Nourredine pospuso su viaje a París. Se revocó la operación para arrestarlo.

LIBRO TRES

24

«SU PAÍS METIÓ LA PATA»

Frontera sirio-libanesa, diciembre de 2015

En algún lugar cerca de la frontera siria, los hombres enmascarados les dijeron a los cinco checos que era momento de dejar su celda sin ventanas. Habían pasado casi cien días desde que los rehenes vieron la luz del sol por última vez, pero ahora les habían dado un rayo de esperanza.

Los secuestradores encapucharon a los rehenes, los subieron a un vehículo y los llevaron a una nueva ubicación. Ya los habían trasladado entre prisiones improvisadas varias veces, con cuidado de no mantenerlos en un solo lugar durante mucho tiempo. Pero esta vez parecía diferente. Después de llegar, los hombres enmascarados afeitaron las barbas descuidadas de los rehenes, cortaron su cabello y les dieron ropa limpia. Era como si los estuvieran preparando para liberarlos.

El Gobierno checo aún no tenía idea alguna de dónde mantenían presos a los rehenes, pero al menos confirmaron que estaban vivos. Poco después de que los cinco hombres desaparecieran en Líbano, diplomáticos y funcionarios de seguridad abrieron una línea de comunicación secreta con quienes afirmaban representar a los secuestradores. Las conversaciones avanzaban, pero seguían centradas en una única demanda inflexible: Ali Fayad, el traficante de armas arrestado en la operación encubierta de la DEA en Praga, debía ser liberado.

Para Adam, el traductor del grupo, la situación era desconcertante. Había venido a Líbano para ayudar al abogado de Ali Fayad y a dos periodistas de televisión como parte de una misión de investigación para su cliente encarcelado. De alguna manera, lo arrastraron a una crisis diplomática donde nada era lo que parecía.

Todavía no sabía quién había ordenado el secuestro ni para quién trabajaban realmente los hombres enmascarados. Sabía que eran soldados profesionales y bien entrenados, y parecían simpatizar con Hezbollah. Adam había visto tatuajes militares chiitas en algunos de sus brazos. A veces, los secuestradores hacían pequeñas insinuaciones sobre su verdadera identidad. Uno le mostró a Adam una tarjeta de identificación del ejército libanés, sugiriendo que los secuestradores estaban de alguna manera conectados al Estado, pero era imposible saber si era real.

Si el mundo exterior no sabía dónde se encontraban Adam y sus compañeros de secuestro, ellos definitivamente tampoco lo sabían. Podrían estar en Líbano, o podrían estar en Siria. Incluso las verdaderas identidades de sus compañeros de prisión no estaban claras.

Malem, el líder del secuestro, ya había revelado dramáticamente que uno de los rehenes era un agente encubierto que trabajaba para inteligencia militar checa. Con el tiempo, el agente les contó a los demás que lo habían enviado a Líbano como parte de un plan para recopilar información sobre otro ciudadano checo secuestrado, un cocinero capturado por militantes en Libia. Tal vez, pensó Adam, los secuestradores identificaron al espía como un objetivo valioso que podrían usar para presionar al Gobierno checo en el caso de Fayad; y él y los otros rehenes tan solo estaban en el lugar equivocado en el momento equivocado.

En su celda en prisión en Praga, Ali Fayad afirmaba que no era realmente el hombre que la DEA decía que era. Fayad les dijo a las autoridades checas que no era un traficante de armas terrorista, sino un espía que trabajaba para la inteligencia libanesa en busca de criminales extranjeros. Su arresto en la operación encubierta de la DEA, aseguró, no fue más que un terrible caso de identidad equivocada. Antes de que lo secuestraran, el abogado de Fayad había viajado a Líbano por instrucciones de su cliente para reunirse con un alto funcionario de inteligencia nacional. El espía libanés reconoció que el traficante de armas era su amigo, y aunque estuvo a punto de hacerlo, no confirmó que fuera un agente pagado. Y la policía checa descubrió una llamada telefónica desde la prisión entre Fayad y su hermano, discutiendo cómo informar al espía libanés.

Para Adam, nada de esto importaba. Solo quería volver a casa. Los secuestradores enmascarados les dijeron a los rehenes que las negociaciones secretas para intercambiarlos por Fayad estaban avanzando. Si todo salía según lo planeado, pronto estarían volando de regreso hacia sus seres queridos en un avión militar enviado desde Praga. Incluso los funcionarios checos comenzaron a decirles a algunas de las esposas y novias de los rehenes que pronto estarían en casa. Pero varias semanas después, el ánimo de sus captores se oscureció repentinamente. Uno de los hombres enmascarados dio la noticia:

—Su país metió la pata.

Llegaron noticias importantes desde Praga. Un tribunal checo declaró por segunda vez que Ali Fayad podía ser extraditado a Estados Unidos.

Por fin, más de un año después de su primer arresto, parecía que iban a extraditar a Ali Fayad para juzgarlo en Estados Unidos. El Gobierno checo estaba en alerta máxima. Su ministro de Relaciones Exteriores solicitó seguridad adicional para las embajadas del país en Beirut y Damasco. Pero los estadounidenses y los secuestradores sabían que el Gobierno checo aún tenía el poder de anular la decisión del tribunal si así lo deseaba. La decisión final sobre el destino de Fayad y, al parecer, el de los cinco hombres secuestrados, estaría en manos del Ministro de Justicia.

Mientras Adam esperaba noticias, ansioso en su celda, personal militar ruso inspeccionaba discretamente una pista de aterrizaje abandonada en Siria. En agosto de 2015, aviones de carga que transportaban equipos y materiales de construcción aterrizaron en la Base Aérea de Khmeimim, fuera del puerto costero sirio de Latakia. Pronto, trabajadores comenzaron a asfaltar la pista de nuevo. Surgió una nueva torre de control de aeronaves, así como unidades de vivienda y sistemas de defensa de misiles.

En cuestión de semanas, imágenes satelitales alertaron a los Gobiernos occidentales sobre la magnitud de lo que estaba sucediendo en la desolada pista de aterrizaje. Un portavoz del Pentágono anunció que los rusos parecían estar construyendo una «base de operaciones aéreas avanzada». Había aviones en vuelo y portaaviones con tanques rusos navegaban ahora desde el mar Negro hacia el Mediterráneo. Bajo las narices del mundo, Vladímir Putin se estaba preparando para lanzar el primer despliegue militar de Rusia fuera de la antigua Unión Soviética desde el final de la Guerra Fría.

El régimen de Assad estaba al borde de la derrota. Había perdido Idlib ante los rebeldes en el norte, e ISIS saqueó la ancestral ciudad desértica de Palmira. Por más que lucharon, los combatientes de Hezbollah bajo el mando de Mustafa y las fuerzas iraníes lideradas por Qasem Soleimani no lograron cambiar decisivamente la guerra a favor de Bashar al-Assad. El dictador sirio admitió por primera vez desde el inicio de la guerra que sus tropas experimentaban «contratiempos» en el campo de batalla.

Entonces comenzaron los bombardeos. Los cazas rusos utilizaron la Base Aérea de Khmeimim para lanzar miles de ataques contra los rebeldes anti-Assad. Moscú afirmaba que estaba concentrando sus ataques en los yihadistas de ISIS, pero las pruebas sobre el terreno sugerían que principalmente apuntaban a rebeldes no pertenecientes a ISIS.

A mediados de octubre, fortalecido por la intervención rusa, un ejército de combatientes iraníes y de Hezbollah inició un nuevo ataque a Alepo. Mustafa Badreddine partió a Siria jurando que regresaría victorioso o en una bolsa mortuoria. Y ahora, por primera vez desde su llegada, la victoria estaba a la vista.

PERSEGUIDO COMO UN PERRO

Calabria, enero de 2016

Eran las seis de la mañana cuando los hombres llegaron a la puerta principal de Salvatore para exigirle el dinero. Desde algunos días antes, supo que lo estaban buscando. En cuanto escuchó el timbre, corrió escaleras abajo para recibirlos.

Los problemas de Salvatore ahora lo acechaban como tiburones hambrientos en mar abierto. Hizo todo lo que estaba en su poder para intentar conseguir más efectivo y así comprar un nuevo cargamento del cártel. Era la única forma en que Salvatore podría saldar sus deudas. Pero no dio resultado. Sus acreedores estaban al acecho, y los colombianos perdían la paciencia.

Días antes, Jhon Peludo, que seguía asignado en Italia a la espera de que los italianos pusieran las cosas en orden, envió un mensaje a Jota Jota en Colombia. Su trato, informó a su jefe, no tenía progreso alguno.

«No te haré esperar más, porque creo que eso sería engañarte», escribió. «No creo que estas personas tengan más posibilidades financieras por ahora. Los acompañé a varias reuniones y volvieron con las manos vacías».

Salvatore ahora estaba sentado en la cocina de Oksana. Los hombres que lo habían buscado esa mañana, le contó a su novia, finalmente se fueron después de que razonara con ellos. Pero sabía que se le estaban agotando las opciones y el tiempo. Se vio obligado a vender parte de sus tierras agrícolas para obtener efectivo. Y si las deudas y los intereses no lo atrapaban, temía que lo hiciera la policía.

Salvatore había estado paranoico sobre la vigilancia policial durante meses. Tomó precauciones: hablaba en código por teléfono y tenía cuidado de apagarlo al viajar para evitar el rastreo electrónico. Pero hubo múltiples señales de advertencia. Estaba el dispositivo electrónico que él y Antonio descubrieron en su automóvil cuando iban a recoger a Jota Jota del aeropuerto de Milán. Y, por supuesto, estaba la incautación del envío de cocaína.

Ahora Salvatore acababa de enterarse de que un hombre al que recientemente le había cobrado dinero fue arrestado poco después. ¿Y si la policía había grabado o fotografiado su encuentro? Y para empeorar las cosas, ese hombre le debía a Salvatore cantidades significativas de dinero de algún negocio anterior, dinero que necesitaba con desesperación y que ahora podría no volver a ver. Era demasiado.

Estaba convencido de que la policía había tomado fotos de la reunión con una cámara de teleobjetivo. Si se habían llevado a aquel hombre, ¿por qué no arrestarían también a Salvatore?

—¿No vendrán tras de ti ahora? —preguntó Oksana.

—Un día me voy a matar. No puedo más... Debe de haber alguien allí vigilándonos.

—¿Quién sabe cuántas fotos tomaron? —dijo ella.

—Solo están esperando el momento oportuno… Son como perros de caza. Y sabes qué, si me atrapan, se desharán de la llave.

La necesitaba ahora, quizá más que nunca. Y Oksana estaba allí, no solo para escuchar y consolar, sino también para aconsejar. Le aconsejó con dulzura cómo debería negociar con los colombianos sobre el dinero que le debían por el cargamento perdido.

—¿Cuánto le diste? —preguntó ella con calma sobre el hombre que le debía dinero a Salvatore, incluso cuando su novio estallaba en otro arrebato. Y ella lo escuchó, sin siquiera pestañear, mientras él amenazaba con matar a toda una familia.

—Voy a ir a Milán y traerlo aquí y lo voy a matar —decía sobre uno de sus acreedores—. Estoy dispuesto a ir con todos, con su esposa, su hermana, para recuperar los 120 000 euros que perdí.

Más tarde esa noche, Oksana le dijo a Salvatore que aún podía echarse para atrás, que podía salir de una vez por todas. Podía irse de Mileto hasta que las cosas se calmaran. Todo estaría bien. Salvatore la detuvo. Si se iba, preguntó, ¿ella le sería fiel? Oksana tranquilizó a su amante: nunca lo traicionaría.

26

LA RECEPCIÓN CON CHAMPAÑA

París, enero de 2016

A finales de enero de 2016, dos meses después de los ataques terroristas en París, la policía francesa y la DEA descubrieron que Mohamad Nourredine planeaba otro viaje a la ciudad. La operación Cedro de pronto se reactivó y la policía francesa tendría que actuar rápido.

Poco después de las siete de la noche del domingo 24, Nourredine aterrizó en el aeropuerto Charles de Gaulle, acompañado de su amigo Mazen al-Atat. A las 7:45 p. m. fueron arrestados. Nourredine viajaba ligero; llevaba consigo 1 174 dólares en efectivo, un reloj Rolex y una tarjeta de crédito Mastercard Platinum. A la mañana siguiente, la policía en Alemania, Italia, los Países Bajos y Bélgica ejecutaron órdenes de arresto europeas simultáneas, allanando las casas de los transportistas de dinero Hassan Tarabolsi en Düsseldorf y Jimmy en una pequeña ciudad cerca de Milán. Mientras registraban la casa de Tarabolsi, la policía descubrió varios teléfonos celulares, tarjetas sim, una bolsa con un reloj Rolex y las llaves de su Land Rover, que tenía una réplica de pistola de gas en su interior.

Jack Kelly y sus compañeros de la DEA y de la Oficina de Aduanas y Protección Fronteriza de EUA se apresuraron a tomar vuelos a Europa. El ambiente en la embajada estadounidense en París la mañana después de los arrestos era triunfante. La operación contra Nourredine y los demás aún era secreta, pero Jack sabía que cuando se revelara, sería noticia en todo el mundo. Los jefes de la DEA comenzaron a redactar un comunicado de prensa conjunto que enviarían junto con las autoridades francesas y otras agencias de orden público nacionales que trabajaban en el caso.

Jack casi no podía creerlo. El comunicado de prensa iba a hacer público todo en lo que había estado trabajando durante años y revelaría la existencia del Proyecto Casandra. Bajo el título «La DEA y las autoridades europeas descubren un enorme esquema de drogas y lavado de dinero de Hezbollah», anunciaría que el Componente de Asuntos Comerciales de Hezbollah había estado trabajando junto a cárteles de drogas colombianos para introducir cocaína en Europa durante años y había estado utilizando las ganancias «para comprar armas para las actividades de Hezbollah en Siria».

Y aún más impresionante, la DEA iba a revelar públicamente información de inteligencia altamente clasificada de EUA sobre hasta qué punto llegaba la conspiración en la organización. El Componente de Asuntos Comerciales, decía, fue «fundado por el difunto líder *senior* de Hezbollah, Imad Mughniyeh, y actualmente opera bajo el control de Abdallah Safieddine y el recientemente nombrado Terrorista Global Especialmente Designado (SDGT) por EUA, Adham Tabaja». Nombrar a Imad Mughniyeh, el comandante militar más destacado de Hezbollah, representaba un cambio sin precedentes en las declaraciones públicas del Gobierno estadounidense sobre las conexiones del grupo terrorista con esquemas criminales internacionales. Nombrar a Abdallah Safieddine, emisario de Hezbollah en Irán, primo materno de Hassan Nasrallah y hermano de Hashem Safieddine, el segundo funcionario más poderoso del partido, era aún más incendiario. Por primera vez, una agencia policial estadounidense implicaba directamente a familiares del líder de Hezbollah en actividades criminales.

Con los estadounidenses ahora en París, la embajada de Estados Unidos comenzó los preparativos para una conferencia de prensa conjunta con las autoridades francesas. Para Jack, esto era lo que había estado esperando durante años. Y todo se hizo en colaboración con los franceses, Europol y otros países europeos. Era el caso más importante de la carrera de Jack. Pensó en los escépticos en las agencias estadounidenses, en la resistencia que enfrentó en Florida y en los analistas de inteligencia que dudaron de él durante años. Al fin, después de toda la sangre, sudor y lágrimas que invirtió en sus investigaciones, se demostraría que tenía razón.

En la noche de los arrestos, Jack y los demás de la DEA y la embajada estadounidense fueron invitados a una recepción con champaña en el Ministerio de Justicia para celebrar su éxito conjunto. Jack, como de costumbre, tenía *jet lag*, pero el ambiente era electrizante. Los jueces franceses intercambiaban amabilidades con los estadounidenses, y el Capitán Quentin Mugg y su equipo de la unidad contra el lavado de dinero estaban de excelente humor. Pero mientras tomaban champaña, el ambiente dentro del salón cambió. La principal funcionaria francesa que había organizado la recepción no apareció. Jack y los demás estadounidenses comenzaron a preguntar dónde estaba. Hubo complicaciones dentro del Gobierno, explicó un funcionario.

A la mañana siguiente, Jack recibió una llamada de un compañero. Le dijeron que la conferencia de prensa se había cancelado. La oficina del presidente francés dijo que el anuncio no podía hacerse; tal vez en unos meses, pero no ahora. La embajada de Estados Unidos, donde se habían reunido algunos de los principales jefes de la DEA, aún quería que Jack se presentara esa mañana.

La cabeza de Jack empezó a dar vueltas. Tenían que emitir un comunicado conjunto para mostrar una acción coordinada a nivel internacional. Iba a ser la culminación de su década de trabajo en la División de Operaciones Especiales. Pero ahora todo el asunto estaba en la cuerda floja.

—Podemos intentar arreglar esto —dijo su compañero.

—No voy a ir —respondió Jack—. Esto está terminado. Ellos están terminados. ¿Para qué voy a ir? ¿Para tener una serie de llamadas? A la mierda. Esto ya se acabó.

Jack no soportaba la idea de moverse. En el bar del hotel, comenzó a sentir el latido de una migraña en su cabeza. Había una televisión sobre él. Todavía era media mañana, pero pidió una copa de vino tinto. Miró la televisión. El presidente francés François Hollande recibía al presidente iraní Hassan Rouhani en el Palacio del Elíseo.

Rouhani había llegado a París el día anterior como parte de la primera visita a Europa de un presidente iraní en casi veinte años. El viaje era parte de un reinicio en las relaciones entre Irán y Occidente como resultado del acuerdo nuclear que se había alcanzado entre Teherán y Estados Unidos, Francia, Reino Unido, Alemania, Rusia y China. Dos semanas antes, diplomáticos en Viena habían permitido que se levantaran formalmente las agobiantes sanciones internacionales contra Irán.

El acuerdo nuclear con Irán fue aclamado por ambas partes como un hito en la diplomacia. Rouhani celebró lo que llamó una «victoria gloriosa». Por primera vez en décadas, Irán iba a volver a vincularse con la economía global. Teherán ya había anunciado planes para comprar 118 aviones de Airbus para reemplazar su deteriorada flota de aviones comerciales en un acuerdo valorado en 25 000 millones de euros.

Jack se dio cuenta de que el momento de los arrestos no podía haber sido peor. Mientras Rouhani estaba en París, no había manera de que el Gobierno francés anunciara una importante investigación criminal que involucrara a Hezbollah. Eso habría detonado en un incidente diplomático muy vergonzoso. El plan para la conferencia de prensa había estado condenado desde el momento en que se hicieron los arrestos en el aeropuerto. La euforia que Jack había sentido la noche anterior se evaporó en la mañana parisina. La política y la burocracia habían ganado de nuevo. ¿En verdad debía sorprenderse?

Al menos había una buena noticia: la sensibilidad francesa en torno a la visita de Rouhani no impediría que los estadounidenses hicieran pública la operación. En Washington, el Departamento del Tesoro de EUA había estado trabajando en sanciones contra Nourredine, que lo designarían como un financiero vinculado a Hezbollah. El 28 de enero, el mismo día en que Rouhani se reunía con líderes empresariales franceses en París y se firmaba el acuerdo con Airbus, y cuatro días después de que Nourredine fuera arrestado en el aeropuerto Charles de Gaulle, el Departamento del Tesoro de EUA emitió el anuncio.

Decía que «tenían en la mira la red de apoyo financiero de Hezbollah al designar a los lavadores de dinero afiliados a

Hezbollah, Mohamad Nourredine y Hamdi Zaher El Dine», por «proporcionar servicios financieros a favor de Hezbollah, que ha sido designada durante mucho tiempo por Estados Unidos como una organización terrorista».

Luego, la DEA emitió su propio comunicado de prensa, anunciando que «trabajando en estrecha cercanía con contrapartes extranjeras en Francia, Alemania, Italia y Bélgica», había arrestado a «altos líderes del grupo europeo de la Organización de Seguridad Externa Libanesa BAC de Hezbollah la semana pasada». Jack Riley, el subadministrador interino de la DEA, quien había liderado la operación para capturar al notorio narcotraficante mexicano Joaquín *el Chapo* Guzmán, le dijo al mundo que los arrestos descubrieron «un flujo de ingresos y armas para una organización terrorista internacional responsable de devastadores ataques terroristas en todo el mundo».

Nourredine, Mazen al-Atat y los demás miembros de la célula de lavado de dinero estaban ahora bajo custodia, interrogados por la policía francesa y los agentes de la DEA. La operación había concluido. Según la mayoría de las medidas, fue un gran éxito. Jack debería haberse sentido eufórico. En cambio, estaba agotado y furioso. Y luego se enteró de las noticias sobre Ali Fayad.

Al mismo tiempo, aunque los agentes de la DEA que trabajaban en la operación en París no tenían la menor idea, los cinco rehenes checos eran empujados al interior de una camioneta. Después de conducir por un rato, el vehículo se detuvo, los dejó y se alejó deprisa. De pronto se encontraban mirando a la distancia una especie de mina al final de la colina.

Adam comenzó a caminar cuesta abajo. Necesitaba encontrar un teléfono. Al fin sabía dónde estaba. Los secuestradores le habían dicho que estaban en Líbano y que se comunicara con la Dirección de Seguridad General Libanesa, quienes esperarían su llamada y los recogerían. Pero tan pronto como los arrojaron en la carretera, algunos de los rehenes checos, confundidos y traumatizados, comenzaron a entrar en pánico, a correr y deslizarse colina abajo con temor de ser secuestrados otra vez.

Adam llegó a la mina y comenzó a gritar pidiendo ayuda. Un trabajador se acercó a toda velocidad y le preguntó:

—¿Qué carajos te pasó?

Varios días después, en cuanto los funcionarios de seguridad libaneses y diplomáticos checos en Beirut los interrogaron, colocaron a Adam y a los demás en un avión con destino Praga. Por fin, después de doscientos días en cautiverio, eran libres, y resultó que también lo era Ali Fayad. El intento de Estados Unidos de extraditar al traficante de armas había fracasado. El Gobierno checo negoció en secreto la liberación de Fayad a cambio de los cinco rehenes. La embajada estadounidense en Praga estaba indignada, afirmaba que no había «justificación» para la liberación de Fayad y que la decisión checa solo «alentaría a grupos criminales y terroristas por todo el mundo».

Comenzó el tira y afloja. El ministro de Defensa checo dio una entrevista en la que al principio reconoció que habían intercambiado a Fayad por los cinco rehenes. Luego, el ministro de Relaciones Exteriores del país volvió a la línea oficial del Gobierno, declaró que no negociaban con terroristas y sugirió que la liberación simultánea de Fayad y los cinco rehenes fue una mera coincidencia.

Después de que los rehenes regresaron a salvo a casa, el oficial de inteligencia militar checo que había sido desenmascarado en Líbano recibió un mensaje de texto: «Hola, ¿cómo estás, mi amigo? Te extrañamos». Estaba firmado como «malem».

Al caminar por las calles de París, Jack sabía que todo había terminado. El Proyecto Casandra, la operación a la que le dedicó una década de su vida y que supuestamente haría evidente cómo los criminales que se escondían en lo profundo de un mundo sin ley podían estar vinculados y que llevaría a la justicia a sus perpetradores había acabado.

No mucho después del desastre de la conferencia de prensa, Jack recibió un correo electrónico de la oficina del jefe de operaciones de la DEA. Supo de inmediato que era importante. Esta era una de las personas con mayor rango de toda la organización. El correo electrónico anunciaba que su tiempo en la División de Operaciones Especiales había terminado. Lo trasladarían a un puesto en las oficinas centrales.

27

«UN ESTADO Y CONDICIÓN DE MUERTE»

Aeropuerto de Damasco, mayo de 2016

Durante las primeras horas del viernes 13 de mayo de 2016, la esposa de Iain Edwards lo despertó mientras tomaba una siesta en la sala de maternidad en La Haya.

—Iain —lo llamó ella sosteniendo su celular en la mano—. Creo que deberías ver esto...

Hubo una enorme explosión en Damasco. La notificación de noticias decía: «Alto comandante de Hezbollah asesinado en Siria». Edwards comenzó a examinar la historia. Había un comunicado de Hezbollah: «La investigación inicial muestra que una gran explosión apuntó a uno de nuestros centros cerca del Aeropuerto Internacional de Damasco y provocó el martirio del comandante Mustafa Badreddine». Parecía que no había mucha más información disponible.

Mustafa había logrado sobrevivir en las sombras durante treinta años. Pero esa noche, su suerte finalmente se agotó. El hombre al que Edwards había dedicado los últimos cuatro años de su vida en defender, un hombre a quien nunca había conocido, estaba muerto.

El cadáver de Mustafa fue trasladado de Damasco a Beirut. Al igual que después de la muerte de su primo Imad, la existencia de un hombre que había vivido como un espectro borroso durante toda su vida adulta de pronto apareció tan claro como el agua. Al instante, Al Manar, la división mediática de Hezbollah, publicó una serie de elogios en los que afirmaba que aquel hombre fue uno de los más grandiosos agentes militares del movimiento y, según dijo, el «compañero en la yihad» de Imad Mughniyeh durante toda la vida.

Hombres solemnes que lucían barbas, boinas militares verdes y camuflaje llevaron el ataúd de Mustafa, envuelto en la brillante bandera amarilla de Hezbollah, por las calles de Beirut mientras una banda fúnebre tocaba y mujeres con velos negros arrojaban confeti desde sus balcones. Algunos dolientes se apresuraron a tocar el ataúd a medida que pasaba, mientras otros golpeaban el aire en respuesta a los cánticos marciales amplificados por megáfonos.

Espías e investigadores habían intentado rastrear fotos de Mustafa durante décadas. Ahora, su rostro sonriente aparecía por todo el sur de Beirut. Dolientes llevaban grandes impresiones a color del difunto, con gafas y vestido con uniforme de camuflaje.

Alrededor del ataúd de Mustafa estaban su familia doliente y un grupo de las figuras más importantes de Hezbollah. Wafiq Safa, uno de sus principales funcionarios de seguridad, estaba allí, al igual que Hashem Safieddine, un miembro poderoso del consejo ejecutivo y hermano de Abdallah Safieddine, el emisario en Teherán del grupo nombrado en los arrestos de la DEA en París tres meses antes. El hijo de Mustafa, Ali, estaba acompañado por sus afligidos tíos, incluyendo al hermano mayor de Mustafa, Mohamed. La DEA sabía que él había estado en contacto regular con Mohamad Nourredine, el lavador de dinero de cocaína que languidecía en una celda de prisión en París y a quien el Gobierno de Estados Unidos había sancionado como financiero de Hezbollah.

El embajador de Siria en Líbano envió condolencias en nombre de Bashar al-Assad, prediciendo que «este gran martirio es un anuncio de la victoria, si Dios quiere, una victoria que está por venir». Esa noche, el ataúd de Mustafa fue enterrado junto a Imad en el cementerio Rawdat al-Shahidayn de Hezbollah.

—Como es habitual, cuando hablamos de mártires durante su vida, casi siempre usamos sus nombres de yihadistas —señaló Hassan Nasrallah en un discurso conmemorativo—. Por ejemplo, decimos «Sayyed Zuylfiqar» [nombre de guerra de Mustafa], «El-Hajj Radwan» [nombre de guerra de Imad], etcétera. Pero después de su martirio, casi siempre volvemos a usar sus nombres reales. Así que decimos: Sayyed Mustafa, El-Haj Imad. Por este motivo, ahora usaré este nombre: Sayyed Mustafa.

Los secretos que alguna vez fueron celosamente guardados, se estaban revelando. Mustafa, indicó Nasrallah, fue uno de los «primeros hombres de esta resistencia»; resultó gravemente herido luchando a principios de la década de 1980 y quedó con cicatrices en su cuerpo y una de sus piernas, lo que dificultó su capacidad para caminar por el resto de su vida. Nasrallah habló de las operaciones militares secretas en las que Mustafa trabajó con Imad, los ataques que ideó contra Israel y los espías que capturó operando dentro de Líbano después de la guerra de 2006.

Cuando estalló el conflicto en Siria, agregó Nasrallah, «Sayyed Mustafa estuvo a cargo de liderar y comandar las unidades militares y de seguridad de Hezbollah dentro de los territorios sirios». Nunca quiso que Mustafa fuera a Siria, confesó, sabiendo que era un riesgo peligroso para el comandante. Pero Mustafa insistió. Ahora, al igual que su primo Imad siete años antes, Mustafa había encontrado su fin en Damasco.

Mientras tanto, en el tribunal de la ONU en Leidschendam, los jueces y equipos legales reunidos ahí comenzaron una asamblea de emergencia. Un hombre muerto no podía permanecer en juicio. Todos en la corte sabían que si Mustafa había muerto, entonces el caso en su contra por el asesinato de Rafic Hariri tendría que cerrarse para siempre.

Era una paradoja. Si Mustafa fue asesinado en el aeropuerto de Damasco, entonces el caso en su contra terminaría. Pero la avalancha de información liberada desde su muerte, sus crímenes, sus secretos, significaba que la prueba de su culpabilidad era más fuerte que nunca.

La fiscalía necesitaba mantener abierto el caso. Y así comenzaron a preguntarse: ¿podría demostrarse más allá de toda duda razonable la muerte de Mustafa en Damasco? Estaban tratando con un maestro terrorista, un maestro del disfraz y el engaño, un «espectro imposible de rastrear». Nada se había verificado de manera independiente. Hezbollah había tomado el control total de la investigación sobre la muerte de Mustafa, el traslado de sus restos y su entierro. El tribunal vio los anuncios en los medios, el desfile fúnebre, los familiares afligidos y los discursos que elogiaban sus operaciones militares. Pero no vieron un certificado de defunción y, en definitiva, no vieron un cadáver.

Sami Issa, el misterioso joyero casanova cuyos teléfonos celulares se usaron para coordinar el asesinato, había sido durante mucho tiempo una parte crítica del caso de la fiscalía. Argumentaban que la evidencia mostraba que Sami Issa siempre había sido una identidad utilizada por Mustafa para llevar a cabo el asesinato. La defensa contraatacó diciendo que era imposible que cualquiera de los testigos que había conocido a Issa pudiera vincularlo de manera definitiva con su cliente. Las únicas imágenes que podían usar para comparar a los dos hombres tenían décadas de antigüedad o eran fotos cuestionables filtradas al dominio público por el sitio web Terror Control.

Pero ahora Hezbollah confirmó por primera vez que Mustafa era un comandante militar de alto rango en Siria, con la experiencia adquirida tras décadas de operaciones; también publicó imágenes actualizadas de él sonriendo en uniforme de camuflaje militar en su puesto de mando. La acusación tenía ocho testigos presenciales para confirmar que las nuevas imágenes de Mustafa mostraban que Sami Issa y él eran la misma persona. Y sin un cadáver, aún podía estar ahí fuera.

—¿Hay alguna evidencia, aparte de la que proviene directo de Hezbollah, de que el señor Badreddine está realmente muerto? —preguntó David Re, el juez presidente australiano, en la primera audiencia.

Graeme Cameron, un abogado canadiense que actuaba en representación del acusado, dijo que no la había.

—Todo lo que puedo hacer en este procedimiento es presentar todas las pruebas que tengo, que son consistentes con la muerte —explicó—. En realidad depende de ustedes decidir si están satisfechos.

Janet Nosworthy, otra jueza en el estrado, no se sentía cómoda. Informó que aún no había evidencia de «un cuerpo [que] fuera visto en un estado y condición de muerte». Un funeral por sí solo no sería suficiente.

—No estoy segura de que realmente se pueda decir que, porque hubo una ceremonia de condolencias, y porque, en conformidad con esa ceremonia de condolencias, hubo una procesión... que se pueda llegar al tipo de conclusión que se está buscando.

Peter Haynes, un abogado británico que representaba a las familias de los otros 21 fallecidos en el atentado del camión bomba en Beirut, le dijo al tribunal que sus clientes querían pruebas irrefutables de que Mustafa de verdad estaba muerto antes de poder aceptar el cierre del caso. Al menos necesitaban pruebas de ADN o un certificado de defunción antes de estar satisfechos.

—Es nuestro alegato, en verdad, que un certificado de defunción es un requisito mínimo —señaló.

El juez David Re luego le preguntó a Haynes sobre los familiares afligidos de Mustafa, que fueron grabados en el funeral. ¿Realmente podrían estar fingiéndolo? ¿O los habían engañado?

—¿Está sugiriendo que podrían haber sido engañados, y llevados a creer que el señor Badreddine estaba muerto, en ausencia de alguna prueba real de que está muerto?

Haynes señaló que las imágenes de los hermanos afligidos de Mustafa no eran suficiente; necesitaban el certificado de defunción.

—Si hubiera evidencia directa de la persona que expresa ese dolor al ver el cuerpo de Mustafa Badreddine, eso sería algo completamente diferente. Pero una simple fotografía fija de alguien que parece afligido en el funeral de su hermano no es la prueba más contundente, con el mayor respeto —aseguró.

Mientras los abogados en el tribunal de la ONU discutían, en otros lugares comenzaban a surgir preguntas sobre la explosión que se suponía que había matado a Mustafa.

En la noche de la explosión, el Aeropuerto Internacional de Damasco estaba bajo el control absoluto del régimen sirio.

Hezbollah no atribuyó de inmediato la explosión a nadie, pero dijo que estaba llevando a cabo una investigación para saber «si es el resultado de un ataque aéreo, un cohete o un ataque de artillería. Pronto daremos a conocer más resultados de la investigación».

Una cadena de televisión libanesa pro-Hezbollah atribuyó inicialmente el ataque a Israel, pero de inmediato retiró el artículo de su sitio web. El Gobierno de Estados Unidos pronto confirmó que no había aviones de la coalición volando en la zona y señaló que no pudo verificar los informes de la muerte de Mustafa.

El día posterior al funeral, Hezbollah emitió otra declaración en la que atribuía el ataque de Damasco a los «Takfiris» (rebeldes yihadistas en Siria), pero no proporcionó más detalles. Se creía que las posiciones rebeldes más cercanas en la noche de la explosión estaban a siete kilómetros, una distancia que habría requerido armas que no poseían, una inmensa suerte o una inteligencia devastadoramente precisa para eliminar a alguien con tanta precisión. No había información que sugiriera que alguien más murió en la explosión. Ninguno de los grupos yihadistas ni otros rebeldes que operaban alrededor de Damasco se atribuyó el crédito por el ataque que mató a uno de los comandantes más importantes de su enemigo.

Ese mismo día, el Observatorio Sirio para los Derechos Humanos, un grupo de monitoreo de la oposición con sede en el Reino Unido, publicó un comunicado en el que afirmaba que lo habían «informado fuentes confiables» entre los grupos rebeldes cercanos a la zona de que no se habían lanzado misiles o cohetes al aeropuerto de Damasco en los días cercanos a la muerte de Mustafa. «No hay verdad en lo que publicó Hezbollah sobre el asesinato de su comandante militar en Siria», decía.

Un informe publicado por Al Arabiya, un grupo mediático propiedad de Arabia Saudita y hostil a Hezbollah, afirmaba que las imágenes aéreas no mostraban daño alguno en el edificio que se suponía que había recibido el impacto. El informe citaba a testigos que decían haber escuchado disparos esa noche, no una explosión. El informe concluía que Mustafa no había muerto en un ataque con artillería rebelde. Le habían disparado.

Luego, el jefe de gabinete del ejército israelí, el teniente general Gadi Eisenkot, tomó la inusual decisión de comentar públicamente sobre las circunstancias que rodearon la muerte de Mustafa. Después de asesinatos selectivos anteriores de líderes de Hezbollah atribuidos a Israel, incluida la bomba que mató a Imad en Damasco, el país tenía la política de nunca confirmar ni negar su participación. Esta vez fue diferente. Eisenkot dijo que los informes de los medios árabes «correspondían con la información que tenemos y con nuestra evaluación». Mustafa no murió por la explosión de una bomba rebelde: fue asesinado por su propio bando. Eisenkot afirmó que era evidencia de «una crisis interna sobre el motivo por el que están luchando, una crisis económica y una crisis de liderazgo».

La inteligencia israelí siempre había considerado a Mustafa como un hombre colérico y mujeriego. Pero quizá también tenía sus principios. La batalla que había estado librando en Siria había costado muchas vidas. Los chiitas libaneses que habían apoyado con fervor a Hezbollah ahora veían regresar a sus hijos en bolsas para cadáveres; no porque hubieran estado combatiendo a Israel, el propósito fundacional del grupo, sino porque habían sido utilizados como carne de cañón para apuntalar a un dictador.

Según esta versión, Mustafa había estado en creciente conflicto con Qasem Soleimani sobre la dirección estratégica de la guerra en Siria. Se había reunido con el general iraní para tratar de resolver sus diferencias.

Soleimani no era solo un aliado: era un amigo de la familia. Había convivido con Saada y había circulado en motocicletas con Imad durante la guerra de 2006. Después de que Jihad Mughniyeh, el hijo de Imad y sobrino de Mustafa, fuera asesinado a sus 23 años por un ataque de dron israelí cerca de los Altos del Golán, Soleimani leyó el Corán junto a la tumba del joven en una ceremonia a la medianoche. Luego se unió al luto familiar en casa del padre de Mustafa.

Después de muchos años de lucha, se decía que Mustafa estaba enojado por la gran cantidad de bajas que habían sufrido sus hombres y quería reducir su presencia en Siria. Soleimani se negó, exigiendo que los hombres de Hezbollah bajo el control de Mustafa permanecieran en la primera línea. Esa noche tomaron té y discutieron el asunto. Luego Soleimani salió de la habitación. Sus guardaespaldas sacaron sus pistolas y, a corta distancia, le dispararon a Mustafa.

Era una historia de traición contada por los enemigos más amargos de Mustafa y, como gran parte de su enigmática vida, era imposible de verificar.

Sami Issa, su antiguo alias, había escrito en su solicitud a la Universidad Libanesa Americana sobre su deseo de «comprender a profundidad las dinámicas y las reglas que controlan el mundo político, y ser capaz de planificar ante los cambios». El mundo en el que se encontraba el envejecido Mustafa se había vuelto irreconocible. Él era un guerrero analógico en una era digital, un vestigio de un tiempo en el que era fácil falsificar pasaportes y la vigilancia electrónica era limitada. Vivía a través de secretos en nombre de la piedad, pero su decadencia y promiscuidad se habían revelado en un tribunal internacional para que el mundo lo viera. Y tal vez, para su propio bando, se había convertido en un problema.

De vuelta en el tribunal de la ONU, después de varias semanas de debate, el asunto por fin se resolvió. Iain Edwards y los otros abogados de Mustafa regresaron con un certificado de defunción libanés firmado por dos personas cuyas identidades redactó el tribunal. La defensa dijo que «declara respetuosamente que estos dos testigos son lo suficientemente cercanos al señor Badreddine como para proporcionar evidencia convincente y confiable de su identificación *post mortem*». El tribunal no tuvo más remedio que estar satisfecho. Sin importar cómo sucedió exactamente y quién apretó el gatillo, Mustafa estaba muerto.

28

SIN MÁS OPCIONES

Calabria, 2016

Salvatore y Oksana estaban en la cocina de ella. Apenas habían pasado las nueve de la noche y la televisión estaba encendida. Él estaba agitado. Ella sabía que su amante estaba hasta el cuello en problemas y que cada vez que se iba, podía ser que nunca lo volviera a ver. En las horas oscuras y solitarias de la noche, solía recostarse en su cama y rezar por él, rogándole a Dios que protegiera a su amante adonde sea que fuera.

—Hoy me quedé dormida mientras rezaba —dijo ella.

—Tienes que dejar de hacerlo. Siempre me lo echas en cara.

—No te lo echo en cara. Rezo cada vez que te vas. Si no quieres creerme entonces no me creas.

Al parecer, Salvatore les debía dinero a todos y se le estaban agotando los amigos. Había robado, asesinado y vivido lejos de la ley durante toda su vida adulta, trabajando en un sistema que ordenaba el mundo a su alrededor. Pero esa noche, sentado en la cocina de Oksana, el sistema ya no lo protegía. Nada podía ayudarlo ahora, ni su primo ni los poderosos jefes que presidían por encima de todos ellos. De no ser por Oksana, estaría solo.

Unos días más tarde, Oksana estaba preparando la cena para Salvatore. Él estaba evidentemente estresado por algo.

—Ya no puedo más... Tengo que irme de nuevo mañana.

—¿Tienes que irte mañana por la noche? —preguntó ella.

—Mañana.

—¿Pero adónde tienes que ir?

—Albania.

Oksana sabía muy bien lo peligroso que sería un viaje como ese.

—Tienes que estar bromeando. No tienes que ir.

Salvatore se había esforzado por afianzar varios tratos de drogas en un intento por recuperar el dinero que perdió. Sin embargo, ninguno de ellos estaba saliendo bien. Uno implicaba recibir un gran cargamento de marihuana de un grupo de gánsteres albaneses y luego pagarles una vez que Salvatore y sus socios más experimentados la hubieran vendido en Italia. Pero los colaboradores de Salvatore no lograron encontrar comprador. Y ahora, el jefe albanés quería el dinero. Tanto Oksana como Salvatore sabían que, si iba a Albania, había un riesgo de que nunca regresara.

—No tienes que ir —le imploró de nuevo.

—¿Porque me matarán?

Odiaba que él dijera eso.

—¿Qué carajo? ¿Por qué no le pones un alto a esto?

Salvatore trató de calmarla. Le dijo que le pediría a Antonio que la cuidara mientras él no estaba. Pero esto no logró apaciguar los nervios de Oksana.

—Eso no me ayuda en nada... ¡Estoy lista para dejarte! Te dije que no tienes que ir, pero no por mí... Todos se cuidan las espaldas menos tú. Te lo digo por tu propio bien. Ve adonde quieras y haz lo que te plazca, ¡pero te aseguro que no me encontrarás cuando regreses!

Oksana intentaba utilizar la diminuta influencia que tenía para hacerlo cambiar de idea, pero Salvatore no parecía tomar en serio sus amenazas. En lugar de eso, una vez más comenzó a enumerar con resignación cansada los motivos por los que no tenía más opción que irse.

—Espero que te enfermes, así luego no podrás levantarte de la cama y no podrás ir —masculló en lo que probablemente era una broma a medias.

—Lo siento, pero no te importa si me pasa algo —respondió él. En la mente de Salvatore, a Oksana no le preocupaba que estuviera a salvo, tan solo le preocupaba lo que significaría para su bienestar financiero si él no regresara de Albania—. Lo importante para ti es que no le pase nada a la persona que quieres que te provea un futuro.

Era inútil. Después de discutir durante casi una hora, Oksana se resignó al hecho de que Salvatore se iría al día siguiente, sin importar lo que ella dijera o hiciera. Lo único que podía hacer era decirle lo preocupada que estaba y lamentar su terquedad.

—Pero ¿cómo puedo estar tranquila si no sé dónde estás ni qué haces?

—Tengo que resolver un problema. Regresaré de inmediato si no me retienen allí.

A la mañana siguiente, Salvatore viajó a Bari, en la costa adriática de Italia, y desde allí tomó un *ferry* a Albania. Llegó solo al puerto, únicamente con un número de teléfono al que le habían dicho que llamara, y sin idea de adónde tenía que ir. Hizo señas a un taxi y luchó por explicarle al conductor que necesitaba llamar al número para averiguar la dirección.

Salvatore estaba nervioso. En cuanto llegara, tendría que disculparse por los pagos no realizados y contarles a los albaneses lo avergonzado que estaba por lo sucedido. Se sentó en un sillón con el jefe, una figura intimidante incluso para un hombre como Salvatore. Notó que el albanés tenía una bolsa en su regazo que contenía una pistola, así como múltiples celulares, todos del mismo modelo.

Para alivio de Salvatore, al albanés le alegró que hubiera venido a explicar el pago faltante.

—Tranquilo, estás en casa aquí —tranquilizó al italiano. Esto no significaba que el jefe no estuviera molesto; pero no iba a derramar sangre por el malentendido, al menos no por ahora.

—No esperaba esto de ti —le confesó a Salvatore, decepcionado. Pero culpó a los socios comerciales de Salvatore, no a él.

Salvatore más tarde le contó a Oksana las palabras del albanés:

—Sé que no tuviste nada que ver. Deberías decirle a tu socio que él debió haber venido aquí a hablar conmigo en tu lugar. Pero me alegra que estés aquí.

El albanés confiaba en que Salvatore resolvería el problema, pero le pidió que en el futuro hablara directo con él y eliminara a sus socios comerciales poco confiables.

—Me dijo: «Salvatore, sabes lo que te digo... no eres ni un ladrón ni un estafador, pero tienes que escuchar mi consejo. Tu socio te trata como un juguete... y por eso lo siento. Tienes que hacer algo para el futuro. Puedes venir aquí cuando quieras, y negociamos directamente».

Dicho eso, el albanés compró el boleto de regreso de Salvatore a Italia y uno de sus hombres lo acompañó al puerto. Salvatore había logrado resolver el problema en Albania, por ahora, pero aún no tenía un ingreso de dinero y las enormes deudas seguían acumulándose.

A medida que pasaban los días, Salvatore dedicaba horas enteras a compartir sus problemas con Oksana. Ella lo escuchaba mientras él ensayaba las frases que iba a usar con sus acreedores. A Salvatore le parecía que su situación era injusta. Al revisar sus cuentas, que mantenía en trozos de papel, pudo ver cuánto trabajo había invertido para que los demás ganaran dinero.

—¿Sabes cuánto dinero te traje? —preguntó a un socio comercial imaginario—. Lo escribí todo y quemé los papeles el otro día. ¡DOS MILLONES OCHOCIENTOS MIL euros! Voy a decirle eso —le contó a Oksana—, ¡en menos de dos años!

Durante sus largas conversaciones, Salvatore oscilaba entre la ira y la desolación. Oksana no podía consolarlo. Salvatore sabía que la posibilidad de recibir un nuevo cargamento desde Colombia era casi cero. Jhon Peludo se había ido hace tiempo. El sueño había muerto.

En los últimos meses de la estadía de Jhon con ellos en Calabria, todos estaban sentados juntos en el departamento de Oksana. Salvatore se abalanzó sobre Jhon e intentó estrangularlo. En ese momento, Salvatore creía que solo uno de ellos sobreviviría: o mataría a Jhon con sus propias manos, o el colombiano lo mataría.

—¿Qué carajo estás haciendo? —gritó Oksana—. Váyanse cada uno a su casa y mátense donde quieran. ¡Este es mi hogar!

Eventualmente, Antonio logró separarlos. Pero, mientras Salvatore seguía luchando por su supervivencia, la amargura prevalecía. Oksana llegó a sentir lo mismo.

—Primero vino el Coronel, y después el filósofo idiota —se quejó Oksana, refiriéndose a Jhon. Comenzó a imitar las líneas que él le decía a Salvatore sobre la fortuna que le esperaba:

—«Confía en mí, amigo mío, ¡te harás rico rico!». Pero él enviaba el dinero a casa y aquí comía como un cerdo. Yo le lavaba y planchaba todo.

—Le compré gasolina, le compré pasta, puse carne en el refrigerador, le compré pasteles... —añadió Salvatore.

—Ni me hables de eso —dijo Oksana.

—Aquí está todo —continuó Salvatore, recordando la hospitalidad que les había brindado a los colombianos como si fuera hotelero—. Aquí está tu cama, aquí está el baño...

Comenzó a fantasear sobre lo que haría si volviera a ver a Jhon.

—Sacaré mi pistola y en el momento en que empiece a hablar esa misma noche le dispararé. —Ideó Salvatore—. Ya sabes lo que quiere hacer: quiere regresar para pedir dinero de nuevo.

—No debes preocuparte por eso —contestó ella—. No le des nada más. Y si empieza a hablar de mí... se esfumó.

¿Oksana estaba aconsejándole a Salvatore que asesinara a Jhon? Era difícil asegurarlo.

La broma más cruel, a los ojos de Salvatore, fue que descubrió que el Coronel, el garante idiota que los colombianos habían enviado a Italia al principio de todo el asunto, el hombre que casi arruinó todo antes de que comenzara, seguía vivo. Jhon y Jota Jota les aseguraron a los italianos que el Coronel pagaría por su incompetencia: lo «llevarían a las montañas». Pero mintieron.

—Si ese Jhon hijo de puta vuelve aquí, lo primero que quiero saber de él es ¿por qué me dijiste que el Coronel está muerto?

Quizá quejarse de los colombianos hacía que Salvatore se sintiera mejor. Pero la ira se convertía en desesperación. Era un asesino, un gánster despiadado y sin corazón, pero en ese momento estaba vulnerable. Oksana podía ver que, por más enojado que estuviera con los colombianos, estaba creciendo en él la aceptación de que su destino estaba sellado. Salvatore estaba arruinado.

—Te lo digo, y no es una broma, no me quedan más opciones. En serio, no me quedan —le confesó a ella.

A casi diez mil kilómetros de distancia, a las dos de la mañana del 16 de mayo de 2016, comandos de la policía colombiana, apoyados por dos helicópteros Black Hawk, hicieron una redada en la plantación de plátanos en las afueras de Turbo.

Después de arrestar a tres personas, la policía descubrió dentro de una cabaña de madera la entrada a un búnker cubierto con una capa de cemento. Cuando rompieron el sello, percibieron un fuerte olor a químicos. En su interior encontraron 359 lonas blancas que contenían más de nueve toneladas de cocaína.

Esta era la cocaína que Jota Jota, Jhon Peludo y el Coronel habían estado tratando de vender a los italianos, la cocaína con la que Salvatore soñaba convertirse en millonario. Ahora los paquetes estaban alineados uno junto al otro en el suelo hasta donde alcanzaba la vista.

Más tarde esa noche, Juan Manuel Santos, presidente de Colombia, felicitó a la policía a través de Twitter, anunciando el decomiso como el más grande en la historia de su país, estimado en 250 millones de dólares.

Tres meses antes de la redada, un agente de la Policía Nacional de Colombia se infiltró haciéndose pasar por un jornalero en busca de trabajo en la plantación de plátanos. Comenzó a recopilar información discretamente y salía del recinto para dejar mensajes codificados a sus compañeros en lugares preestablecidos de la ciudad cercana.

El agente descubrió que la plantación de plátanos era conocida en la zona por los salarios más altos que pagaba, destinados a mantener callados a sus empleados. Y mantenerse callado era sabio. Los trabajadores sabían que estaban trabajando para personas que no dudarían en ordenar su asesinato. Pronto, el agente observó cómo llegaban camiones a la mitad de la noche, los cuales traían alimentos para los trabajadores y también cientos de kilogramos de cocaína camuflada.

A medida que el agente continuaba hablando con los demás jornaleros, descubrió que las drogas escondidas le pertenecían a Gavilán, el segundo al mando del Clan del Golfo y uno de los hombres más buscados en Colombia. El rumor en la plantación, les dijo el policía encubierto a sus jefes, era que el capo se había vuelto cada vez más paranoico de que la recompensa por su cabeza tentaría a sus subordinados a traicionarlo. Pero cuando los comandos llegaron a la redada en la plantación, Gavilán no estaba ahí.

Algunas semanas después de que Salvatore regresó de Albania, le informó a Oksana que necesitaba hacer otro viaje para conseguir dinero. Pero esta vez no la dejaría sola preocupándose por él. Podrían hacer un viaje por carretera a las montañas. Sería romántico, una oportunidad para pasar tiempo juntos.

Cuatro días antes de Navidad, Salvatore concertó una cita con un hombre de un pequeño pueblo en Calabria para venderle trescientos gramos de cocaína y diez kilos de marihuana. Era una cantidad ínfima, casi patética para un hombre que había soñado con importar toneladas de cocaína en conjunto con uno de los cárteles más poderosos de América Latina, pero estaba desesperado.

El cliente de Salvatore se retrasó durante un viaje a Lombardía, en el norte de Italia, así que la reunión se pospuso a dos días después de Navidad. Oksana estaba nerviosa y le dijo a Salvatore que le preocupaba viajar en un auto con droga. Pero él la convenció. Siempre lo hacía.

El día de la reunión, Salvatore se puso unos *jeans*, una chamarra oscura y una gorra, y subió a una camioneta Fiat 220 color vino. Le dijo a Oksana que la recogería aproximadamente las ocho de la mañana cerca de su departamento. Cuando se acercó, los lánguidos destellos amarillos de sus faros perforaron la oscuridad de esa mañana invernal. Ella subió a la camioneta y avanzaron.

Mientras viajaban por un cruce de autopistas cerca de Lamezia Terme, Salvatore vio un control policial más adelante.

Nada de qué preocuparse, solo una inspección de rutina. Pero después de que Salvatore detuvo su camioneta y bajó la ventanilla, los policías le pidieron que les permitiera inspeccionar el vehículo. En su interior, pegada al revestimiento del cofre, estaba la marihuana y un envoltorio que contenía 295.7 gramos de cocaína (un poco menos de lo que Salvatore le había prometido a su cliente), envueltas en una bolsa de plástico que llevaba un trozo de papel adherido con el número 300 escrito. La policía les dijo a Salvatore y Oksana que estaban bajo arresto.

29

LA FIESTA DE JUBILACIÓN

Virginia, mayo de 2016

Las noticias sobre su traslado fuera de la División de Operaciones Especiales le pegaron duro a Jack. Por más de una década la SOD había sido su vida entera. A pesar de todo el estrés, las batallas y todo lo que perdió en el camino, tenía el mejor trabajo del mundo. Nunca pudo comprender a los agentes que solo se presentaban, se sentaban en sus escritorios mientras veían el internet y se iban temprano para asistir al partido de la liga juvenil de sus hijos.

Para empeorar las cosas, le dijeron a Jack que sus jefes planeaban trasladarlo a una unidad regional de crimen organizado en las oficinas centrales de la DEA en Arlington. Justo un mes antes, él estaba en París desmantelando una conspiración de lavado de dinero relacionada con drogas que se extendía por varios continentes. Ahora lo enviaban de vuelta a la rutina diaria de redadas en callejones y delincuentes insignificantes.

El primer día de Jack en la DEA fue justo antes del fin de semana del Día de los Caídos en 1991. Esto significaba que pronto habría completado 25 años de servicio y sería elegible para jubilarse. Después de la decepción de París y el impacto de la noticia del traslado, Jack presentó su renuncia sin decirle nada a su equipo.

Ninguno de los compañeros de Jack creyó que iba a jubilarse. A veces dejaba escapar en conversaciones que se acercaban sus 25 años. Pero probablemente pensaban que era una broma. Jack estaba demasiado obsesionado, demasiado dedicado. Ni siquiera él mismo lo hubiera creído. Sí, había colocado el calendario en la pared de su condominio, en el que marcaba cada día en un ritual privado. Pero la jubilación era una salida de emergencia, si llegaba a necesitarla. Estaba agotado, es cierto, pero parte de él no quería irse nunca. Ahora, sentía que le estaban torciendo la mano.

Después de París, hubo un gran revuelo en la SOD. Derek Maltz, quien siempre había protegido ferozmente a sus agentes, llevaba más de un año y medio fuera. Un nuevo jefe de operaciones comenzó a trasladar a los agentes veteranos fuera de la SOD para incorporar caras nuevas. Los jefes enviaron un correo electrónico formal a varios agentes destacados diciéndoles que su tiempo se había acabado. A Jack le molestó. Estaba enojado por lo que sucedió en París y por la liberación de Ali Fayad por los checos. Y ahora estaba molesto por su traslado y por lo que estaba sucediendo en la SOD.

Si iba a jubilarse, al menos se jubilaría en el mismo lugar. Mudarse a una nueva unidad unos meses antes de dejar la DEA parecía una crueldad sin sentido, un insulto. La SOD estaba siendo desmantelada pieza por pieza. Los correos electrónicos enviados por la dirección anunciaban traslados masivos de agentes a nuevos trabajos, a veces diez o veinte a la vez. Estaban trasladando a agentes que trabajaron en algunos de los casos más grandes e importantes en la historia de la DEA a divisiones regionales en todo Estados Unidos. Fueron estrellas de rock. Ahora, a los mismos hombres y mujeres que persiguieron a supervillanos internacionales, se les decía que se dedicaran a la burocracia en trabajos de oficina. Rob Zachariasiewicz, uno de los amigos más cercanos de Jack y el agente de la DEA que le leyó sus derechos a Viktor Bout en una habitación de hotel en Tailandia, fue trasladado a un grupo de campo en la oficina de Washington D. C. Jack lo comparó con poner a Michael Jordan en un equipo de baloncesto de secundaria.

Siempre supo que la SOD era vulnerable después de la jubilación de Maltz. El éxito del departamento generó resentimientos. Los agentes ordinarios que realizaban trabajos aburridos en las oficinas centrales podrían guardarles resentimiento a los pocos afortunados, como Jack, que fueron elegidos para unirse a la unidad de élite. La alta dirección de la DEA también se volvió cautelosa con la SOD. No solo robaba muchos titulares en periódicos, sino que Maltz también había luchado arduamente para asegurarse de que su equipo recibiera financiamiento significativo y pudiera elegir a los mejores agentes. Durante el tiempo de Jack en la SOD, también había ganado una influencia significativa sobre cómo se llevaban a cabo las investigaciones. Esto había generado resultados espectaculares. Pero algunos gerentes creían que debían bajarle los humos.

A Jack le pareció el fin de una era. Era un miembro fundador de la intrépida División de Operaciones Especiales, construida en un breve e intermitente momento de Estados Unidos posterior al 11 de septiembre, que le dio a un grupo de policías antidrogas que trabajaban en las calles la licencia para ir tras los criminales más grandes del mundo. En esos años, a la SOD se le dieron los recursos y el respaldo político para emprender algunos de los casos criminales más audaces de la historia. Eran, en su esencia, agentes de calle derribando a traficantes de armas como Monzer al-Kassar y Viktor Bout. Quizás era una locura que Jack y sus compañeros hubieran llegado tan lejos como lo hicieron.

Al mismo tiempo, la DEA comenzó a ser golpeada por escándalos dañinos y una crisis de liderazgo. Durante seis años, de 2015 a 2021, estuvo sin un administrador confirmado por el Senado, lo cual la dejó sin rumbo fijo. También sufrió una serie de salidas, durante la cual perdió casi 1300 empleados, de los cuales setecientos eran agentes. Muchos se jubilaron temprano para trabajar en el sector privado, donde la paga era mejor.

Más dolorosas fueron las revelaciones de que algunos agentes que trabajaban en el extranjero se habían corrompido en un momento en que la DEA estaba en la mira por su incapacidad para detener una mortal epidemia de fentanilo en su propio territorio. Un agente asistió a orgías con prostitutas contratadas por cárteles colombianos, mientras que otro lavó dinero para traficantes y usó el efectivo para comprar residencias de lujo y asistir a fiestas en yates. En 2021, una auditoría de la Oficina del Inspector General del Departamento de Justicia de EUA encontró que la DEA falló en supervisar de manera efectiva sus operaciones y a sus agentes en el extranjero, lo que llevó a la DEA a ordenar una evaluación externa.

Después de varias semanas de discusiones, los superiores de Jack cedieron: podía quedarse en la SOD para cumplir los últimos meses de su carrera. También dijeron que iban a organizarle una fiesta de jubilación. Sería una despedida clásica: asistirían los gaiteros vestidos con falda escocesa de tartán de la DEA y habría whisky de sobra. Pero Jack no quería una fiesta. Nunca le gustaron los eventos sociales grandes. ¿Y qué había que celebrar? Insistieron y Jack aceptó a regañadientes, con la condición de que fuera cerca de su departamento. Eligieron un bar deportivo genérico llamado American Tap Room. Pero después de unos días, Jack cambió de opinión otra vez. Le dijo a su superior que cancelara la fiesta. Y luego reservó unas vacaciones, solo, en Cancún.

Antes de las vacaciones, recibió un mensaje de su amigo Nugget, un agente en la oficina de la DEA en Miami. «Jack, voy a tomar un vuelo para ir a tu fiesta». Jack estaba confundido.

«Nugget, no hay ninguna fiesta», le contestó. «Y si hay una fiesta, yo no voy a estar ahí». Jack se aseguró de avisarles a todos sus amigos cercanos y familiares que no vinieran, en caso de que hubiera alguna confusión, y voló a Cancún. Unas cuantas noches después de haber llegado, recibió una lluvia de mensajes de texto: «Jack, camina unas cuadras al American Tap Room». «Jack, te estamos esperando».

Él respondió: «Estoy en México».

Pensaron que estaba bromeando. Sus superiores habían organizado la fiesta sin decirle.

De vuelta en Virginia, Jack comenzó a despejar su escritorio. Estaba rodeado de montañas enteras de papeles y documentos relacionados con el Proyecto Casandra, suficientes para llenar cincuenta cajas. Había miles de páginas de informes sobre sus objetivos, organigramas complejos, documentos financieros y recortes de periódicos. Iba a tomar días, incluso semanas, deshacerse de todo eso.

Debido al riesgo de que algunos documentos fueran clasificados, Jack tendría que destruirlos todos. Al principio intentó triturarlos, pero pronto quedó claro que eran demasiados. En lugar de ello tendría que quemarlos. Consiguió un gran contenedor de basura y comenzó a arrojar los mejores años de su carrera, su vida, para que se los llevaran y los incineraran.

Empezó a recordar viejas operaciones. Hubo grandes éxitos y dolorosos fracasos. Muchos objetivos fueron enjuiciados. Algunos, como Ali Fayad, se escaparon. Tal vez era el momento adecuado para irse. Sabía que muchos podían considerarlo como una piedra en el zapato, ya que habitualmente presionaba a sus compañeros y a sus superiores para que excavaran más profundo, para que trabajaran más duro. Probablemente habían hecho todo lo que podían. El trabajo estaba hecho. Era hora de dejarlo ir.

En su último día, condujo hasta la oficina para devolver algunas cosas a los guardias de seguridad. Mientras salía, el nuevo director general de la SOD se le acercó y le dijo que quería llevarlo a almorzar. Jack lo conocía desde sus días en Nueva York. Pero nunca habían hablado sobre el intento de trasladarlo. En el restaurante, Jack pidió una margarita. Parte de él quería desahogarse, contarle cuánto estaba decepcionado con lo que estaba sucediendo en la SOD. Pero no valía la pena. Después del almuerzo, el jefe lo acompañó a su coche y le dio un abrazo. Jack subió a su Jeep y se alejó del edificio de la SOD por última vez.

30

«MI NOMBRE ES OKSANA»

Prisión de Paliano, febrero de 2017

Una mujer entró por su cuenta al cuarto de entrevistas y se sentó en la mesa. Sentado en el extremo opuesto, estaba un hombre con un traje oscuro y corbata, con una grabadora. Dio inicio a la cinta y ella comenzó a hablar.

Al principio soltó las palabras lentamente:

—Mi nombre es Oksana Verman, nací en Cherkasi en Ucrania el 23 de noviembre de 1976 —informó—. He cometido errores y quiero cambiar mi vida.

Le temblaban las manos y un torrente de lágrimas se derramaba por sus mejillas. La escuchaba con atención Camillo Falvo, el fiscal público de Vibo Valentia que vivía bajo protección policial constante por llevar al estrado a hombres como Salvatore Pititto. Falvo siempre lucía un traje oscuro y una corbata, pero tenía la cara comprensiva y reconfortante de un hombre que había pasado su carrera entera adentrándose con delicadeza en las almas de los condenados.

Oksana estaba exhausta. Se encontraban dentro de una prisión de máxima seguridad en la ciudad de Paliano, a unas horas en coche de Roma. Tres hombres más de la policía de investigación antimafia italiana estaban en la habitación con ella, y también su abogado. Las prisiones suelen diseñarse para proteger a la sociedad de los criminales. Esta prisión, en una colina de quinientos metros de altura, protegida por una doble fila de murallas y con vistas a los campos verdes del centro de Italia, protegía a los prisioneros de personas que querían verlos muertos.

En el siglo xv, Paliano se convirtió en la sede de una rama de la familia Colonna, una noble dinastía italiana que libró guerras con los ejércitos papales, durante las cuales ganó, perdió y recuperó el control de la ciudad fortaleza a lo largo de varios siglos.

Después de la unificación italiana en 1871, el Estado recién establecido comenzó a usar un gran edificio en el centro de la fortaleza como prisión. Durante el siglo XX se convirtió en el lugar para prisioneros conocidos como «colaboradores de la justicia» o testigos protegidos. En los años del terror partisano en Italia, algunos prisioneros eran traidores de las Brigadas Rojas. Ahora, los ochenta y tantos prisioneros eran casi exclusivamente informantes de la mafia que decidieron romper su juramento de silencio y testificar contra su organización.

La palabra en italiano para un testigo protegido de la mafia es *pentito* o «arrepentido». Este era el motivo por el que Oksana estaba aquí: para arrepentirse.

—Conocí a Salvatore Pititto el primer día que llegué a Italia. Vino a recogerme cuando bajé del tren —le dijo al fiscal. Ella no conocía la vida en Italia sin él. Era el hombre a quien cuidó, por quien rezó, a quien amó, con quien soñó.

Oksana ahora estaba lejos de Salvatore, quien estaba en prisión al sur de Italia, y ella estaba lejos de Calabria. Pero ni estando protegida en las entrañas de una fortaleza de piedra, podía calmar el terror que la invadía. Había estado físicamente enferma, temblando de miedo e incapaz de dejar de llorar mientras pensaba en las consecuencias de su traición.

Les contó que no tenía nada, casi ninguna posesión a su nombre. Salvatore controlaba casi todos los aspectos de su vida. Él y su familia eran asesinos que actuaban sin remordimientos. Y si alguna vez tenían la oportunidad de matarla, no lo pensarían dos veces.

—Tengo mucho miedo por mi seguridad. He estado sufriendo ataques de pánico constantes. Les tengo miedo, en el sentido de que tengo miedo de su pandilla, la pandilla Pititto, porque Salvatore siempre me decía que Pasquale Pititto, su primo, es muy peligroso. Salvatore decía que Pasquale había cometido todos estos asesinatos. Me hablaba de estos actos, me dijo que había matado a varias personas.

Oksana luego comenzó a contarles cómo llegó a Italia y cómo llegó a estar con Salvatore. Les contó sobre su pasado y sus sueños de mudarse a Italia para tener una nueva vida. Les contó sobre los celos de Salvatore, cómo la golpeaba y las reuniones secretas que tuvo en su departamento. Sobre las noches en las que la enviaba lejos mientras discutía con sus amigos sobre los crímenes que iba a cometer, y el tono bajo de voz en el que hablaba porque temía que lo estuvieran grabando.

Les habló más sobre Pasquale, el primo que nunca conoció y que estaba solo en su casa todo el día, y cuánto le temía. Habló de los hijos de Salvatore y el orgullo que él sentía por ellos: el orgullo de que cada día se parecieran más a su padre. Y les contó sobre el tráfico de drogas, el plan maestro que Salvatore había ideado con los colombianos. Les habló de la llegada del Coronel a Italia y de cómo Osvaldo fue enviado a Colombia, de Jhon Peludo y Jota Jota. Y les habló de las armas y del asesinato en Mileto que Salvatore le confesó.

Habían pasado varias semanas desde que la policía detuvo a Oksana y a Salvatore. Salvatore debió de haberse imaginado que los trescientos gramos de cocaína que la policía encontró ocultos en el cofre de su automóvil significaban problemas. Pero pronto descubrió que sus problemas eran mucho mayores de lo que podría haber imaginado. Apenas semanas después, la policía italiana antimafia lanzó redadas al amanecer en todo el país, en las que detuvieron a 54 personas involucradas en el esquema de narcotráfico de Salvatore. Arrestaron a Antonella, Giuseppe y Gianluca, así como a Filippo Fiarè. Acusaron a Pasquale de nuevos delitos relacionados con su papel en la conspiración y a varios de sus otros primos.

Salvatore pasaba sus días en un estado de intensa paranoia de que lo observaran o lo grabaran. Envió mensajes de texto crípticos a sus socios comerciales y a su primo, haciéndose pasar por sus novias, y conducía en silencio a olivares en lo profundo del campo para hablar en privado con otros gánsteres. Pero después de que se llevaran a cabo las redadas, Salvatore descubrió que la policía que lo había estado observando logró colocar un dispositivo de escucha en el único lugar donde se sentía libre para hablar sin miedo: en la cocina de Oksana. La investigación había acumulado cientos de horas de Salvatore confesando sus esperanzas, temores y crímenes a su amante. Habían intervenido el teléfono de Salvatore y los de decenas de otras personas involucradas en el plan de drogas. Tenían fotos de sus movimientos por todo el país, sus reuniones con los colombianos y sus encuentros secretos con Pasquale.

Camillo Falvo, el fiscal público a cargo del caso, sabía que la confesión que estaba a punto de escuchar de Oksana era la pieza final de la investigación. Sus palabras sellarían el destino de su amante. Falvo le mostró fotos de la familia y los asociados de Salvatore para que los identificara. Uno por uno, ella señaló a todas las personas involucradas en la conspiración. Estaba la foto del Coronel, de Jhon Peludo e incluso de Jota Jota. Ahí estaban Filippo Fiarè y otros de Mileto. Le mostraron fotos de Antonella, Giuseppe y Gianluca. Oksana los reconoció a todos.

En los meses previos a su arresto, Oksana pasaba sus noches rezando por Salvatore. Ahora no solo estaba condenando a su amante, sino que estaba borrando todo lo que él atesoraba. La pandilla Pititto ya no podría merodear por las calles de Mileto, gobernándola como reyes. Y con los dos hijos mayores de Salvatore también entre rejas, el futuro de la familia, que había aterrorizado a su ciudad durante más de dos décadas, podía simplemente desvanecerse. Esto sería lo que le causaría a Salvatore más dolor que cualquier condena de prisión o incluso la traición de su amante.

Oksana lo amaba, pero ¿él en verdad la había amado alguna vez? ¿Ella fue algo más que su posesión, un adorno que le daba alivio en momentos de estrés o dificultad, pero que podía desechar cuando se fuera? Momentos después del arresto, deslizó dentro del bolso de Oksana el teléfono celular secreto que había estado usando para organizar el trato de droga. Más tarde, negó a la policía que el teléfono fuera suyo. Salvatore la traicionó antes de que ella lo traicionara a él.

A medida que pasaban las semanas, Oksana realizó más entrevistas en las que les contaba a los fiscales todo lo que sabía. Poco a poco, se volvió más segura de sí misma, más desafiante en su rechazo del mundo que la tenía atrapada. El control que Salvatore tenía sobre ella comenzó a desvanecerse. Lejos de él, no era poderoso ni aterrador, sino una figura triste y derribada.

—Yo sabía que Salvatore tenía muchas deudas, estaba arruinado por todo el narcotráfico en el que había invertido dinero y que salió mal —les dijo.

La lujosa boda con carruajes tirados por caballos que se había planeado para Giuseppe y su novia ya nunca sucedería. Y si no hubieran sido arrestados, ¿habrían permitido siquiera que la amante de su padre asistiera?

Salvatore se destruyó a sí mismo y todo lo que le importaba. Pero no destruyó a Oksana.

En Semana Santa, tres meses después de que Oksana llegara a Paliano, hubo un visitante inesperado en la prisión. El papa Francisco vino a ofrecer una misa privada de Pascua, en la que lavó y besó el pie derecho de cada uno de los 12 reclusos imitando el gesto de humildad de Jesús hacia sus apóstoles la noche anterior a la crucifixión. En un sermón improvisado para los prisioneros que estaban alojados allí, incluyendo a Oksana, Francisco habló sobre la traición y el perdón.

—Jesús estaba cenando con sus discípulos en la última cena y, como dice el Evangelio, sabía que su hora había llegado para pasar de este mundo al Padre —dijo el papa a los prisioneros—. Jesús sabía que lo habían traicionado y que esa misma noche Judas lo entregaría. Habiendo amado a los suyos, que estaban en el mundo, los amó hasta el final... «Amar hasta el final». No es fácil porque todos somos pecadores; todos tenemos limitaciones, defectos, muchas cosas. Todos somos capaces de amar, pero no somos como Dios.

Oksana sabía que, independientemente de la información que proporcionara al fiscal estatal, la acusarían de ser cómplice de Salvatore y lo más probable es que pasara un tiempo significativo tras las rejas. Pero encerrada tras los muros de Paliano, tal vez por primera vez desde que conoció a Salvatore, se sintió libre.

31

EL DISCURSO JUNTO A LA ROCA

Calabria, abril de 2017

Mientras tanto en Mileto, la pequeña casa gris en la esquina donde Salvatore había vivido con su esposa y sus tres hijos estaba sumida en silencio. Cuatro de las cinco personas que vivían en esa dirección habían sido arrestadas. Solo quedaba una.

Alex acababa de cumplir 15 años. Celebró su cumpleaños sin sus padres ni sus hermanos mayores. El pequeño jardín al costado de la casa lleno de naranjos donde Antonella cultivaba sus vegetales —y donde había apuntado una pistola a la cabeza de Salvatore en un arrebato de celos— estaba callado.

Salvatore había criado a Giuseppe y Gianluca para que fueran justo como él. A Giuseppe, quien bebía *grappa* con Pasquale, lo habían preparado para liderar a la familia algún día. Pero Alex, diez años menor que Giuseppe y seis años menor que Gianluca, aún era un niño. Vivió una vida similar a otros adolescentes en Mileto: pasaba tiempo con sus amigos, fumaba porros y comía pizza en las plazas del pueblo.

Alex era un chico de estatura corta y un poco rechoncho que se había rapado un lado de la cabeza y vestía ropa deportiva. Desde el arresto de sus padres y hermanos la custodia pasó a sus abuelos. Los amigos de Alex notaron que empezó a actuar de manera errática: se metía en discusiones, rompió y regresó en repetidas ocasiones con su novia, Noemi. Una de las veces en que se separaron, Noemi descubrió que Alex había estado pasando tiempo con otras chicas. Con la intención de provocarle celos, coqueteó con algunos de los chicos de su grupo de amigos. Y funcionó: Alex se estaba volviendo cada vez más paranoico de que pasara tiempo con ellos a sus espaldas.

En la tarde del 29 de mayo, alrededor de las siete de la noche, Alex estaba pasando tiempo con dos amigos en una *piazza* en el centro de Mileto. Un amigo, Domenico, condujo ahí en el carro de su padre e iba a dejarlos a todos en sus casas. Después de que se despidieron de los otros dos, Alex le pidió a Domenico que lo llevara a otro lugar, ya que quería ver a uno de sus mejores amigos, un chico llamado Francesco. Domenico detuvo el auto cerca de la escuela primaria de Mileto, Alex le marcó a Francesco y le propuso que los acompañara a la plaza central. Francesco era un año más grande que Alex, un chico popular y apuesto que era capitán del equipo juvenil de futbol de Mileto. Francesco llegó unos cinco minutos después de que Alex lo llamó. Alex dijo que quería que Domenico los llevara en el auto al campo para poder enseñarles algo especial que había escondido. De camino, Francesco le pidió un cigarro a Alex y ambos fumaron.

Llegaron a un camino de tierra remoto que llevaba a un olivar. Alex le propuso a Domenico que le diera la vuelta al auto y los esperara a Francesco y a él. Entraron a pie al campo. De pronto, Domenico escuchó varios estallidos. Asustado, encendió el motor, pero luego vio a Alex corriendo hacia el auto. Francesco no estaba ahí. Era evidente que algo terrible había pasado.

Mientras tanto en Mileto, la madre y la hermana de Francesco estaban cada vez más preocupadas. Su hijo había salido de casa varias horas antes y les dijo que iba a cenar con algunos amigos. Ahora acababan de dar las diez de la noche y no contestaba su teléfono ni respondía a mensajes. Su perfil de WhatsApp mostraba que no había estado en línea por varias horas.

En el camino de tierra, cuando Alex volvió a subirse al auto, Domenico notó que sostenía algo en su mano. Era una pequeña pistola oscura. ¿Dónde estaba Francesco? ¿Dónde estaba Francesco?

—Lo maté —respondió Alex.

El chico con el arma en mano parecía carente de cualquier emoción. En un estado de *shock*, Domenico le preguntó por qué lo había matado, y Alex respondió que Francesco «hizo cosas que no debía hacer». Luego le ordenó a Domenico que condujera de vuelta a Mileto. Cuando llegaron al pueblo, Alex le indicó que lo dejara salir en una de las calles principales.

La madre de Francesco escuchó un auto detenerse fuera de su casa. Tal vez su hijo había regresado. Pero cuando miró a través de su ventana, no vio a Francesco, sino a la policía. La inundó una oleada de pánico.

—¿Dónde está mi hijo? —les preguntó—. ¿Dónde está mi hijo?

La policía le informó que le habían disparado.

A las 10:10 p. m., Alex Pititto llegó solo a la estación de policía. Les dijo que hubo un terrible accidente. Alex fue con su amigo Francesco a una zona rural para recuperar una pistola enterrada en un campo. Les contó que cuando la encontraron, Francesco se la arrebató de la mano y le apuntó a Alex en la cabeza. En un acto de defensa propia, Alex embistió a su amigo y ambos lucharon rodando sobre el pasto. De repente, la pistola soltó un disparo. Le dio a Francesco. Debido al pánico, Alex dijo que huyó sin revisar a su amigo y arrojó la pistola en un seto de zarzamoras.

La policía se apresuró a enviar un equipo de búsqueda. Les tomó menos de media hora encontrar el cuerpo de Francesco. Estaba desplomado en el suelo con una herida de bala en la cabeza.

A la mañana siguiente la policía despachó un equipo de búsqueda con detectores de metal y perros rastreadores para recuperar la pistola que Alex afirmó haber tirado; pero no estaba ahí. En la estación de policía, Alex dijo que quería decirle algo a la policía. Lo que les contó fue muy diferente de lo que narró la noche anterior. No hubo ninguna lucha, manifestó Alex, y había matado deliberadamente a Francesco.

—Declaré falsamente que tuve una pelea con un chico, que luchamos y se soltaron dos disparos —explicó, tras lo cual se quedó callado y se negó a contestar cualquier otra pregunta.

Esa misma mañana, Domenico se presentó en la comisaría con su padre y su tío. Se enteró de que los dolientes estaban llegando a la casa de Francesco y decidió confesar lo sucedido la noche anterior.

Pronto la policía llamó a más amigos de Alex para entrevistarlos. Otro chico, Simone, les dijo que había llevado a Alex a la comisaría la noche del asesinato. Estaba conduciendo por Mileto y vio a Alex caminando solo en Corso Umberto, una de las calles principales. Alex hizo una seña para que se detuviera y subió a su coche. Simone dijo que de inmediato notó que algo no estaba bien. Le preguntó a Alex qué pasaba.

—La cagué. La cagué en grande —aseguró. Con una expresión inmutable, le contó que le había disparado a Francesco y que iba a huir. Pero Simone lo convenció de ir con la policía y entregarse.

A medida que continuaban las entrevistas policiales, quedó claro que Alex era un chico enojado y frustrado. Sus amigos informaron que, en los meses posteriores al arresto de sus padres, estallaba en arrebatos de ira, amenazando a personas que sospechaba que le estaban enviando mensajes a Noemi a sus espaldas.

La policía también descubrió que Alex probablemente había estado usando la pistola durante un tiempo. Varias semanas antes de la noche en que le disparó a Francesco, Alex envió un mensaje de WhatsApp a dos chicos que creía que estaban intercambiando mensajes con su novia. Pidió encontrarse con ellos en un callejón. Cuando llegaron, encontraron a Alex con una pistola en la mano. Este les ordenó arrodillarse en el suelo y comenzó a golpearlos con una barra de hierro; golpeó a uno de ellos en la cara antes de que ambos huyeran. Uno de los chicos luego le envió un mensaje a Francesco, tratando de que interviniera como mediador. Francesco dijo que había hablado con Alex, quien al parecer lamentaba lo sucedido.

En algún momento de las semanas previas al asesinato, Alex comenzó a tener sospechas del mismo Francesco. Simone dijo que Alex lo interrogó sobre Francesco y Noemi. Recordó que Alex le dijo:

—Simone, están pasando demasiadas cosas. Sé que Francesco quiere a mi novia, y tú lo estás ayudando.

Simone le respondió a Alex que estaba loco: ni él ni Francesco le harían eso. Alex le mostró a Simone una pistola que tenía escondida en los pantalones. Luego comenzó a maldecir y los llamó bastardos a ambos. Simone intentó razonar con su amigo.

—Si tienes que dispararme, al menos quiero hablar con quien sea que te está diciendo estas cosas primero. Si tiene razón, entonces puedes dispararme, pero si está equivocado, ¿qué vas a hacer? ¿Dispararte a ti mismo?

Alex pareció reaccionar y su ira empezó a disiparse. Le pidió a Simone que averiguara si era Francesco quien estaba persiguiendo a Noemi, o ella a él. Pero también le advirtió que no mencionara nada sobre su conversación a Francesco. Sin embargo, Simone le contó a Francesco sobre la ira y la paranoia de Alex. Francesco no lo tomó en serio: no tenía nada que ocultar, y esto no era más que un drama adolescente cotidiano.

Una tarde, Alex llamó a Simone, exigiendo respuestas sobre lo que estaba sucediendo entre Francesco y Noemi. Simone le volvió a decir a Alex que no estaba pasando nada entre ellos. Alex dijo que no sabía a quién creerle.

Esa noche, Alex quedó en encontrarse con Francesco. Su amigo sentía que no tenía nada que temer. Así que se subió al coche y fue con Alex al olivar.

Las noticias del asesinato impactaron a todos, incluso en un lugar como Mileto. ¿Cómo era posible que un chico de 15 años asesinara a su mejor amigo? Dentro de la estación de policía, Alex Pititto aún se rehusaba a hablar. Su madre estaba en prisión. Su tío cumplía una sentencia de cadena perpetua por asesinato. Al parecer el último de los hijos de Salvatore ahora también estaba destinado a la prisión.

El fiscal envió a un psicólogo para hablar con Alex. Con menos de 16 años, aún no era considerado adulto en términos legales. ¿Podía comprender en verdad las consecuencias de sus acciones? ¿Podía un niño ser un asesino a sangre fría? El psicólogo concluyó que el encarcelamiento de su padre, Salvatore, y el resto de su familia le debieron haber causado sufrimiento y depresión, pero eso «no afecta su capacidad de comprender y tomar decisiones».

Alex creció rodeado de violencia. Debió de haberse enterado cuando sus hermanos mayores golpeaban a otros chicos en las calles. Debió de haber escuchado las historias sobre su tío Pasquale. Era una enfermedad, transmitida de padre a hijo, de hermano a hermano. A lo largo de las décadas, arruinaron innumerables vidas y mataron a niños inocentes como Nicholas Green. Y lo hicieron todo en nombre de su familia y para mantener el control que ejercían sobre el pobre pueblo que gobernaban. Pero en su desesperación por enaltecer a su familia, Salvatore destruyó todo lo que le importaba. Impotente, en prisión se enteró del destino de su hijo más joven. ¿Para qué había hecho todo?

El día del funeral de Francesco, Mileto estaba sumido en un silencio espectral, a excepción de las campanas de la iglesia. Cada tienda y casa estaba cerrada; había carteles del muchacho muerto pegados en las persianas y colgaban pancartas de un lado al otro de las calles con las palabras «*Ciao Ciccio*», el apodo de Francesco.

A paso lento, cientos de dolientes caminaban por las calles. Al frente de la procesión estaban tres sacerdotes que vestían túnicas blancas con estolas moradas cayendo de sus hombros. Algunos hombres de la familia de Francesco cargaban el ataúd blanco, decorado con flores encima, en dirección a la catedral; los dolientes lo tocaban mientras pasaba frente a ellos.

Encima de la entrada a la catedral colgaba una pancarta que decía: «Eres una nueva estrella que brilla en el cielo. Este no es un adiós, sino un hasta luego. Descansarás dentro de nuestros corazones para siempre». El padre Salvatore Cugliari comenzó su sermón. El sacerdote sabía sobre la enfermedad que había echado raíces en su pueblo. Después de haber dado sermones en contra de la mafia, rociaron con gasolina la puerta de su casa y le prendieron fuego. Los padres de Francesco estaban sentados en silencio mientras el padre Cugliari hablaba.

—Es difícil encontrar palabras en circunstancias como esta. Quizás el silencio sería mejor como una señal de respeto ante el dolor.

Concluyó con algunas palabras de «El discurso junto a la roca» hecho por Alyosha durante el funeral de Ilyusha en *Los hermanos Karamazov*: «Francesco, hoy nos unes... tu memoria nos hará mejores a todos».

Mientras llevaban el ataúd hacia afuera de la catedral, los dolientes soltaron globos azules y blancos al aire, lanzaron confeti blanco y aplaudieron para decir un último adiós. Los familiares de Francesco cargaron el ataúd sobre sus hombros, pausaron para levantarlo alto en dirección al paraíso y los globos volaron hasta desaparecer en el cielo. Luego bajaron el féretro a una plataforma. La madre de Francesco presionó su rostro contra el ataúd, sosteniendo entre sus brazos a su hijo por última vez antes de que los portadores del féretro lo cargaran al coche fúnebre plateado.

Después del asesinato de Francesco, cientos de afligidos realizaron una vigilia a la luz de las velas en la plaza central. Era una conmemoración de la vida de un muchacho asesinado, pero también era una señal de rebeldía. Los Pititto habían gobernado con mano de hierro por décadas, pero ahora habían desaparecido. La gente de Mileto ya no les tenía miedo.

EPÍLOGO

Nueva Jersey, 2017

Jack Kelly nunca planeó mudarse de vuelta a Nueva Jersey. Pero la salud de su madre anciana continuaba empeorando y decidió que regresaría a casa para ayudar a cuidarla. Iba a ser solo por unos meses. Jack apenas y empacó: metió a sus gatos en una transportadora y arrojó un poco de ropa dentro del auto antes de alejarse de su departamento en Virginia.

Algunos de sus amigos se preocupaban por cómo se adaptaría a la vida civil. Pero la primera mañana después de abandonar la División de Operaciones Especiales, Jack sintió una oleada de alivio. Estaba lleno de la misma especie de emoción calmada que sentía cuando era niño en el último día del año escolar, con esos largos días de verano que tenía por delante.

Fue en agosto de 2016, tres meses antes de dejar la DEA, que se mudó de vuelta cerca de East Brunswick, la ciudad en la que creció. Aun después de 25 años, sentía como si la parte de Nueva Jersey donde creció estuviera congelada en el tiempo: las mismas calles suburbanas repletas de árboles perfectamente alineados, casas de tablillas de madera y banderas estadounidenses que ondeaban en postes sobre jardines delanteros de césped podado con gran esmero.

Cada mañana seguía saliendo a correr y recorría con determinación los caminos de concreto que pasaban frente a la iglesia católica, las tiendas italianas y el salón de uñas. Algunos días, pasaba corriendo frente al equipo juvenil de futbol, que practicaba al aire libre durante las vacaciones de verano justo como él lo había hecho tres décadas antes. Otros días, corría cerca de una valla metálica que rodeaba un campo de cuatro hectáreas. A inicios de la década de 1940, fue usado por el Gobierno estadounidense para almacenar mineral de uranio importado en barco desde el Congo Belga; eran metales radioactivos que se utilizarían para desarrollar armas nucleares durante el Proyecto Manhattan. El edificio que alguna vez fue un complejo ultrasecreto ya había sido demolido y se restringió el acceso al área para descontaminarla. La enorme superficie de pasto irregular prevalecía como el recuerdo espectral de una era pasada del poder estadounidense.

Aún recibía llamadas de sus viejos compañeros que le preguntaban cuándo regresaría. Nadie creía que fuera capaz de mantenerse en Jersey por mucho tiempo. Tan solo era cuestión de meses, le dijeron, antes de que tomara un trabajo por contrato para una agencia gubernamental estadounidense. Algunos amigos le dijeron que su nombre salía en las reuniones interinstitucionales de vez en cuando. Uno de los analistas de inteligencia para otra agencia al parecer reflexionó sobre sus batallas pasadas con extenuada admiración y se refirió a él como «ese maldito Jack Kelly».

Sus viejos casos continuaron avanzando sin él. En Francia, Mohamad Nourredine fue sentenciado a diez años por lavado de dinero para cárteles colombianos. Su asociado, Mazen al-Atat, fue condenado a dos años por asociación criminal con la operación de lavado de dinero. Ambos hombres negaron tener conexión alguna con Hezbollah y al-Atat dijo que sus intentos por conseguir más armas de Rusia para el régimen sirio eran legales. El juez que presidía el caso Cedro declaró:

—No puedo decir que hay un vínculo directo con terrorismo y Hezbollah, pero tampoco puedo decir que no lo hay.

En contraste, Gilles de Kerchove, el coordinador antiterrorismo de la Unión Europea, describió que el caso Cedro involucraba «millones, sino es que cientos de millones, de euros que se lavaban entre cárteles en Estados Unidos, Latinoamérica, Europa y África [los cuales] fueron rastreados y vinculados con el grupo libanés Hezbollah».

En 2018, el Departamento de Justicia de EUA acusó a al-Atat de proporcionar apoyo material a Hezbollah y violar sanciones estadounidenses (el abogado francés de al-Atat afirmó que el caso estaba viciado y tenía motivaciones políticas). Con base en las pruebas recopiladas durante la investigación, el Gobierno estadounidense obtuvo la aprobación legal francesa para extraditar a al-Atat a Estados Unidos para ser juzgado. Sin embargo, más tarde huyó de Francia y, según su abogado, nadie sabía dónde se encontraba. Ali Fayad, el traficante de armas liberado por el Gobierno checo en el intercambio de rehenes, seguía siendo fugitivo.

En Siria, Bashar al-Assad, después de aplastar brutalmente la oposición con el apoyo de Irán, Hezbollah y Rusia, aún se mantenía en el poder. A pesar de cometer innumerables abusos contra los derechos humanos y atrocidades contra civiles sirios, él y otros funcionarios del régimen parecían poco propensos a enfrentar la justicia. Ciertos superfacilitadores del Proyecto Casandra que tenían en la mira —algunos de los cuales, según creía la DEA, contrabandearon materiales para armas químicas al régimen de Assad durante la guerra civil— seguían en libertad. En febrero de 2022, respaldado por su éxito militar en Siria, Vladímir Putin invadió Ucrania. En 2023, Siria fue admitida una vez más en la Liga Árabe, más de una década después de ser expulsada por su brutal represión de las protestas prodemocráticas.

Hassan Nasrallah calificó las acusaciones sobre la participación de Hezbollah en el tráfico de drogas como propaganda estadounidense e israelí. Hezbollah también continuó negando que él o Mustafa Badreddine jugaran un papel en el asesinato de Rafic Hariri. Sin embargo, la Sala de Apelaciones del Tribunal Especial de las Naciones Unidas para Líbano finalmente dictaminó en marzo de 2022 que «las pruebas demuestran más allá de toda duda razonable que durante el periodo de la acusación, el señor Badreddine fue el líder tanto de la preparación como de la ejecución de la conspiración». Esto revocó un fallo anterior que había absuelto a tres de los cuatro sospechosos que aún estaban vivos. Pero debido a que sucedió 17 años después del asesinato de Hariri, la decisión atrajo poca atención internacional.

En 2018, cuatro años antes, el Departamento del Tesoro de EUA sancionó a Mohamed, el hermano de Mustafa Badreddine, tras subrayar su asociación con Mohamad Nourredine. Mustafa Mughniyeh, el primer dijo de Imad Mughniyeh y Saada Badreddine, a quien nombraron en honor a su tío durante el encarcelamiento de Mustafa en Kuwait en la década de 1980, siguió los pasos de su padre y su tío para convertirse en un alto comandante de Hezbollah. En 2017, a la edad de 30 años, fue sancionado por el Departamento de Estado de EUA debido a que era un «Terrorista Global Especialmente Designado». Qasem Soleimani, el general iraní, amigo de Mustafa y, de acuerdo con algunos, su asesino, murió durante un ataque con drones estadounidenses, en Iraq en 2020.

En Italia, Salvatore Pititto fue sentenciado a 18 años por sus intentos de importar cocaína desde Colombia. Antonella fue sentenciada a cuatro años, Giuseppe a nueve. En un caso aislado de narcotráfico, Gianluca fue sentenciado a tres años y medio. Alex fue sentenciado a 14 años por el asesinato de Francesco. Sin embargo, Pasquale fue absuelto de los cargos de narcotráfico y se le permitió regresar a arresto domiciliario para cumplir los años faltantes de su vieja condena por homicidio.

Los fiscales sabían que muy poco de esto habría sido posible sin la cooperación de Oksana Verman. Su sentencia de ocho años fue reducida a tres años con ocho meses en apelación, y después de cumplir su tiempo tras las rejas entró al programa de protección de testigos italiano.

Los hombres del cártel colombiano que habían ido a Mileto, como Jota Jota y Jhon Peludo, se esfumaron sin dejar rastro. En 2016, el Coronel fue arrestado en la región colombiana de Antioquía por personificar a un funcionario de la embajada suiza en un fraude relacionado con contratos de construcción. Se desconoce su paradero actual.

Desde la muerte de Nicholas Green, sus padres han usado su memoria para transformar la opinión italiana respecto a la donación de órganos. La mujer que recibió su hígado a la edad de 19 años vivió para tener dos hijos, a uno de los cuales llamó

Nicholas. Otro chico, que recibió el corazón de Nicholas, vivió por 22 años y falleció en 2017. La familia de Francesco ha continuado con su campaña contra la mafia calabresa, visitando escuelas para contarles a los niños sobre su hijo.

Algunos meses después de que Jack regresó a su hogar en Nueva Jersey, recibió una llamada en la que le informaron que el director de Inteligencia Nacional les concedió a él y a su equipo de la DEA un premio por la operación en París. Los viejos compañeros de Jack estaban eufóricos. James Clapper, un alto funcionario de inteligencia estadounidense presentaría la Distinción Nacional de Inteligencia al Mérito de Unidades, por la operación contra el «Crimen Organizado Transnacional de Hezbollah Libanesa» y «la culminación de su esfuerzo analítico que contribuyó de manera directa a una serie de acciones policiales en Europa durante enero de 2016 contra elementos de la red».

Tras años de luchar contra los analistas de inteligencia estadounidenses, por fin le darían un premio a Jack. Era el broche de oro de su carrera; pero decidió no asistir a la ceremonia. Ya no le importaba que le dieran la razón. Después de que recibió el certificado repujado en oro en su buzón, lo colgó en la pared del garaje donde levantaba pesas y escuchaba música. Algunas noches, acostumbraba ir a su bar local y disfrutaba de una cerveza mientras platicaba con los bomberos y albañiles. Cuando le preguntaban a qué se dedicaba, les decía:

—Solía trabajar para la DEA.

AGRADECIMIENTOS

Este libro no habría sido posible sin la ayuda de un amplio número de personas de todas partes del mundo. Algunos de los individuos que me ayudaron no pueden ser nombrados y siempre estaré agradecido con aquellos que asumieron riesgos al hablar conmigo. Muchos de ellos han demostrado una valentía inmensa en su vida profesional y personal, y ellos son los héroes de este relato.

Comencé a recorrer el camino que llevaría a este libro cuando estaba trabajando en Roma como corresponsal para el *Financial Times*. Estaba haciendo un reportaje sobre las finanzas del crimen organizado italiano, que estaba amasando ganancias colosales gracias al floreciente comercio de cocaína en Europa. Cuando empecé a hablar con agentes de orden público y a estudiar casos criminales, estuvo claro que la historia iba mucho más allá de Italia. La explosión del contrabando de cocaína a Europa trajo consigo sorprendentes intereses en común, colaboraciones y alianzas entre organizaciones criminales transnacionales.

También me di cuenta de que, aunque estas alianzas cruzaban fronteras, muchas investigaciones criminales se detenían en los límites nacionales. Sin embargo, la complejidad y el alcance geográfico en constante expansión de la actividad criminal significaba que los eventos en un lugar podrían tener un gran impacto en otros que se desenvolvían muy lejos. El dinero de narcotráfico lavado en Europa podía financiar la compra de armas para una guerra civil en Siria.

Mi formación fue como periodista de negocios y siempre me ha interesado cómo es que el dinero, tanto lícito como ilícito, se movía por todo el mundo. También me ha fascinado desde siempre el lado oscuro de la globalización. Las publicaciones y los libros de negocios iluminan las vidas de los directores ejecutivos y relatan los dramas de las fusiones de alto riesgo y las juntas de emergencia a altas horas de la noche. Yo quería hacer lo mismo para la dimensión paralela de la economía global criminal, un lugar que sigue en gran parte escondido bajo la superficie. A través de esta investigación, basada en el trabajo de múltiples investigaciones criminales que se entrecruzan en diferentes países, me encontré con las historias humanas contenidas en este libro.

Jack Kelly fue generoso y paciente al compartir su propia historia y sabiduría por muchas horas, y fue de gran ayuda que me presentara con los demás. David Asher, una figura clave en el Proyecto Casandra, aportó su amplia experiencia y asesoramiento. También me gustaría darles las gracias a Derek Maltz, Rik Bashur, Jimmy Grace, Quentin Mugg, John Fernandez y Rob Zachariasiewicz por su ayuda, así como a los hombres y las mujeres de la Guarda di Finanza italiana, su unidad GICO y Camillo Falvo.

Jonny Geller, de Curtis Brown, identificó el potencial desde el principio en una idea incipiente. Nunca habría cobrado vida sin su orientación, estímulo y visión. Gracias también a Viola Hayden, Ciara Finan y Sophie Storey.

Ha sido un placer trabajar con Sameer Rahim y Holly Harley en Little, Brown UK, quienes con un ojo experto editaron y mejoraron enormemente un manuscrito complicado. También agradezco a Tim Whiting, Zoe Gullen, Henry Lord, Lilly Cox y Charlie King.

Mike Peed brindó valiosos consejos sobre la estructura del libro. Anna Stephens hizo un trabajo maravilloso al revisar incansablemente extensas páginas de documentos y hablar con muchas personas a las que entrevisté (por supuesto, cualquier error que prevalezca es mío). Gracias también a Pietro Comito por su ayuda en Calabria y a Davide Ghiglione por su asistencia con las traducciones.

Ha sido un honor trabajar en un periódico tan brillante como el *Financial Times* durante los últimos 15 años, en el que he podido vivir y trabajar en varios países diferentes y conocer, colaborar y aprender de muchas personas maravillosas y talentosas.

Me gustaría agradecer especialmente a Roula Jalaf y Tobias Buck por permitirme el tiempo para investigar y escribir este libro.

Es un placer diario trabajar junto a mis compañeros en el equipo de investigaciones del *FT*, y en especial con Paul Murphy, quien siempre está ahí para recordarnos que lo que intentamos hacer es serio, pero que también debe ser divertido. Matt Vella ha sido fuente de muchas conversaciones inspiradoras sobre escritura de formato largo. Gracias, por diversas razones, a Robert Smith, Arash Massoudi, Lionel Barber, Geoff Dyer, Chloe Cornish, Dan McCrum, Alec Russell, John Thornhill, Nigel Hanson y James Fontanella-Khan.

Varios expertos académicos fueron generosos al compartir sus pensamientos y su tiempo conmigo. Gracias en especial a Emanuele Ottolenghi, Chris Phillips, Anna Sergi, Federico Varese, Matthew Levitt y Olga Kavran, exjefa de alcance y legado en el Tribunal Especial para Líbano. Josh Meyer abrió el camino con sus informes innovadores sobre el Proyecto Casandra.

También hay muchas personas que me brindaron sus consejos, pensamientos y apoyo en el viaje de este libro desde que era una propuesta extensa hasta llegar a ser palabras en una página. El estímulo y la orientación de Juliet Nicolson desde el principio han sido inmensos. Mi agradecimiento a James Macmillan-Scott, Simon Sylvester-Chaudhuri, Sophia Goulandris, Craig Coben, Billy Smith, William Boyd, John Lau, Tom, Karen, Clemmie, Bean, Eliza, Olivia, Nuria y Charlie.

Mis padres han estado leyendo mis primeros borradores desde que era niño. Les debo todo. Y, lo más importante, me gustaría agradecerle a mi esposa, Flora. Este libro está dedicado a ella y a Gus.

UNA REFERENCIA SOBRE LAS NOTAS

El título de este libro, *Sombras del crimen*, también ha sido una descripción acertada del proceso de investigación y reportaje para este. Varias de las personas incluidas en mi reportaje son fugitivos imposibles de rastrear. Otras están cumpliendo largas condenas de prisión por delitos graves o están en programas de protección de testigos. Otras están muertas.

Esta es una obra de no ficción narrativa. Ningún detalle es inventado o imaginado. Las personas, los diálogos, las descripciones, los lugares y los eventos son todos reales. Cuando describo los pensamientos o sentimientos de una persona es porque me los describieron, los relató un testigo o alguien que los conocía, o los expresaron en entrevistas, declaraciones de testigos o en conversaciones capturadas por grabaciones de espías telefónicos.

Gran parte del reportaje en este libro fue posible gracias al acceso a pruebas recopiladas a lo largo de múltiples investigaciones criminales que más tarde fueron presentadas ante un tribunal y resultaron en una condena penal. Hay referencias al final que proporcionan las fuentes de los eventos y diálogos reportados.

He realizado más de cien entrevistas con agentes de orden público e inteligencia, abogados, jueces y testigos presenciales en muchos países a lo largo de un periodo de tres años. Casi todos los entrevistados están nombrados, pero algunos han permanecido en el anonimato. Cuando este es el caso, se hace referencia en las notas al final. Muchos de los sujetos de este libro están actualmente en prisión y se negaron a hablar conmigo, mientras que algunos se comunicaron a través de sus abogados.

La memoria puede ser caprichosa, por lo que hice todo lo posible por verificar sus recuerdos con otras personas y fuentes, y contra evidencia documental cuando estuviera disponible.

El libro ha sido verificado de manera independiente, pero cualquier error es mío por completo.

Además de las entrevistas, este libro también se ha nutrido de una extensa investigación de archivos, que incluye miles de páginas de documentos judiciales, testimonios de testigos, declaraciones juradas, informes de inteligencia desclasificados, documentos liberados mediante solicitudes de libertad de información, reportajes de periódicos, revistas académicas, visitas físicas, fotografías y material audiovisual de archivos. Las referencias al final aclaran qué documentos judiciales, informes policiales y otras pruebas se utilizaron para diferentes secciones del libro, que incluyen casos de Estados Unidos, Italia, Francia, Colombia, la República Checa y el Tribunal Especial para Líbano (STL, por sus siglas en inglés) en los Países Bajos.

Este libro no tiene la intención de proporcionar un relato exhaustivo de los horrores de la guerra civil siria o la historia de Hezbollah. He dejado claro dónde he hecho uso de la invaluable experiencia, erudición y reportajes de otros. Para las secciones sobre la vida temprana de Mustafa Badreddine, agradezco la erudición del doctor Shimon Shapira, así como una entrevista concedida por Saada Badreddine. Las partes posteriores de la vida de Badreddine se han construido utilizando miles de páginas de pruebas presentadas por testigos al STL, así como otro material primario y secundario. Iain Edwards, uno de los abogados defensores de Badreddine, proporcionó una comprensión experta de la dinámica y los desafíos del caso en su contra.

Para la historia de Salvatore y Oksana, he dependido en gran medida de las declaraciones dadas a la policía italiana por Oksana misma y del material de investigación judicial que contiene muchas horas de conversación y comunicación entre Salvatore y otros miembros de su organización criminal. También he utilizado numerosos otros casos criminales contra la familia Pititto, sus asociados, desde el juicio por el asesinato de Nicholas Green en la década de 1990 hasta la condena de Alex Pititto en 2018, así como el testimonio y los recuerdos del testigo del estado, Michele Iannello.

Este es un libro sobre individuos y sus decisiones. Evité intencionalmente usar términos colectivos como 'Ndrangheta para describir el crimen organizado calabrés. Hay varios libros excelentes disponibles en inglés para los lectores que deseen aprender sobre la historia y tradiciones de los diversos grupos de la mafia italiana, como el libro de John Dickie, *Mafia Republic: Italy's Criminal Curse*.

NOTAS

Prólogo: Los primos

11 **sacaron sus binoculares:** Hala Jaber, *Hezbollah: Born with a Vengeance* (Londres: Fourth Estate, 1997), p. 83, y Ronen Bergman, *Rise and Kill First: The Secret History of Israel's Targeted Assassinations* (Londres: John Murray, 2018), p. 374.

11 **disfrutar un desayuno tardío:** Timothy J. Geraghty, *Peacekeepers at War: Beirut 1983. The Marine Commander Tells His Story* (Sterling, Virginia: Potomac Books, 2009), p. 91.

11 **estudiado todo sobre su objetivo:** Jaber, Hezbollah, p. 83.

11 **ya estaban con la guardia en alto:** Departamento de Defensa de Estados Unidos, «Report of the DOD Commission on Beirut International Airport Terrorist Act, October 23, 1983», p. 8.

11 **Seis meses antes:** Herbert H. Denton, «Toll in Beirut Bombing Rises to 46», *Washington Post*, 20 de abril de 1983.

12 **el camión real había sufrido una emboscada:** «United States District Court for the District of Columbia. Evan Fain, *et al.* vs Islamic Republic of Iran, *et al.* Memorandum Opinion», p. 7.

12 **tomó varias tazas de té dulce:** Jaber, *Hezbollah*, p. 83.

12 **«¡Largo de aquí!»:** Geraghty, *Peacekeepers at War*, p. 96.

12 **despedazó los cuarteles:** *Ibid.*

12 **la mayor explosión no nuclear:** «United States District Court for the District of Columbia. Evan Fain, *et al.* vs Islamic Republic of Iran, *et al.* Memorandum Opinion», p. 8.

12 **un ataque de misil Scud:** Geraghty, *Peacekeepers at War*, p. 92.

12 **extremidades corporales cercenadas:** *Ibid.*, p. 99.

12 **«Gran número de muertos y heridos»:** *Ibid.*, p. 94.

12 **aún en su bolsa de dormir:** *Ibid.*, p. 99.

13 **alaridos desgarradores:** *Ibid.*, p. 100.

13 **contra el sol matutino:** A varios kilómetros de distancia, en Beirut occidental, un segundo camión bomba arremetió contra un edificio de nueve pisos que albergaba tropas de mantenimiento de la paz francesas y mató a 58 personas esa misma mañana.

13 **dejó un sinfín de heridos:** «United States District Court for the District of Columbia. Evan Fain, *et al.* vs Islamic Republic of Iran, *et al.* Memorandum Opinion», p. 1.

1: «Los Navy Seal de la dea»

17 **«Para cuando cumplas 29 estarás acabado»:** A menos que haya una nota separada, todos los detalles personales y diálogos en este capítulo son tomados de entrevistas con Jack Kelly y Derek Maltz.

22 **creció a 83 oficinas en 62 países:** declaración de Derek S. Maltz, el agente a cargo de la División de Operaciones Especiales de la Administración de Control de Drogas ante el Subcomité de Terrorismo, No Proliferación y Comercio del Comité de Asuntos Internacionales de la Cámara de Representantes de Estados Unidos, titulada «Narcoterrorism and the Long Reach of US Law Enforcement», 17 de noviembre de 2011, disponible en https://www.dea.gov/sites/default/files/pr/speeches-testimony/2012-2009/111117_testimony.pdf

22 **información, denuncias y pistas:** Administración de Control de Drogas, «History: 1994-1998», disponible en https://www.dea.gov/sites/default/files/2021-04/1994-1998_p_76-91.pdf

22 **21 U.S.C. § 960a:** John E. Thomas, Jr, «Narco-Terrorism: Could the Legislative and Prosecutorial Responses Threaten Our Civil Liberties?», *Washington & Lee Law Review* 66 (2009).

23 **derribando las barreras informativas:** Melanie M. Reid, «nsa and dea Intelligence Sharing: Why it is Legal and Why Reuters and the Good Wife Got it Wrong», *SMU Law Review* 68:2 (enero de 2015), p. 436.

23 **oficialmente admitida en la comunidad de inteligencia de Estados Unidos:** Administración de Control de Drogas, «History: 2003-2008», disponible en https://www.dea.gov/sites/default/files/2021-04/2003-2008_p_118-153.pdf

23 **extraditado a Estados Unidos:** «International Arms Dealer Extradited on Terrorism Offenses», Departamento de Justicia de Estados Unidos, 13 de junio de 2008.

24 **tratara de bloquear su extradición:** «US Embassy Cables: Russia Tries to Block Viktor Bout's Extradition», *The Guardian*, 1 de diciembre de 2010.

25 **«los Navy Seal de la DEA»:** Johnny Dwyer, «The DEA's Terrorist Hunters: Overreaching Their Authority?», *Time Magazine*, 8 de agosto de 2011.

25 **«Al menos ellos tienen ética»:** Nicholas Schmidle, «Disarming Viktor Bout», *The New Yorker*, 27 de agosto de 2014. Viktor Bout fue liberado de la custodia estadounidense en diciembre de 2022 en un intercambio de prisioneros con el Gobierno ruso a cambio del jugador de basquetbol Brittney Griner.

26 **grupo terrorista libanés y partido político chiita:** Hezbollah fue designada como una organización extranjera terrorista por Estados Unidos desde 1997. Véase Departamento de Estado de EUA, organizaciones terroristas extranjeras [https://www.state.gov/foreign-terrorist-organizations/].

26 **explotando estas redes para eludir las sanciones impuestas por Estados Unidos:** Declaración escrita de Adam J. Szubin, subsecretario interino de Terrorismo e Inteligencia Financiera ante el Comité de Asuntos Exteriores de la Cámara de Representantes de Estados Unidos, «Iran Nuclear Deal Oversight: Implementation and its Consequences (Parte II)», 25 de mayo de 2016.

27 **«superfacilitadores»:** «Attacking Hezbollah's Financial Network: Policy Options», Audiencia ante el Comité de Asuntos Exteriores de la Cámara de Representantes, 115.º Congreso, Primera Sesión, 8 de junio de 2017.

27 ***En el jardín de las bestias:*** Erik Larson, *En el jardín de las bestias*, (Madrid: Ariel, 2012) [*In the Garden of Beasts: Love, Terror, and an American Family in Hitler's Berlin* (Nueva York: Crown, 2011)].

29 **vendía las armas que usaba Hezbollah para pelear en Siria:** La evaluación de la DEA de que Ali Fayad estaba actuando como intermediario en ventas de armas al régimen sirio fue hecha pública por John Fernandez, que en ese momento era un agente especial asistente a cargo del Centro de Operaciones de Contra el Narcoterrorismo de la División de Operaciones Especiales de la DEA, durante su presentación en enero

de 2020 ante el Washington Institute, «The DEA's Targeting of Hezbollah's Global Criminal Support Network». Fernandez dijo: «Ali Fayad… él estaba involucrado en el envío de armas a las fuerzas de Hezbollah en el Líbano que estaban combatiendo en Siria». En 2022, el antiguo abogado defensor de Fayad en Estados Unidos, Louis Adolfson, escribió que Fayad «vendió armas a Iraq y a Siria», pero afirmó que esas ventas eran legales y legítimas. Véase Louis Adolfson, «Terrorism, "sting" operations, prisoner swaps and Brittney Griner», *JD Supra*, 7 de septiembre de 2022, disponible en https://www.jdsupra.com/legalnews/terrorism-sting-operations-prisoner-4829266/.

2: «Elías Saab»

31 **«Que Dios santísimo bendiga sus obras»:** Las palabras e imágenes de Badreddine en Siria fueron tomadas de «From Khaldeh to Sayyeda Zainab (P) Shrine: 55 Years of Sayyed Zulfikar's Jihad», *Al Manar TV*.

31 **negaron que alguno de sus hombres estuviera en el país:** Rick Gladstone and Anne Barnard, «US Accuses Hezbollah of Aiding Syria's Crackdown», *The New York Times*, 10 de agosto de 2012.

31 **los funerales tuvieron lugar a la mitad de la noche para evitar llamar la atención:** Shimon Shapira, «Iran's Plans to Take Over Syria», Jerusalem Center for Public Affairs, 5 de mayo de 2013.

31 **librando una guerra urbana cerca de la frontera libanesa:** «Treasury Sanctions Hizballah Leaders, Military Officials, and an Associate in Lebanon», Departamento del Tesoro de Estados Unidos, 21 de julio de 2015.

31 **actuando como intermediario en reuniones de crisis:** *Ibid*.

32 **nunca había tramitado un pasaporte ni una licencia de conducir con su propio nombre:** «The Prosecutor v Salim Jamil Ayyash Hassan Habib Merhi Hussein Hassan Oneissi Assad Hassan Sabra–Judgment», Tribunal Especial para el Líbano, 18 de agosto de 2020, p. 1304.

32 **consideraba salir del país:** Esto es según el comandante de la Guardia Revolucionaria Iraní, Hossein Hamadani, en ese momento jefe de una delegación de «asesores militares» iraníes para Assad en Siria, citado en Shimon Shapira, *Hezbollah: Between Iran and Siria*. (Tel

Aviv: Moshe Dayan Center for Middle Eastern and African Studies, 2021), p. 323.

32 **enviar a sus familias a un lugar seguro:** *Ibid.*

32 **incapaz de recuperar su territorio:** Charles Lister, «Dynamic Stalemate: Surveying Syria's Military Landscape», Brookings Doha Center, 19 de mayo de 2014.

32 **atacado los suburbios de Damasco que estaban bajo control de la oposición con gas neurotóxico sarín:** Los Gobiernos de Estados Unidos, Reino Unido, Francia, Alemania e Israel han llevado a cabo investigaciones que concluyeron que el régimen de Assad fue responsable del ataque con armas químicas en Ghouta el 21 de agosto de 2013. La Organización para la Prohibición de las Armas Químicas concluyó en 2023 que el régimen de Assad utilizó armas químicas contra civiles durante la guerra civil.

33 **Cientos de miles:** En abril de 2016, el Emisario Especial de las Naciones Unidas para Siria estimó que hasta ese momento cuatrocientos mil sirios habían fallecido en el conflicto.

33 **«se irán al infierno y no pueden ser considerados mártires»:** «Hezbollah Fighters Killed in Syria Will "Go to Hell," Says Former Leader», *Al Arabiya*, 26 de febrero de 2013.

33 **no podía permitirse que Assad cayera:** «S. Nasrallah: Hezbollah Will Reinforce Troops in Aleppo to Achieve Major Victory», *Al Manar*, 28 de junio de 2016.

33 **«No volveré de Siria»:** «Senior Hezbollah Leader Mustafa Badreddine Martyred», *Al Manar*, 13 de mayo de 2016.

34 **siempre se emocionaba cuando Imad iba de visita:** Entrevista con Saada Baddredine, «In God's Eye, I Saw Nothing but Beauty», *Al-Ahed News*, 15 de febrero de 2020.

34 **casa de bloques de cemento sin suministro de agua:** Robert Baer, *See No Evil: The True Story of a Ground Soldier in the* CIA*'s War on Terrorism* (Londres: Arrow Books, 2002), p. 148.

34 **horas completas juntos debatiendo política y religión:** Entrevista con Saada Baddredine, «In God's Eye, I Saw Nothing but Beauty».

34 **balas perdidas y metrallas:** Baer, *See No Evil*, p. 148.

34 **ideas radicales teocráticas que habían inspirado la Revolución Iraní de 1979:** Agencia de Inteligencia Central, «Lebanon, Prospects for Islamic Fundamentalism», julio de 1987, p. 2.

34 **Saada sentía que algo importante:** Entrevista con Saada Baddredine, «In God's Eye, I Saw Nothing but Beauty».

34 **desafiando abiertamente a las generaciones mayores:** *Ibid.*

34 **Eran ambiciosos:** *Ibid.*

35 **al leer textos de León Trotski:** Shapira, *Hezbollah*, p. 154.

35 **se cruzaron con grupos de militantes palestinos:** *Ibid.*

35 **entraron en la órbita de Fatah fundado por Yasser Arafat:** CIA, «Lebanon, Prospects for Islamic Fundamentalism», p. 11.

35 **cayó bajo la tutela de Ali Salameh:** Ronen Bergman, *Rise and Kill First: The Secret History of Israel's Targeted Assassinations* (Londres: John Murray, 2018), p. 373.

35 **estudiaron con cuidado tácticas militares:** Shapira, Hezbollah, p. 154.

35 **se había enamorado en secreto de su primo:** *Ibid.*, p. 214.

35 **el hijo de un vendedor de golosinas era pobre:** Entrevista con Saada Baddredine, «In God's Eye, I Saw Nothing but Beauty».

35 **ella no era particularmente religiosa:** Shapira, *Hezbollah*, p. 214.

35 **Mustafa e Imad se levantaron en armas:** *Ibid.*, p. 215.

35 **Saada le rogó a su padre:** *Ibid.*

35 **quien contrató a Imad como su guardaespaldas:** *Ibid.*

36 **suficiente dinero para una fiesta:** *Ibid.*

36 **vivían en un cuarto provisional:** Entrevista con Saada Baddredine, «In God's Eye, I Saw Nothing but Beauty».

36 **la planeación de su siguiente operación:** *Ibid.*

36 **una fuerza nueva y mucho más poderosa:** Robin Wright, «The Demise of Hezbollah's Untraceable Ghost», *The New Yorker*, 13 de mayo de 2016.

36 **establecido discretamente un campo de entrenamiento:** Mark Perry, «The Driver», *Foreign Policy*, 29 de abril de 2013.

36 **el partido de Dios:** Naim Qassem, subsecretario general de Hezbollah y miembro fundador, sitúa el inicio del partido en el llamado «Manifiesto de los nueve» tras la invasión de Israel al Líbano en 1982. Véase Qassem en *Hizbullah: The Story from Within* (Londres: Saqi, 2007), p. 65. Augustus Richard Norton señala que, aunque la mayoría de los funcionarios de Hezbollah ubican la formación del grupo en 1982, este permaneció «más como un grupo que como una organización» hasta mediados de la década de 1980. Véase Norton en *Hezbollah: A Short History* (Princeton: Princeton University Press, 2018), p. 23.

36 **un matrimonio normal:** Entrevista con Saada Baddredine, «In God's Eye, I Saw Nothing but Beauty».

36 **después de los ataques que masacraron a cientos:** Hezbollah ha negado responsabilidad en el ataque al cuartel del Cuerpo de Marines en 1983. Nadie ha sido acusado en relación con el atentado. Subhi al-Tufayli, el primer secretario general de Hezbollah y ahora crítico empedernido de la organización, afirmó más tarde que el grupo fue responsable. Véase Nicholas Blanford, *Warriors of God: Inside Hezbollah's Thirty-Year War Against Israel* (Nueva York: Random House, 2011), p. 59. Shimon Shapira, ex secretario militar del primer ministro de Israel y jefe de gabinete del ministro de Relaciones Exteriores, dijo: «Fue Mughniyeh quien envió a ambos atacantes». Fatima Mughniyeh, hija de Imad y Saada, fue interrogada por un periodista occidental en 2008 sobre el ataque al cuartel y respondió: «Estados Unidos estaba invadiendo nuestro país, al igual que Israel… el deber de mi padre era defender al Líbano». Véase Trish Schuh, «Inside Hezbollah Leader Imad Mughniyeh's Funeral», *Esquire*, 21 de febrero de 2008.

36 **entró de incógnito en Kuwait:** «The Prosecutor Tribunal Especial para el Líbano vs Mustafa Amine Badreddine *et al.*», Imputación, 10 de junio de 2011, p. 4.

37 **«una maestría en explosivos»:** Thomas L. Friedman, «State Sponsored Terror Called a Threat to the US', *The New York Times*, 30 de diciembre de 1983.

37 **un camión cargado con cilindros de gas:** Wright, «The Demise of Hezbollah's Untraceable Ghost».

37 **a unos cuantos centímetros de su cabeza:** Robin Wright, *Sacred Rage: The Wrath of Militant Islam*, 2.ª ed., (Nueva York: Touchstone, 2001), p. 112.

37 **otros objetivos estratégicos:** *Ibid.*, p. 113.

37 **falló en explotar lo suficientemente cerca:** *Ibid.*

37 **para evitar que los culpables se escondieran:** *Ibid.*, p. 122.

37 **«exportó la revolución»:** Friedman, «State Sponsored Terror Called a Threat to the US».

38 **base de operaciones en Teherán:** Wright, *Sacred Rage*, p. 124.

38 **escondidas en barriles de petróleo:** *Ibid.*, p. 121.

38 **mientras bromeaban y reían:** *Ibid.*, p. 112.

38 **los sentenciaron a muerte:** «The Prosecutor Special Tribunal for Lebanon vs Mustafa Amine Badreddine *et al.*», p. 4.

38 **Imad Mughniyeh no iba a quedarse de brazos cruzados:** Ronald Reagan Presidential Library Digital Library Collections. Oliver North

Files. Terrorismo: Imad Mugniyah. Caja: 49. Documento, EO13526, punto 5.

3: Una pistola cargada

39 **«Porque estás enamorado de ella»:** «Indictment, Operazione Stammer», Fermo di indiziato di delitto del pubblico ministero, Procura della Repubblica di Catanzaro, Direzione Distrettuale Antimafia. Proc. Pen. N.9444/14 R.G. notizie di reato/Mod. 21 DDA, p. 1698.

39 **siguiendo el consejo de una amiga:** Declaraciones de Oksana Verman en «Ordinanza sulla richiesta di applicazione di misura cautelare», Tribunale di Catanzaro, Sezione GIP/GUP, N. 1166/7 R.G.N.R., 12 de marzo de 2018, p. 43.

39 **conocía del trabajo:** *Ibid.*

40 **le consiguió un trabajo:** *Ibid.*

40 **que vivía al lado de él:** *Ibid.*

40 **lo atrapaba mirándola:** *Ibid.*

40 **cajera extraoficial:** *Ibid.*

40 **que tenía tres hijos:** *Ibid.*

40 **pasear a la anciana juntos:** *Ibid.*

40 **le había advertido al tío del chico:** *Ibid.*

40 **«nadie puede»:** Declaraciones de Oksana Verman en «Verbale illustrativo della collaborazione», Procura della Repubblica di Catanzaro, Direzione Distrettuale Antimafia, N. 9444/14 RG Mod. 44, 15 de junio de 2017, p. 7.

41 **«llevarte el queso»:** *Ibid.*, p. 8.

41 **una serie de televisión:** La serie de televisión era *Solo*, titulada *Mafia Undercover* en inglés. «Indictment, Operazione Stammer», p. 1698.

41 **«Tengo dos de esas»:** *Ibid.*, p. 1699.

41 **tenis Converse azules:** *Ibid.*, p. 1684.

41 **pensaba que era tonta:** *Ibid.*, p. 1426.

41 **como le hablaba a ella:** *Ibid.*, p. 417.

41 **ya no compartían una cama:** Declaraciones de Oksana Verman en «Verbale illustrativo della collaborazione», p. 34.

42 **verlo jugar bolos sobre hierba:** *Ibid.*, p. 49.

42 **a quien nunca se le veía:** *Ibid.*, p. 29.

42 **en el mismo año, con un mes de diferencia:** «Indictment, Operazione Stammer», p. 4.

42 **víctima de una herida de bala:** Declaraciones de Oksana Verman en «Ordinanza sulla richiesta di applicazione di misura cautelare», p. 8.

42 **vivía bajo arresto domiciliario:** Pasquale Pititto fue arrestado en Operación Tirreno por el asesinato de Pietro Cosimo en 1990. Véase: «'Ndrangheta: l'ergastolano di Mileto Pasquale Pititto passa ai Domiciliari», *Il Vibonese*, 13 de junio de 2022.

42 **subfusiles M12:** Declaraciones de Michele Iannello en «Verbale di interrogatorio di persona sottoposta ad indagini», Procura della Repubblica di Catanzaro, Direzione Distrettuale Antimafia, N. 624/97 R.G.N.R. Mod. 21 DDA, 22 de mayo de 1997, p. 79.

42 **lo similares que eran:** Declaraciones de Oksana Verman en «Verbale illustrativo della collaborazione», p. 29.

42 **parecía saber todo:** *Ibid.*

42 **una botella de coñac y un barco decorativo:** *Ibid.*

42 **empezaron como jóvenes rufianes:** Declaraciones de Michele Iannello en «Verbale di interrogatorio di persona sottoposta ad Indagini», pp. 4-5.

43 **una amenaza escalofriante:** Declaraciones de Michele Iannello en «Verbale di interrogatorio», Raggruppamento operativo speciale carabinieri, Sezione Anticrimine Catanzaro, 7-9 de junio de 1997, p. 2.

43 **dispositivo explosivo casero:** *Ibid.*

43 **la cabeza cortada de un perro:** Declaraciones de Michele Iannello en «Verbale di interrogatorio di persona sottoposta ad indagini», p. 16.

43 **«recibir una flor»:** John Dickie, *Mafia Republic. Italy's Criminal Curse: Cosa Nostra, Camorra and 'Ndrangheta from 1946 to the present* (Londres: Sceptre, 2013), p. 187.

43 **en la celda número 18:** Declaraciones de Michele Iannello en «Verbale di interrogatorio di persona sottoposta ad indagini», p. 85.

44 **igualitos a él:** Declaraciones de Oksana Verman en «Verbale illustrativo della collaborazione», p. 33.

44 **ayudar a su padre:** *Ibid.*, p. 55.

44 **carruajes tirados por caballos:** *Ibid.*, p. 49.

44 **bebiendo grappa:** *Ibid.*, p. 50.

44 **rapado el cabello:** «Alex Pititto, il figlio del boss che a 15 anni uccide l'amico coetaneo per un like su ragazzina», *Blitz Quotidiano*, 31 de mayo de 2017.

44 **comiendo pizza:** Sentencia de Alex Pititto, Tribunale per i Minorenni di Catanzaro, N. 56/18 R.G. Sent., 8 de junio de 2018, p. 16.

44 **distante y deprimido:** *Ibid.*, p. 28.

44 **«desmoronar a tu familia»:** «Indictment, Operazione Stammer», p. 1967.

45 **cultivaba las verduras:** *Ibid.*

45 **«maldito idiota»:** *Ibid.*

45 **perdiendo todo:** Declaraciones de Oksana Verman en «Verbale riassuntivo di interrogatorio di persona sottoposta ad indagini», Procura della Repubblica di Catanzaro, Direzione Distrettuale Antimafia, N. 9444/14 RG Mod. 44, 8 de febrero de 2017, p. 8.

46 **«la más mortal de las suertes»:** *Ibid.*, p. 83.

46 **cárteles de cocaína dominantes:** Departamento de Justicia de Estados Unidos, Dario *(sic)* Antonio Úsuga David, Narcotics Rewards Program [https://www.state.gov/narcotics-rewards-program-target-information-wanted/dario-antonio-usuga-david/].

46 **una recompensa de 5 millones de dólares:** *Ibid.*

47 **cámaras ocultas en el bosque:** Declaraciones de Oksana Verman en «Verbale illustrativo della collaborazione», p. 22.

47 **una puerta oculta:** Declaraciones de Oksana Verman en «Ordinanza sulla richiesta di applicazione di misura cautelare», p. 9.

47 **mediante mensajes de texto codificados:** «Indictment, Operazione Stammer», p. 592.

4: La misión secreta de Praga

49 **fuera del hotel Sheraton:** A menos que haya una nota separada, los detalles que relatan el arresto de Ali Fayad son tomados de entrevistas con Jack Kelly, Jimmy Grace y Adam Homsi.

49 **la venta de armas que ahora utilizaba Hezbollah en Siria:** John Fernandez, «The DEA's Targeting of Hezbollah's Global Criminal Support Network», Washington Institute, enero de 2020.

49 **para discutir un trato:** «United States of America v. Ali Fayad, Faouzi Jaber, Khaled El Merebi, Indictment, Case No. 1:13-cr-00485, United States District Court Southern District of New York», 4 de junio de 2016, p. 13.

49 **expresidente de Ucrania alineado con Moscú:** Informe sobre el secuestro de ciudadanos checos por la Dirección Nacional Contra el Crimen Organizado de la Policía Criminal y Servicio de Investigación, Sección de Terrorismo y Extremismo, núm. de Referencia NCOZ-1370/TCˇ-2016-410093, 15 de noviembre de 2017, p. 15.

49 **se había reunido con Vladímir Putin:** Entrevista con el abogado de Ali Fayad en Estados Unidos, Louis Adolfsen.

52 **proporcionaría documentación falsa:** «United States of America v. Ali Fayad, Faouzi Jaber, Khaled El Merebi», Imputación, p. 12.

52 **ningún problema para llegar a su objetivo:** *Ibid.*

5: «El tiempo es esencial»

55 **cabello negro rapado:** Fred Burton y Samuel M. Katz, *Beirut Rules: The Murder of a CIA Station Chief and Hezbollah's War Against America* (Nueva York: Berkley, 2018), p. 240.

55 **pronto había adquirido una reputación:** «Top Suspect in Hariri Murder Familiar Name in Kuwait Jail», *Kuwait Times,* 2 de julio de 2011.

55 **recitando de memoria los nombres:** *Ibid.*

55 **reventar la puerta de su celda:** *Ibid.*

56 **presionada contra su cuello:** Robin Wright, *Sacred Rage: The Wrath of Militant Islam,* 2.ª ed. (Nueva York: Touchstone, 2001), p. 134.

56 **cuerpo ensangrentado e irreconocible:** *Ibid.*, p. 136.

56 **Hôtel de Crillon:** Nicholas Blanford, *Warriors of God: Inside Hezbollah's Thirty-Year War Against Israel* (Nueva York: Random House, 2011), p. 76.

56 **«Imad Mughniyeh llegó recientemente a Francia»:** Carta de John Poindexter al general Jean Saulnier, 24 de octubre de 1985. Ronald Reagan Presidential Library Digital Library Collections. Oliver North Files. Terrorismo: Imad Mughniyah. Caja: 49. Documento núm. 109670.

56 **«pruebas abundantes»:** *Ibid.*

57 **apenas y logró escapar:** Abdel-Jalil Mustafa, «Kuwaiti Ruler Survives Suicide Car Bomb That Kills Three Others», *Associated Press,* 25 de mayo de 1985.

57 **«los tronos del Golfo serán sacudidos»:** Jonathan C. Randal, «Kuwaitis Tested Growing Tension Seen After Attack on Leader», *Washington Post,* 14 de junio de 1985.

57 **desde el interior de su celda:** «Hezbollah: Portrait of a Terrorist Organization», Meir Amit Intelligence and Information Center, 18 de diciembre de 2012.

57 **Imad orquestó:** James Risen, «US Traces Iran's Ties to Terror Through a Lebanese», *The New York Times*, 17 de enero de 2002.

57 **sobre la pista:** Gwen Ifill y Sue Anne Pressley, «Hijack Victim Was Navy Diver», *Washington Post*, 17 de junio de 1985.

57 **envuelto en una mortaja blanca:** «Islamic Jihad Says It Killed Buckley, Shows Picture of a Body», Associated Press, 12 de octubre de 1985.

58 **un pasaporte a su nombre:** Informe de inteligencia desclasificado del Consejo de Seguridad Nacional sobre Imad Mughniyeh. Ronald Reagan Presidential Library Digital Library Collections. Oliver North Files. Terrorismo: Imad Mughniyeh. Caja: 49. Documento núm. 13526, point 11.

58 **el Zorro:** «Profile: Imad Mughniyeh», Council on Foreign Relations, 17 de agosto de 2006.

58 **estalló un feroz debate:** Robert Oakley, «The Failed Attempt to Get a Terrorist Mastermind», Association for Diplomatic Studies and Training, 5 de febrero de 2015.

58 **aprobado personalmente una solicitud de la CIA:** *Ibid.*

58 **sería mejor pedirles a los franceses:** *Ibid.*

58 **«El tiempo» advirtió Poindexter:** Carta de John Poindexter al general Jean Saulnier, 24 de octubre de 1985.

58 **si había estado en la capital francesa:** Oakley, «The Failed Attempt to Get a Terrorist Mastermind».

58 **antes de que escapara:** En los meses posteriores la redada fallida, *Le Figaro* y *France-Soir* informaron que el Gobierno francés había permitido intencionalmente que Mughniyeh escapara como parte de negociaciones continuas de rehenes. El Gobierno francés lo negó.

58 **Un equipo de comandos descendió:** Robert Baer, *The Perfect Kill: A Personal History of Modern Assassination* (Londres: Weidenfeld & Nicolson, 2014), p. 166.

58 **turista español de 50 años:** Oakley, «The Failed Attempt to Get a Terrorist Mastermind».

58 **metiendo billetes:** Robert Baer, *See No Evil: The True Story of a Ground Soldier in the CIA's War on Terrorism* (Londres: Arrow Books, 2002), p. 190.

58 **Había eliminado cualquier rastro:** Jeffrey Goldberg, «In the Party of God», *The New Yorker*, 28 de octubre de 2002.

59 **salvo una fotografía descolorida:** Ronen Bergman, *Rise and Kill*

First: The Secret History of Israel's Targeted Assassinations (Londres: John Murray, 2018), p. 375.

59 **«un hombre joven barbudo, de aspecto feroz»:** Informe de inteligencia desclasificado del Consejo de Seguridad Nacional sobre Imad Mughniyeh.

59 **«astuto, ingenioso y fríamente calculador»:** Matthew Levitt, *Hezbollah: The Global Footprint of Lebanon's Party of God* (Londres: Hurst, 2013), p. 28.

59 **Nunca salía de un edificio de la misma manera:** Baer, *See No Evil*, p. 190.

59 **nunca había aparecido en la prensa:** Informe de inteligencia desclasificado del Consejo de Seguridad Nacional sobre Imad Mughniyeh.

59 **hablaba árabe, inglés, francés, alemán y farsi con fluidez:** Levitt, *Hezbollah*, p. 28.

59 **sometido a cirugía plástica:** Luego se comprobó que estos rumores eran falsos. Véase «Profile: Imad Mughniyeh», Council on Foreign Relations, 17 de agosto de 2006.

59 **financiados por la CIA:** El periodista estadounidense Bob Woodward afirmó en su libro *Veil: The Secret Wars of the CIA* que el exdirector de la CIA, William Casey, le dijo en su lecho de muerte que, entre otras revelaciones, la agencia de inteligencia extranjera de EUA había encargado el atentado con bomba de 1985 contra el jeque Mohamed Hussein Fadlallah. La viuda de Casey dijo que la versión de Woodward era «una fabricación».

59 **declinaron la oferta:** Baer, *See No Evil*, p. 191.

60 **un memorándum preguntándole a uno de sus embajadores:** Cable diplomático del Departamento de Estado de EUA enviado por el secretario de Estado George Shultz al embajador de EUA en París, enero de 1988. Liberado bajo la Ley de Libertad de Información.

60 **su primer hijo con Imad:** La fecha y el lugar de nacimiento de Mustafa Mughniyeh es mencionada en «State Department Terrorist Designations of Ali Damush and Mustafa Mughniyeh», Departamento de Estado de EUA, 9 de enero de 2017, [https://2009-2017.state.gov/r/pa/prs/ps/2017/01/266729.htm].

60 **abandonado a un lado de la carretera:** «Body of Higgins Identified, Taken to Embassy in Beirut», Associated Press, 24 de diciembre de 1991.

60 **arrojados en una bolsa de basura:** «Remains in Beirut Believed Those of Captive Agent», *Washington Post*, 28 de diciembre de 1991.

6: Rezos en la noche

61 **familia numerosa de campesinos:** Michael Nanko, «A Report on the Case Investigation of Natuzza Evolo», *Journal of the Southern California Society for Psychical Research* 3, (1985), p. 7.

61 **huyó a Argentina:** «Oggi è il compleanno di Mamma Natuzza», *Avvenire di Calabria*, 23 de agosto de 2021.

61 **realizó un exorcismo [...] recluida en un asilo:** Elanora Francica, «A Great Mystic of Our Time: The Story of Natuzza Evolo and the Church», *Religion Unplugged*, 15 de julio de 2022.

61 **durante su confirmación:** Nanko, «A Report on the Case Investigation of Natuzza Evolo», p. 8.

61 **resultados fueron inconclusos:** *Ibid.*, p. 9.

61 **arameo o griego:** *Ibid.*, p. 12.

61 **dos lugares al mismo tiempo:** Francica, «A Great Mystic of Our Time».

61 **apareció a la mitad de la noche:** Nanko, «A Report on the Case Investigation of Natuzza Evolo», p. 16.

61 **escritas en francés:** *Ibid.*, p. 13.

62 **comenzaba a «viajar»:** Armando De Vincentiis, «Nuovi approfondimenti sul fenomeno di Natuzza Evolo», Comitato Italiano per il Controllo delle Affermazioni sulle Pseudoscienze, 22 de febrero de 2011.

62 **viudas con la cabeza envuelta en velos negros:** Descripciones de Paravati a mediados del siglo XX fueron tomadas del metraje de archivo en «La grande storia: Natuzza la mistica di Paravati», *RAI 3*, transmitido el 10 de junio de 2015.

62 **catolicismo popular supersticioso:** Cita del profesor Piero Cassoli in Nanko, «A Report on the Case Investigation of Natuzza Evolo», p. 7.

62 **síndrome de Gardner-Diamond:** Esta conclusión fue hecha por Armando De Vincentiis en «Nuovi approfondimenti sul fenomeno di Natuzza Evolo». Para un resumen sobre el síndrome de Gardner-Diamond véase Mohammad Jafferany y Gaurav Bhattacharya, «Psychogenic Purpura (Gardner-Diamond Syndrome)», *The Primary Care Companion for CNS Disorders*, 22 de enero de 2015.

62 **se quedaba dormida rezando:** «Indictment, Operazione Stammer», Fermo di indiziato di delitto del pubblico ministero, Procura della

Repubblica di Catanzaro, Direzione Distrettuale Antimafia. Proc. Pen. N.9444/14 R.G. notizie di reato/Mod. 21 DDA, p. 1574.

62 **Esto lo enfurecía:** *Ibid.*

62 **sangre le corrió por la cara:** Declaraciones de Oksana Verman en «Verbale illustrativo della collaborazione», Procura della Repubblica di Catanzaro, Direzione Distrettuale Antimafia, N. 9444/14 RG Mod. 44, 15 de junio de 2017, p. 55.

62 **comenzó a desmayarse:** *Ibid.*

63 **disolvían a sus víctimas en ácido:** «Mafia Informant's Body Was Dissolved in Acid, Italian Police Say», Reuters, 18 de octubre de 2010.

63 **le dispararon en ambas piernas:** «Anziana gambizzata nel Vibonese», *CN24i*, 20 de agosto de 2014.

63 **disparando Kalashnikovs:** «Auto affianca una Peugeot e parte la raffica di kalashnikov, 45enne ferito di striscio», *CN24i*, 15 de junio de 2017.

63 **lanzaban bombas caseras:** «Ordigno esplode nei pressi di autosalone a Mileto», *CN24i*, 30 de abril de 2011.

63 **como señal de respeto:** Giuseppe Baldessarro, «"No alla 'ndrangheta in processione" e gli affiliati sparano sulla casa del priore», *La Repubblica*, 5 de abril de 2010.

63 **«gente limpia»:** Declaraciones de Oksana Verman en «Verbale illustrativo della collaborazione», p. 24

63 **Lancia Y10 rentado:** Sentencia en contra de Michele Iannello y Francesco Mesiano. Corte di Assise di Appello di Catanzaro, Sezione Seconda, N. 14/97 RG, 5 de junio de 1998, p. 4.

63 **templos griegos de Paestum:** *Ibid.*

64 **vio un auto:** *Ibid.*, p. 5.

64 **pasamontañas negros. Les gritaron en italiano:** *Ibid.*

64 **disparando al automóvil:** *Ibid.*, p. 6.

64 **ventana lateral de Reginald estalló:** *Ibid.*

64 **la autopista vacía:** *Ibid.*

64 **los protegía del frío:** *Ibid.*

65 **demasiado graves para operar:** *Ibid.*, p. 7.

65 **búsqueda de 34 días:** Alan Cowell, «Italy Detains 2 in Highway Killing of US Boy, 7», *The New York Times*, 2 de noviembre de 1994.

65 **caso de identidad equivocada:** Piero Catalano, «L'omicidio di Nicholas Green, la Calabria abbraccia i genitori 25 anni dopo», *Il Quotidiano del Sud*, 1 de octubre de 2019.

65 **«Nuestra vergüenza»:** Alan Cowell, «Italy Moved by Boy's Killing and the Grace of His Parents», *The New York Times*, 4 de octubre de 1994.

65 **«Una muerte absurda»:** *Ibid.*

65 **los asesinos:** Michele Iannello y Francesco Mesiano, los dos hombres condenados por el asesinato de Nicholas Green, siempre han negado haber cometido el crimen. En 2005, Iannello escribió una carta a *Espresso* afirmando que el verdadero asesino era, de hecho, su hermano mayor. Véase «Parla l'omicida di Nicholas Green "A ucciderlo fu mio fratello"», *La Repubblica*, 29 de septiembre de 2005.

65 **su cuñado:** «'Ndrangheta, carcere duro per il boss in carrozzina', *La C*, 13 de marzo de 2018.

65 **iglesia de terracota rosácea:** Descripción tomada de visita al sitio e imágenes en «Indictment, Operazione Stammer», p. 422.

65 **hombre bajo de cabello plateado:** *Ibid.*

66 **complejas redes de empresas ficticias:** «'Ndrangheta, bar e negozi sequestrati nel centro di Roma», *La Repubblica*, 13 de marzo de 2014.

66 **esponjoso suéter azul:** La descripción de Fiarè en la banca fue tomada de fotos de vigilancia en «Indictment, Operazione Stammer».

66 **ningún espacio cerrado:** *Ibid.*, p. 442.

67 **un raro estatus criminal:** De acuerdo con el testigo protegido italiano, Andrea Mantella. Véase: «'Ndrangheta: il pentito Mantella e le alleanze fra i clan di Vibo e Sinopoli», *La C*, 23 de mayo de 2018.

67 **los hijos de todos los hombres que habían asesinado:** Alessia Truzzolillo, «Rinascita Scott, Arena: Razionale ha rapporti con poteri più forti della 'ndrangheta», *Corriere della Calabria*, 28 de septiembre de 2021.

7: Un funeral

69 **«visitantes distinguidos»:** A menos que haya una nota separada, los detalles en este capítulo son tomados de entrevistas con Jack Kelly.

69 **una oportunidad de oro:** Para la perspectiva de alto mando de la DEA sobre la reunión en Tampa, consúltense las palabras de Jack Riley citadas por Josh Meyer, «The Secret Backstory of How Obama Let Hezbollah Off the Hook», *Politico*, 19 de diciembre de 2017.

70 **maneras alternativas de recaudar fondos:** Testimonio escrito de Adam J. Szubin, subsecretario interino de Terrorismo e Inteligencia

Financiera, ante el Comité de Asuntos Exteriores de la Cámara de Representantes de Estados Unidos. «Iran Nuclear Deal Oversight: Implementation and its Consequences (Parte II)», 25 de mayo de 2016.

70 **superfacilitadores:** La «Iniciativa del Superfacilitador» es descrita por David Asher en testimonio ante el Congreso como parte de «Attacking Hezbollah's Financial Network: Policy Options», audiencia ante el Comité de Asuntos Exteriores de la Cámara de Representantes, 8 de junio de 2017.

70 **con las otras agencias estadounidenses:** Múltiples expertos académicos, agentes de orden público y exfuncionarios estadounidenses confirmaron estas tensiones entre la DEA y otras agencias a nivel operativo. Michael Hayden, director de la Agencia de Seguridad Nacional entre 1999 y 2005 y director de la Agencia Central de Inteligencia entre 2006 y 2009, afirmó que «las habilidades de inteligencia humana de la DEA eran insuperables y que había una creciente conexión entre el narcotráfico y otros objetivos de inteligencia». Véase Hayden, *Playing to the Edge: American Intelligence in the Age of Terror* (New York: Penguin, 2016), p. 167.

71 **banco en Beirut:** Lebanese Canadian Bank. Declaración de Derek S. Maltz, el agente a cargo de la División de Operaciones Especiales de la Administración de Control de Drogas ante el Subcomité de Terrorismo, No Proliferación y Comercio del Comité de Asuntos Internacionales de la Cámara de Representantes de Estados Unidos, titulada «Narcoterrorism and the Long Reach of US Law Enforcement», 17 de noviembre de 2011, disponible en https://www.dea.gov/sites/default/files/pr/speeches-testimony/2012-2009/111117_testimony.pdf

71 **un caso de decomiso civil:** «Manhattan US Attorney Announces $102 Million Settlement of Civil Forfeiture and Money Laundering Claims Against Lebanese Canadian Bank», Departamento del Tesoro de EUA, 25 de junio de 2015.

71 **«Bienvenido a la isla»:** Entrevista con Derek Maltz.

71 **Componente de Asuntos Comerciales:** Matthew Levitt, «Hezbollah's Procurement Channels: Leveraging Criminal Networks and Partnering with Iran», *CTC Sentinel*, 21 de marzo de 2019.

72 **Imad Mughniyeh:** «DEA and European Authorities Uncover Massive Hizballah Drug and Money Laundering Scheme», Administración de Control de Drogas, 1 de febrero de 2016.

72 **una sola organización:** El argumento del «*hub-and-spoke*» para emprender un caso rico contra funcionarios de Hezbollah fue presentado por David Asher ante el Comité de Servicios Financieros de la Cámara de Representantes de Estados Unidos durante su testimonio «A Dangerous Nexus: Terrorism, Crime, and Corruption», 21 de mayo de 2015.

72 **Algunos discrepaban fuertemente:** Para un análisis detallado de lo que se denomina la «lucha interna» interinstitucional en Estados Unidos sobre la focalización de actividades criminales vinculadas a Hezbollah, consúltese el trabajo de Matthew Levitt, «In Search of Nuance in the Debate over Hezbollah's Criminal Enterprise and the US Response», serie de artículo de investigación *Lawfare*, vol. 5, 20 de marzo de 2018.

73 **propaganda difamatoria:** «Hezbollah Denies US Accusations of Drug Trafficking», Reuters, 19 de enero de 2018.

73 **había conectado directamente:** «Strategy to Combat Transnational Organized Crime», Consejo de Seguridad Nacional de EUA, 25 de julio de 2011.

77 **perdió a su único hermano:** Certificados de muerte, Bureau of Vital Records and Statistics, Departamento de Salud, Ciudad de Nueva York, visto por el autor.

79 **había irritado a algunas personas:** Las preocupaciones de los funcionarios de inteligencia de Estados Unidos sobre el caso Fayad de la DEA se describen en el trabajo de Levitt, «In Search of Nuance in the Debate over Hezbollah's Criminal Enterprise and the US Response».

81 **«La falta de acción del Gobierno [...] en este asunto»:** Meyer, «The Secret Backstory of How Obama Let Hezbollah Off the Hook».

8: «Sami Issa»

85 **«planificar ante los cambios»:** Transcripción de la audiencia del fiscal contra Salim Jamil Ayyash, Mustafa Amin Baddredine, Hussein Hasan Oneissi y Assad Hassan Sabra, Tribunal Especial para el Líbano, 2 de diciembre de 2015, pp. 41-42.

85 **«Safi»:** *Ibid.*, p. 52.

85 **«familia en Dubai»:** *Ibid.*, p. 51.

85 **«mis calificaciones estuvieran incompletas»:** *Ibid.*, p. 55.
86 **«el Gobierno y la política estadounidense»:** *Ibid.*, p. 48.
86 **la política de Alemania:** *Ibid.*, p. 56.
86 BMW **convertible:** Transcripción de la audiencia de Ayyash y otros, Tribunal Especial para el Líbano, 10 de diciembre de 2015, p. 83.
86 **hoteles de lujo y restaurantes:** *Ibid.*, p. 55.
86 **donde su yate estaba atracado:** Transcripción de la audiencia de Ayyash y otros, Tribunal Especial para el Líbano, 1 de diciembre de 2015, p. 92.
86 **una de sus novias:** Transcripción de la audiencia de Ayyash y otros, Tribunal Especial para el Líbano, 2 de diciembre de 2015, p. 68.
86 **estaba con otra:** Transcripción de la audiencia de Ayyash y otros, Tribunal Especial para el Líbano, 3 de diciembre de 2015, p. 70.
86 **«mi alma gemela, mi tesoro»:** Transcripción de la audiencia de Ayyash y otros, Tribunal Especial para el Líbano, 8 de diciembre de 2015, p. 83.
87 **compartir información personal:** Transcripción de la audiencia de Ayyash y otros, Tribunal Especial para el Líbano, 10 de diciembre de 2015, p. 73.
87 **discutían sobre política:** *Ibid.*, p. 74.
87 **el departamento estaba vacío:** *Ibid.*, p. 77.
87 **no daba la impresión de saber mucho:** Transcripción de la audiencia de Ayyash y otros, Tribunal Especial para el Líbano, 8 de diciembre de 2015, p. 71.
87 **no hacer demasiadas preguntas:** Transcripción de la audiencia de Ayyash y otros, Tribunal Especial para el Líbano, 3 de diciembre de 2015, p. 78.
87 **«un camino sinuoso»:** *Ibid.*, p. 30.
88 **un *walkie-talkie*:** Transcripción de la audiencia de Ayyash y otros, Tribunal Especial para el Líbano, 2 de diciembre de 2015, p. 97.
88 **inteligencia militar libanesa:** Transcripción de la audiencia de Ayyash y otros, Tribunal Especial para el Líbano, 1 de diciembre de 2015, p. 90.
88 **una persona extremadamente paranoica:** Transcripción de la audiencia de Ayyash y otros, Tribunal Especial para el Líbano, 2 de diciembre de 2015, p. 82.
88 **que trataran de detenerlo:** *Ibid.*, p. 69.
88 **a una barba de chivo o a un bigote:** *Ibid.*, p. 84.
88 **bajar su gorra:** *Ibid.*

88 **a un concurso de belleza:** Transcripción de la audiencia de Ayyash y otros, Tribunal Especial para el Líbano, 10 de diciembre de 2015, p. 68.

88 **limpiar sus huellas dactilares:** Transcripción de la audiencia de Ayyash y otros, Tribunal Especial para el Líbano, 2 de diciembre de 2015, p. 81.

88 **pidió a su guardaespaldas:** *Ibid.*, p. 83.

89 **con una servilleta mojada:** *Ibid.*, pp. 86-87.

89 **llevaba su propia pipa:** *Ibid.*, p. 73.

89 **rara vez tocaba dinero:** *Ibid.*, p. 62.

89 **un maletín Samsonite:** *Ibid.*, p. 77.

89 **voltearlo boca abajo:** *Ibid.*

89 **volver a tocar el maletín:** *Ibid.*

89 **exigía saber:** Transcripción de la audiencia de Ayyash y otros, Tribunal Especial para el Líbano, 3 de diciembre de 2015, p. 100.

89 **«No le den mi número»:** *Ibid.*, p. 93.

89 **hacer un cambio rápido:** Transcripción de la audiencia de Ayyash y otros, Tribunal Especial para el Líbano, 2 de diciembre de 2015, p. 94.

90 **montones de placas de repuesto:** *Ibid.*, p. 93.

90 **número 100 000:** *Ibid.*, p. 92.

90 **inteligencia militar libanesa:** *Ibid.*, p. 93.

90 **un teniente coronel:** *Ibid.*, p. 88.

90 **se había desactivado:** *Ibid.*, p. 67.

91 **dictados desde Damasco:** Detlev Mehlis, «Report of the International Independent Investigation Commission Established Pursuant to Security Council Resolution 1595 (2005)», Comisión Internacional de Investigación Independiente de las Naciones Unidas, 19 de octubre de 2015, p. 5.

91 **«romperé al Líbano sobre tu cabeza»:** *Ibid.*, p. 7.

91 **«estarías muy molesta»:** Ronen Bergman, «The Hezbollah Connection», *The New York Times Magazine*, 10 de febrero de 2015.

91 **Alrededor de las 12:50:** «Public Redacted Amended Indictment», El fiscal contra Salim Jamil Ayyash, Mustafa Amin Baddredine, Hussein Hassan Oneissi y Assad Hassan Sabra, Tribunal Especial para el Líbano, 10 de junio de 2011, p. 7.

91 **para buscar explosivos:** Nicholas Blanford, *Killing Mr Lebanon: The*

Assassination of Rafik Hariri and Its Impact on the Middle East (Londres: IB Tauris, 2009), p. 3.

92 **inhibidores de cuatro gigabytes:** *Ibid.*

92 **«Salgan del Líbano por completo»:** Brian Whitaker, «Bush tells Syrians: Get Out of Lebanon Altogether», *The Guardian*, 20 de abril de 2005.

92 **«funcionarios sirios»:** Mehlis, «Report of the International Independent Investigation Commission Established Pursuant to Security Council Resolution 1595 (2005)», p. 9.

92 **cazar y asesinar:** Declaración testimonial de Gebran Tueni en *ibid.*, p. 7.

92 **asesinado con una bomba en su auto:** Michael Slackman, «Beirut Car Bomb Kills Lawmaker, a Critic of Syria», *The New York Times*, 13 de diciembre de 2005.

93 **llamó miles de veces:** El análisis telefónico mostró que Sami Issa había llamado a un teléfono fijo registrado a nombre de Saada más de 20 000 veces. Véase «Judgment», El fiscal contra Salim Jamil Ayyash, Mustafa Amin Baddredine, Hussein Hassan Oneissi y Assad Hasan Sabra, Tribunal Especial para el Líbano, 18 de agosto de 2020, p. 1319.

93 **pertenecía a una mujer llamada Saada:** *Ibid.*

93 **recibió saludos de cumpleaños:** «Prosecution Pre-Trial Brief Pursuant to Rule 91», El fiscal contra Salim Jamil Ayyash, Mustafa Amine Baddredine, Hussein Hassan Oneissi y Assad Hassan Sabra, Tribunal Especial para el Líbano, 15 de noviembre de, 2012, p. 14.

93 **recibió llamadas de un número en Arabia Saudita:** «Judgment», El fiscal contra Salim Jamil Ayyash, Mustafa Amine Baddredine, Hussein Hassan Oneissi y Assad Hassan Sabra, p. 1339.

93 **sido en realidad Mustafa Baddredine todo ese tiempo:** La sentencia del STL concluyó, a partir del análisis telefónico y las declaraciones de testigos, que «La evidencia de que Sami Issa era un alias de Mustafa Baddredine es directa y abrumadora». Véase *ibid.*, p. 1331.

93 **recoger discretamente su certificado:** *Ibid.*, p. 1305.

9: La mafia va a Medellín

95 **dócil y cariñoso:** Declaraciones de Oksana Verman en «Verbale illustrativo della collaborazione», Procura della Repubblica di Catan-

zaro, Direzione Distrettuale Antimafia, N. 9444/14 RG Mod. 44, 15 de junio de 2017, p. 7.

95 **cascadas de buganvilias rosadas:** Detalles tomados de visita al sitio por el autor.

95 **le dio todo:** Sentencia, Operazione Stammer 2, La Corte d'Appello di Catanzaro, Seconda Sez. Penale, N. 1964/20, 19 de noviembre de 2020, p. 141.

95 **era suyo en realidad:** Declaraciones de Oksana Verman en «Verbale illustrativo della collaborazione», p. 6.

95 **las llaves del departamento:** Declaraciones de Oksana Verman en «Ordinanza sulla richiesta di applicazione di misura cautelare», Tribunale di Catanzaro, Sezione GIP/GUP, N. 1166/7 R.G.N.R., 12 de marzo de 2018, p. 44.

95 **odiaba estas intrusiones:** Declaraciones de Oksana Verman en «Verbale illustrativo della collaborazione», p. 30.

96 **un veterano traficante de drogas italiano:** «Indictment, Operazione Stammer», Fermo di indiziato di delitto del pubblico ministero, Procura della Repubblica di Catanzaro, Direzione Distrettuale Antimafia. Proc. Pen. N.9444/14 R.G. notizie di reato/Mod. 21 DDA, p. 33.

96 **chanclas:** *Ibid.*, p. 750.

96 **conocido como un garante:** *Ibid.*, p. 80.

97 **Osvaldo:** *Ibid.*, p. 3.

97 **«Lo importante es que»:** *Ibid.*, p. 80.

97 **«enviar personas a ciegas»:** *Ibid.*

97 **vendedor de narcóticos transatlántico:** *Ibid.*, p. 79.

97 **varios líos y percances:** *Ibid.*

97 **un pasaporte sueco:** *Ibid.*

97 **Jota Jota:** *Ibid.*, p. 78.

97 **el General**: *Ibid.*, p. 64.

98 **poco después de las 5:30 p. m.:** *Ibid.*, p. 94.

98 **«yo estoy de maravilla aquí»:** *Ibid.*

98 **protocolos de seguridad operativa:** *Ibid.*, p. 96.

99 **de la selva colombiana:** *Ibid.*, p. 94.

99 **«lo más pronto posible»:** *Ibid.*

99 **preguntó ansioso:** *Ibid.*

99 **«2 500 kilómetros»:** *Ibid.*, p. 96.

99 **«¿Para qué necesitan el dinero?»:** *Ibid.*, p. 98.

99 **«tres semanas»:** *Ibid.*

100 **sesiones nocturnas de bebida:** *Ibid.*, p. 99.

100 **«trata de cocinar en casa»:** *Ibid.*, p. 100.

100 **uniformes militares:** «Leader of the Violent Clan del Golfo Multi-Billion Dollar Drug Trafficking Organization Extradited from Colombia to Face Federal Indictment», Fiscalía del Distrito Este de Nueva York, 5 de mayo de 2022.

100 **la Finca Aurora:** «Un policía se infiltró en Turbo para ubicar caleta de "los Úsuga"», *El Tiempo*, 16 de mayo de 2016.

100 **hedor del clorhidrato de cocaína:** «Así se infiltró una policía en el corazón del narcotráfico», *El Tiempo*, 28 de junio de 2016.

100 **lotes de polvo blanco:** *Ibid.*

100 **bajo el control directo de Gavilán:** «Un policía se infiltró en Turbo para ubicar caleta de "los Úsuga"».

100 **Escondidas en un búnker:** «La policía colombiana decomisa 8 toneladas de cocaína en Urabá», *Euronews*, 16 de mayo de 2016. Acceso a video: https://www.youtube.com/watch?v=KQJU o1scC5Y

101 **vuelo de conexión:** «Indictment, Operazione Stammer», p. 103.

101 **Ninguna llamada telefónica, ningún mensaje:** *Ibid.*

101 **«ya lo habríamos sabido»:** *Ibid.*

101 **«se conectará por Skype»:** *Ibid.*

101 **apagó su teléfono:** *Ibid.*

102 **«el único problema que tengo»:** *Ibid.*

10: Babyface

103 **una chispa que reavivara el caso:** A menos que haya una nota separada, el siguiente capítulo ha sido reconstruido a partir de entrevistas con Jack Kelly, «Michael», exfuncionarios de inteligencia y un informe del Departamento Administrativo de Seguridad de Colombia.

105 **don Pacho:** No el «Don Pacho» famoso por *Narcos*, quien murió en 1998. Véase: «Treasury Designates Medellín Drug Lord Tied to Oficina de Envigado Organized Crime Group», Departamento del Tesoro de EUA, 9 de julio de 2009.

105 **un joven agente de la DEA llamado Michael:** Este no es el nombre verdadero del agente encubierto, el cual se ha omitido por razones de seguridad.

106 **Abdul:** El nombre del hombre de negocios fue cambiado por razones de seguridad.

109 **Dirección de Inteligencia de la Fuerza Aérea de Siria:** Para una descripción contemporánea del involucramiento de Siria, véase Jo Becker, «Beirut Bank Seen as a Hub of Hezbollah's Financing», *The New York Times*, 13 de diciembre de 2011.

110 **vuelo de Air France:** Chris Kraul and Sebastian Rotella, «Drug Probe Finds Hezbollah Link», *Los Angeles Times*, 22 de octubre de 2008.

110 **la dirección de la DEA estaba encantada:** «Operation Titan Recognized by Police Chiefs», Administración de Control de Drogas, 1 de noviembre de 2010.

111 **más de 42 millones de dólares en activos, 3.7 toneladas de cocaína, etc.:** *Ibid.*

111 **Imad Mughniyeh:** La afirmación de que Mughniyeh se reunió con Chekri Harb fue hecha por Udi Levy, exagente de alto rango de inteligencia de las Fuerzas de Defensa de Israel, exjefe de la Unidad de Rastreo de Activos de Mossad y asesor del primer ministro de Israel, en una entrevista con el autor. Otras fuentes policiales estadounidenses dijeron que su información de inteligencia sugería que Harb operaba bajo la protección de Imad Mughniyeh. Un informe producido en el momento de la investigación por el ahora extinto Departamento Administrativo de Seguridad de Colombia, y visto por el autor, afirmaba que sus llamadas interceptadas mostraban una «célula árabe» conectada con La Oficina que trabajaba «para transportar los beneficios del narcotráfico en efectivo a granel o para recibir transferencias bancarias directo de la Organización de Seguridad Externa de Hezbollah. La ESO está encabezada por Imad Fayez Mughniyeh».

11: Medianoche en Damasco

113 **42 países:** Ronen Bergman, *Rise and Kill First: The Secret History of Israel's Targeted Assassinations* (Londres: John Murray, 2018), p. 596.

113 **el nombre en clave Maurice:** *Ibid.*

113 **«nadie con ese nombre»:** Shimon Shapira, «Hizbullah Commander Imad Mughniyeh: 10 Years since His Assassination», Jerusalem Center for Public Affairs, 13 de febrero de 2018.

113 **disfrazado:** David Crist, *The Twilight War: The Secret History of America's Thirty-Year Conflict with Iran* (Nueva York: Penguin, 2012), p. 130.

113 **un capitán de policía libanés de 31 años:** Neil Macdonald, «CBC Investigation: Who Killed Lebanon's Rafic Hariri?», *CBC News*, 21 de noviembre de 2010.

114 **un avance significativo:** *Ibid.*

114 **asesinado con un coche bomba:** *Ibid.*

114 **dos hombres muy importantes:** Adam Entous y Evan Osnos, «Qassem Suleimani and How Nations Decide to Kill», *The New Yorker*, 3 de febrero de 2020.

114 **Llegó en una motocicleta:** Entrevista con Saada Baddredine, «In God's Eye, I Saw Nothing but Beauty», *Al-Ahed News*, 15 de febrero de 2020.

114 **Saada siempre temía:** *Ibid.*

114 **se asentaron en un lugar:** *Ibid.*

114 **los amigos de Imad percibían:** Nicholas Blanford, *Warriors of God: Inside Hezbollah's Thirty-Year War Against Israel* (Nueva York: Random House, 2011), p. 466.

115 **viajaba abiertamente:** Shapira, «Hizbullah Commander Imad Mughniyeh».

115 **Kafersuseh:** Entous y Osnos, «Qassem Suleimani and How Nations Decide to Kill».

115 **mujeres locales atractivas:** Bergman, *Rise and Kill First*, p. 600.

115 **dos espías:** Adam Goldman and Matthew Levitt, «Inside the Killing of Imad Mughniyah», *Washington Post*, 1 de febrero de 2015.

115 **diseminó su cuerpo en pedazos:** Entous y Osnos, «Qassem Suleimani and How Nations Decide to Kill». Ni el Gobierno de Estados Unidos ni el de Israel han reconocido formalmente la responsabilidad en el asesinato de Mughniyeh.

115 **se apresuraron a la escena:** Fred Burton y Samuel M. Katz, *Beirut Rules: The Murder of a* CIA *Station Chief and Hezbollah's War Against America* (Nueva York: Berkley, 2018), p. 334.

115 **culpándose unas a otras:** Ian Black, «WikiLeaks Cables: Syria Stunned by Hezbollah Assassination», *The Guardian*, 7 de diciembre de 2010.

115 **que la negligencia siria era responsable:** *Ibid.*

116 **mayores mártires:** Blanford, *Warriors of God*, p. 466.

116 **el ataúd refrigerado de Imad:** *Ibid.*, p. 467.

116 **«la caída del estado de Israel»:** *Ibid.*

116 **se las había llevado todas:** Uzi Mahnaimi y Hala Jaber, «Israel Kills Terror Chief with Headrest Bomb», *Sunday Times*, 17 de febrero de 2008.

116 **Las lágrimas corrían por los rostros:** Blanford, *Warriors of God*, p. 468.

12: Garantías humanas

117 **se quedó con Pepe:** «Indictment, Operazione Stammer», Fermo di indiziato di delitto del pubblico ministero, Procura della Repubblica di Catanzaro, Direzione Distrettuale Antimafia. Proc. Pen. N.9444/14 R.G. notizie di reato/Mod. 21 DDA, p. 113.

117 **para enfurecer a Antonella:** *Ibid.*, p. 983.

118 **alimentaban a los cerdos con sus víctimas:** «Italian Mafia Fed Man Alive to Pigs, Police Say», Reuters, 29 de noviembre de 2013.

118 **«no veo a nadie»:** «Indictment, Operazione Stammer», p. 106.

118 **acabado la medicina:** *Ibid.*, p. 101.

118 **calmar las cosas:** *Ibid.*, p. 103.

118 **«No me puedo quedar así aquí»:** *Ibid.*, p. 101.

119 **«la gente ya no confía tanto en lo que dices»:** *Ibid.*, p. 106.

119 **«no tengo nada que ver con esto»:** *Ibid.*

119 **«mucho respeto»:** *Ibid.*

120 **«me matarán aquí»:** *Ibid.*, p. 90.

120 **Esto no debería estar sucediéndole:** *Ibid.*, p. 91.

120 **recibió una llamada de vuelta:** *Ibid.*

120 **«dar una mala impresión»:** *Ibid.*

121 **«¿Nadando?»:** *Ibid.*

121 **«cambiaste el plan»:** *Ibid.*, p. 92.

121 **«me cortaría mi propia cabeza»:** *Ibid.*

121 **«todo se resolverá»:** *Ibid.*, p. 93.

121 **«Ni siquiera para mi propio funeral»:** *Ibid.*, p. 109.

121 **«huevos del tamaño de un un camión»:** *Ibid.*

122 **«que no sea bueno para nosotros:** *Ibid.*

122 **«Rico McPato»:** *Ibid.*, p. 110.

122 **«no se pueden decir por teléfono»:** *Ibid.*, p. 113.

122 **«dar una paliza»:** *Ibid.*
123 **«le voy a cortar la cabeza»:** *Ibid.*, p. 109.
123 **«en la calle frente a las cámaras»:** *Ibid.*, p. 111.
123 **«Ya me rompieron las pelotas»:** *Ibid.*
123 **«te lo garantizo»:** *Ibid.*, p. 112.
124 **le aseguró el Coronel a Antonio:** *Ibid.*, p. 154.
124 **«Dame una orden»:** *Ibid.*, p. 151.
124 **«Aviéntenlo al mar»:** *Ibid.*, p. 149.
124 **«Ya no trabajan con nosotros»:** *Ibid.*, p. 152.
124 **«sabe demasiado»:** *Ibid.*, p. 154.
124 **«luego te aviso»:** *Ibid.*
125 **«y a mí también»:** *Ibid.*, p. 136.
125 **«si soy una mierda»:** *Ibid.*, p. 137.
125 **«no deben enterarse»:** *Ibid.*
125 **«Les cortaré las cabezas»:** *Ibid.*

13: Asesinato en el Café Blue Moon

127 **el día en el que le contó sobre el asesinato:** En agosto de 2022 el Corte Di Assise di Catanzaro nombró a Salvatore Pititto como el «ejecutor material» del asesinato de Antonio Corigliano, y Pasquale Pititto como el «organizador» del asesinato. El tribunal mencionó que estaban siendo juzgados en procedimientos separados, y ninguno de estos hombres ha sido aún enjuiciado por este crimen. Los jueces afirmaron que la «confiabilidad» del detallado testimonio de Oksana Verman sobre la confesión de Salvatore de ser el asesino «no está en duda». Salvatore Pititto, a través de su abogado, se negó a comentar sobre el testimonio de Oksana Verman sobre su papel en el asesinato. Francesco Mesiano y el primo de Salvatore, Rocco Iannello, fueron absueltos.
127 **la noche anterior:** Indictamiento de «Miletos», «Ordinanza sulla richiesta di applicazione di misura cautelare», Tribunale di Catanzaro, Sezione GIP/GUP, N. 1166/7 R.G.N.R., 12 de marzo de 2018, p. 44.
127 **regresó a Mileto:** *Ibid.*, p. 6.
127 **dos décadas tras las rejas:** *Ibid.*, p. 10.
127 **el «loco»:** *Ibid.*, p. 332.

127 **tenía estrechos vínculos:** *Ibid.*, p. 72.
128 **arruinaban sus cosechas:** *Ibid.*
128 **«somos muchos»:** *Ibid.*
128 **ya no compraría pan:** *Ibid.*, p. 318.
128 **Piaggio Ape azul:** *Ibid.*, p. 40.
128 **presentar una denuncia oficial:** *Ibid.*, p. 42.
128 **tendido boca arriba:** *Ibid.*, p. 46.
128 **un delgado medallón de oro:** *Ibid.*, p. 47.
129 **botellas vacías de cerveza alemana:** *Ibid.*
129 **fue invitado:** *Ibid.*, p. 122.
129 **rutina diaria:** *Ibid.*, p. 162.
129 **Corrió hacia el frente:** *Ibid.*, p. 161.
129 **las ventanas delanteras estaban abajo:** *Ibid.*, p. 163.
129 **un paquete salpicado de cigarrillos Marlboro:** *Ibid.*
129 **número de serie borrado:** *Ibid.*
130 **Salvatore le contó a Oksana lo que pasó:** *Ibid*, p. 14.
130 **prendió fuego a su casa:** *Ibid.*, p. 44.
130 **decidieron emboscar:** *Ibid.*, p. 282.
130 **siete balas de calibre 9x21:** *Ibid.*, p. 44.
130 **les «debía»:** *Ibid.*

14: Galletas en Paris

131 **una nueva fase de la investigación:** A menos que haya una nota separada, el siguiente capítulo fue reconstruido a partir de entrevistas con Jack Kelly.

131 **hacia Europa:** Jeremy McDermott, James Bargent, Douwe den Held y María Fernanda Ramírez, «The Cocaine Pipeline to Europe», Global Initiative Against Transnational Organized Crime, febrero de 2021.

131 **a un precio mucho más alto:** El informe anterior señaló que en 2021 «un kilogramo de cocaína en Estados Unidos tiene un valor al por mayor de hasta 28 000 USD. Ese mismo kilogramo tiene un valor promedio de alrededor de 40 000 USD y hasta casi 80 000 USD en diferentes partes de Europa».

132 **se colara:** Anna Sergi, *The Port-Crime Interface: A Report on Organised Crime & Corruption in Seaports* (Londres: ebook, 2020), p. 18.

132 **«Mi padre»:** Su abuelo no era un primer ministro libanés. Informes de investigación de la DEA/Departamento de Justicia relacionados

con el caso criminal F-16-019398 de Miami-Dade, obtenidos a través de una solicitud de registros públicos a la Fiscalía del Estado de Miami-Dade. El mensaje real dice «*primer minister*» (*sic*).

133 **«mejor no digo quiénes son»:** *Ibid.*

133 **En días festivos islámicos:** *Ibid.*

15: El traductor

137 **infame por su violencia y saturación:** Kate Connolly, «Czech Prisoners Treated Worse Than Dogs – and Made to Pay £8 a Day», *The Guardian*, 16 de enero de 2000.

137 **conspiración para proporcionar apoyo material:** «United States of America v. Ali Fayad, Faouzi Jaber, Khaled El Merebi, Indictment, Case No. 1:13-cr-00485, United States District Court Southern District of New York», 4 de junio de 2016.

137 **revocó la decisión:** «Czech Appeals Court Cancels Extradition of Terror Suspects to USA», *CTK Daily News*, 23 de junio de 2015.

137 **miniván Kia plateada:** Informe sobre el secuestro de ciudadanos checos por la Dirección Nacional contra el Crimen Organizado de la Policía Criminal y el Servicio de Investigación, Sección de Terrorismo y Extremismo, núm. de Referencia NCOZ-1370/TC'-2016-410093, 15 de noviembre de 2017, p. 1

138 **llamado Jan:** *Ibid.*, p. 2.

138 **para grabar un video:** *Ibid.*, p. 9.

138 **una entrevista exclusiva:** *Ibid.*, p. 6.

138 **según les habían dicho:** Entrevista con Adam Homsi.

139 **rodearon el vehículo:** Informe sobre el secuestro de ciudadanos checos por la Dirección Nacional contra el Crimen Organizado de la Policía Criminal y el Servicio de Investigación, Sección de Terrorismo y Extremismo, p. 9.

139 **alcanzó a enviarle un mensaje a su novia:** *Ibid.*, p. 2.

139 **capuchas sobre sus cabezas:** Entrevista con Adam Homsi.

139 **si seguían en Líbano:** *Ibid.*

139 **cuarto pequeño de cemento recién construido:** *Ibid.*

139 **«Bienvenido a Daesh»:** *Ibid.*

139 **pasaportes checos, carteras y teléfonos celulares:** Informe sobre el secuestro de ciudadanos checos por la Dirección Nacional contra

el Crimen Organizado de la Policía Criminal y el Servicio de Investigación, Sección de Terrorismo y Extremismo, p. 2.

139 **ciclistas estonios:** «Czechs Feared Kidnapped in Lebanon», *BBC News*, 18 de julio de 2015.

140 **«enorme operación de seguridad»:** *Ibid*.

140 **para asumir responsabilidad:** «CzechRep Not Contacted Over Five Men Missing in Lebanon – Minister», Czech News Agency, 21 de julio de 2015.

140 **decía el correo:** Informe sobre el secuestro de ciudadanos checos por la Dirección Nacional contra el Crimen Organizado de la Policía Criminal y el Servicio de Investigación, Sección de Terrorismo y Extremismo, p. 2.

141 **le soltó una bofetada a Adam:** *Ibid*., p. 10.

141 **«tu país y el nuestro»:** Entrevista con Adam Homsi.

141 **de alguna manera conectados con Hezbollah:** Entrevista con Adam Homsi e informe sobre el secuestro de ciudadanos checos por la Dirección Nacional contra el Crimen Organizado de la Policía Criminal y el Servicio de Investigación, Sección de Terrorismo y Extremismo, p. 10.

141 **¿De verdad era abogado?:** Informe sobre el secuestro de ciudadanos checos por la Dirección Nacional contra el Crimen Organizado de la Policía Criminal y el Servicio de Investigación, Sección de Terrorismo y Extremismo, p. 10.

141 **encubierto:** *Ibid*.

142 **su propio pasaporte:** *Ibid*.

142 **dos pilotos turcos:** Martin Chulov, «Turkish Airlines Pilot and Co-pilot Kidnapped in Beirut», *The Guardian*, 9 de agosto de 2013.

142 **Hanibal Gaddafi:** «Gaddafi's Son Hannibal Freed after Kidnap in Lebanon», *BBC News*, 12 de diciembre de 2015.

142 **el traductor no pudo discernir:** Entrevista con Adam Homsi.

143 **mirar afuera por un momento:** *Ibid*.

143 **audiencias de extradición:** Informe sobre el secuestro de ciudadanos checos por la Dirección Nacional contra el Crimen Organizado de la Policía Criminal y el Servicio de Investigación, Sección de Terrorismo y Extremismo, p. 10.

143 **mucho antes de que tuviera lugar la operación encubierta:** «USA Denies Provoking Terrorists Detained in Czech Republic', Czech News Agency, 14 de septiembre de 2015.

144 **un agente encubierto que trabajaba para la inteligencia militar libanesa:** Informe sobre el secuestro de ciudadanos checos por la Dirección Nacional contra el Crimen Organizado de la Policía Criminal y el Servicio de Investigación, Sección de Terrorismo y Extremismo, p. 4.

16: Hacer lo imposible

145 **pausó frente a las palmeras:** Fotos de Salvatore en el aeropuerto de «Indictment, Operazione Stammer», Fermo di indiziato di delitto del pubblico ministero, Procura della Repubblica di Catanzaro, Direzione Distrettuale Antimafia. Proc. Pen. N.9444/14 R.G. notizie di reato/Mod. 21 DDA, p. 185.
145 **Su siguiente vuelo:** *Ibid.*, pp. 190-191.
146 **«todavía está en Bogotá»:** *Ibid.*, p. 179.
146 **«en esta situación»:** *Ibid.*, pp. 179-180.
146 **«aquí el lunes»:** *Ibid.*, p. 179.
146 **«en Milán»:** *Ibid.*, p. 181.
146 **«martes a más tardar»:** *Ibid.*
147 **«Sin Pepe»:** *Ibid.*
147 **«hacer lo imposible»:** *Ibid.*
147 **lucecita dentro del tablero:** *Ibid.*, p. 186.
147 **«¡está conectado!»:** *Ibid.*, p. 188.
148 **una antigua investigación:** *Ibid.*
148 **¿Entiendes, idiota?:** *Ibid.*
148 **«una fuente de alimentación»:** *Ibid.*, p. 189.
148 **«¿Una grabadora?:** *Ibid.*
148 **«Este es él»:** *Ibid.*, p. 190.
149 **una gran maleta negra con ruedas:** *Ibid.*, p. 198.
149 **se quedaron brevemente juntos:** *Ibid.*
149 **camino a casa:** *Ibid.*, p. 201.
149 **invitado colombiano:** *Ibid.*, p. 35.
149 **ponerlos al día sobre el trato:** *Ibid.*, p. 236.
150 **para confirmar que la ruta era segura:** *Ibid.*, p. 235.
150 **sus personas en Europa:** *Ibid.*, p. 253.
150 **escribió Jota a Antonio:** *Ibid.*, p. 240.
150 **«Jota, no te preocupes»:** *Ibid.*

150 ***jeans* azules y guantes negros:** Fotos de Jhon en el aeropuerto de *ibid.*, p. 298.
150 **llamara a Jota:** *Ibid.*, p. 300.
150 **gigantesco osito de peluche:** *Ibid.*, p. 297.
151 **«No puedo estar encima de ellos»:** *Ibid.*, p. 338.
151 **«Eso enfurece a la gente»** *Ibid.*, p. 302.
151 **para asesinarlo»:** *Ibid.*
151 **«Es mejor dejar a ese hombre»:** *Ibid.*
151 **llevaron de urgencia al hospital:** *Ibid.*, p. 136.

17: UN *HOME RUN*

153 **contenedores de cocaína:** «Cedar Judgment», Cour d'Appel de Paris, Tribunal de Grande Instance de Paris, N° parquet 15037000675, 28 de noviembre de 2018, p. 46.
153 **El agregado:** Entrevista con Ric Bashur, exagregado de la DEA en Paris.
153 **Jack conoció:** Entrevista con Jack Kelly.
153 **trabajado en inteligencia doméstica:** Entrevista con Quentin Mugg.
154 **a las 5:20 p. m.:** «Cedar Judgment», p. 46.
154 **enfrentaba una decisión difícil:** Entrevista con Quentin Mugg.
154 **«basura»:** «Cedar Judgment', p. 46.
154 **condujo con el dinero a Mónaco:** *Ibid.*, p. 42.
154 **Hassan Tarabolsi:** *Ibid.*, p. 46.
154 **Mohamad Nourredine:** *Ibid.*, p. 45.
154 **una oficina en Beirut:** «Treasury Sanctions Key Hizballah Money Laundering Network», Departamento del Tesoro de EUA, 28 de enero de 2016.
154 **bolsa deportiva negra de Adidas:** «Cedar Judgment», p. 45.
154 **partir hacia Roma:** *Ibid.*
155 **el único que se le ocurrió:** Entrevista con Quentin Mugg.
155 ***home run*:** Entrevista con Ric Bahsur.
155 **«un camión»:** «Cedar Judgment», p. 49.
155 **el «horno», «el molino»:** *Ibid.*, p. 50.
156 **una empresa de transporte en Alemania:** *Ibid.*, p. 65.
156 **Jimmy:** *Ibid.*, p. 51.
156 **quitara el desarmador:** *Ibid.*
156 **«conseguir uno nuevo:** *Ibid.*, p. 50.

156 **14 millones de euros en relojes:** *Ibid.*, p. 46.
156 **aduanas e inteligencia aeroportuaria les daban el paso:** *Ibid.*, p. 47.
156 **contacto por llamadas casi a diario:** El contacto frecuente entre Nourredine y Tabaja está documentado en la sentencia de Cedar, pero la frecuencia del contacto se basa en entrevistas con oficiales de la ley que tienen conocimiento directo del caso.
157 **uno de los financieros más importantes de la organización:** El programa Rewards for Justice del Gobierno de Estados Unidos ha ofrecido «hasta $10 millones» por información sobre Tabaja. Véase «Adham Husayn Tabaja», Rewards for Justice, https://rewardsforjustice.net/rewards/adham-husayn-tabaja/
157 **contrabandear grandes sumas de dinero:** «Treasury Sanctions Key Hizballah, IRGC-QF Networks in Iraq», Departamento del Tesoro de EUA, 13 de noviembre de 2018.
157 **Mohamed Baddredine:** «Treasury Targets Hizballah Financial Network in Africa and the Middle East», Departamento del Tesoro de EUA, 2 de febrero de 2018.

18: La Ciudad Eterna

159 **sacó su teléfono:** «Indictment, Operazione Stammer», Fermo di indiziato di delitto del pubblico ministero, Procura della Repubblica di Catanzaro, Direzione Distrettuale Antimafia. Proc. Pen. N.9444/14 R.G. notizie di reato/Mod. 21 DDA, p. 468.
159 **pantalla de alguna sala de operaciones:** Visita a las oficinas centrales del Gruppo di investigazione Criminalità Organizzata (GICO), la unidad especializada de investigaciones antimafia italiana coordinada por la policía nacional de crímenes financieros, la Guardia di Finanza.
159 **Roma Termini:** «Indictment, Operazione Stammer», p. 470.
159 **«Soy Castro»:** *Ibid.*
160 **viajara a Roma en tren:** *Ibid.*, p. 471.
160 **«ver dentro de las personas»:** *Ibid.*, p. 453.
160 **«Via Castro Pretorio»:** *Ibid.*, p. 472.
160 **cubierto de contaminación y grafiti:** Observaciones tomadas durante una visita al sitio en junio de 2021.
160 **se ahogaron en la costa italiana:** «UNHCR Calls for Urgent Action as Hundreds Feared Lost in Mediterranean Boat Sinking», Acnur, 20 de abril de 2015.

161 **«No los olvidaremos»:** Mensaje publicado por «Castro» en su página personal de Facebook.

161 **vuelo a Beirut:** «Indictment, Operazione Stammer», p. 478.

19: «Mustafa Baddredine está presente»

163 **del primo muerto de su comandante:** Anne Barnard, «Hezbollah Deploys Weapon, a Press Tour, on the Syrian Front», *The New York Times*, 16 de mayo de 2015.

163 **una quinta parte de su territorio:** Aunque el régimen de Assad había perdido una parte significativa de su territorio geográfico en este momento, aún controlaba la mayoría de los centros de población más grandes de Siria. Laila Bassam y Tom Perry, «How Iranian General Plotted Out Syrian Assault in Moscow», Reuters, 6 de octubre de 2015.

163 **lanzó un ataque:** «Syria Military Resists Major Rebel Assault in Aleppo», *BBC News*, 3 de julio de 2015.

163 **cambiar el equilibrio regional de poder:** «Lebanon's Hizbollah Turns Eastward to Syria», Crisis Group Middle East Report, No. 153, 27 de mayo de 2014, p. 6.

164 **disparado [...], quemado y castrado:** Liam Stack, «Video of Tortured Boy's Corpse Deepens Anger in Syria», *The New York Times*, 30 de mayo de 2011.

164 **«ha llegado el momento»:** «Syria Unrest: World Leaders Call for Assad to Step Down», *BBC News*, 18 de agosto de 2011.

164 **exigir la salida del dictador sirio:** Jonathon Burch, «Turkey Tells Syria's Assad: Step Down!», Reuters, 22 de noviembre de 2011.

164 **aparato de seguridad del régimen:** «Syrian Army Defectors Hit Intel Complex – activists», Reuters, 16 de noviembre de 2012.

165 **reuniones estratégicas:** «Treasury Sanctions Hizballah Leaders, Military Officials, and an Associate in Lebanon», Departamento del Tesoro de EUA, 21 de julio de 2015.

165 **obituarios:** «Hezbollah Military Commander "Killed in Syria"», *BBC News*, 2 de octubre de 2012.

165 **tumbas frescas:** Martin Chulov, «Syria Bomb Blast Kills Hezbollah Operative», *The Guardian*, 2 de octubre de 2012.

165 **«deber yihadista»:** «Hezbollah Military Commander "Killed in Syria"».

165 **«Mustafa Baddredine está presente»:** «FSA: Mustafa Badreddine

Leading Hizbullah Operations in Qusayr», *Naharnet*, 20 de mayo de 2013.

166 **«una defensa de Líbano»:** Ali Hashem, «Nasrallah on Syria: "This Battle is Ours"», *Al-Monitor*, 26 de mayo de 2013.

166 **«un campo [de] tal importancia:** Nasralá citado en transcripción de audiencia, Tribunal Especial para el Líbano, 31 de mayo de 2016, p. 54.

166 **cortar líneas telefónicas:** «The Battle for al Qusayr, Syria», Complex Operational Environment and Threat Integration Directorate, 2013, p. 6.

167 **tácticas de golpe y fuga:** *Ibid.*, p. 7.

167 **mataban y herían:** *Ibid.*, p. 9.

167 **excavado túneles:** Nicholas Blanford, «The Battle for Qusayr: How the Syrian Regime and Hizb Allah Tipped the Balance», *CTC Sentinel* 6:8, Syria Special Issue (agosto de 2013).

167 **había sido rodeada:** *Ibid.*

167 **en guerra urbana:** *Ibid.*

168 **sus suministros [...] disminuían:** *Ibid.*

168 **se sorprendieron:** Christopher Phillips, *The Battle for Syria: International Rivalry in the New Middle East*, 2.ª ed. (New Haven: Yale University Press, 2020), p. 158.

168 **Timber Sycamore:** Mark Mazzetti, Adam Goldman y Michael S. Schmidt, «Behind the Sudden Death of a $1 Billion Secret CIA War in Syria», *The New York Times*, 2 de agosto de 2017.

168 **«algo que no sabemos»:** Erica Solomon, «Syrian Intelligence Tsar Takes Assad Secrets to the Grave», *Financial Times*, 3 de mayo de 2015.

169 **voló en secreto:** Bassam y Perry, «How Iranian General Plotted Out Syrian Assault in Moscow».

20: *TG NIKE*

171 ***TG NIKE*:** El barco partió del puerto de Turbo el 2 de agosto de 2015 y atracó 16 días después. «Indictment, Operazione Stammer', Fermo di indiziato di delitto del pubblico ministero, Procura della Repubblica di Catanzaro, Direzione Distrettuale Antimafia. Proc. Pen. N.9444/14 R.G. notizie di reato/Mod. 21 DDA, p. 701.

171 **210 metros:** La longitud y la bandera del *TG NIKE* fueron tomadas de la información del barco en www.vesselfinder.com

171 **se percató de la complejidad:** «Indictment, Operazione Stammer», p. 730.

172 **tan solo más plátanos:** La descripción del papel aluminio con estampado de plátano y las cajas fue tomada de fotos en *ibid.*, p. 782.

172 **23 kilogramos:** *Ibid.*, p. 770.

173 **alegó Antonio:** *Ibid.*, p. 731.

173 **«perder 1.2 millones»:** *Ibid.*, p. 733.

174 **«siquiera si va a aparecerse»:** *Ibid.*

174 **«cuál es el nuestro»:** *Ibid.*

174 **«Podrían matarme»:** *Ibid.*

174 **«mañana por la tarde»:** *Ibid.*, p. 734.

174 **gran barriga que se desbordaba:** Una foto de Jhon esperando en la terminal de llegadas en *ibid.*, p. 748.

174 **camisa de vaquero:** Una foto de Jota caminando por la terminal de llegadas está en *ibid.*

174 **shorts blancos:** Una foto de Antonio y del carro en *ibid.*, p. 750.

174 **autopista Roma-Florencia:** *Ibid.*

175 **otro coche se detuvo:** Imágenes estáticas de cámaras de seguridad en *ibid.*, pp. 751-752.

175 **una mujer solitaria:** Imágenes estáticas de cámaras de seguridad en *ibid.*, pp. 752-756.

175 **flotando en un lago:** Descripción del interior del bar tomada de *ibid.*, p. 756.

175 **nueve horas:** Salieron del café a las 3:25 a. m. y llegaron a Calabria a las 12:15 p. m. *Ibid.*, p. 760.

175 **comenzaron a descargar:** *TG NIKE* atracó en Livorno alrededor de las 12:30 p. m. *Ibid.*, p. 762.

175 **«otro envío»:** *Ibid.*, p. 765.

176 **«directamente»:** *Ibid.*

176 **«diferentes tipos de frutas»:** *Ibid.*, p. 766.

176 **se llevarían las cajas:** Foto de los contenedores en *ibid.*, p. 763.

176 **pesos exactos:** *Ibid.*, p. 770.

176 **«¿Es buena?»:** *Ibid.*

177 **«tiempo y dinero»:** *Ibid.*

177 **«sabrán todo»:** *Ibid.*

177 **63 ladrillos de cocaína:** *Ibid.*, p. 779.

177 **papel aluminio a prueba de escáneres:** *Ibid.*

177 **Romain Jerome:** *Ibid.*, p. 783.

177 **Durante la redada:** «Detienen a 57 presuntos integrantes del "Clan Úsuga" en Antioquia», *Vanguardia*, 12 de marzo de 2015.

177 **segundo al mando:** «Roberto Vargas Gutiérrez, alias "Gavilán"», *Insight Crime*, 9 de enero de 2017.

178 **temor a que lo arrestaran:** «Indictment, Operazione Stammer», p. 790.

178 **«los periódicos»:** *Ibid.*, p. 776.

21: Terror Control

179 **sentado en su oficina:** Entrevista con Iain Edwards.

179 **la primera vez:** «About the STL», Tribunal Especial para el Líbano, disponible en https://www.stl-tsl.org/en/about-the-stl

179 **fue acusado:** «Warrant to Arrest Mr Mustafa Amine Badreddine Including Transfer and Detention Order», Tribunal Especial para el Líbano, 28 de junio de 2011.

179 **por retomar Alepo:** Tom Perry, Laila Bassam, Suleiman Al-Khalidi and Tom Miles, «Hezbollah, Other Shi'ite Allies Helped Assad Win in Aleppo», Reuters, 14 de diciembre de 2016.

180 **planificar la operación de bombardeo:** Imputación, La fiscalía contra Mustafa Amin Baddredine, Salim Jamil Ayyash, Hussein Hassan Oneissi y Assad Hassan Sabra, Tribunal Especial para el Líbano, 10 de junio de 2011.

180 **«cortaría la mano»:** «Indictments Come at Key Moment for Hezbollah's Nasrallah», *Der Spiegel International*, 17 de julio de 2011.

180 **desde los Juicios de Núremberg:** «Appeals Chamber Dismisses In Absentia Appeals», Tribunal Especial para el Líbano, 1 de noviembre de 2012.

181 **«red verde»:** Imputación, La fiscalía contra Mustafa Amine Baddredine, Salim Jamil Ayyash, Hussein Hassan Oneissi y Assad Hassan Sabra, p. 12.

181 **adoptó muchos alias:** *Ibid.*, p. 13.

181 **camión Mitsubishi:** *Ibid.*, p. 11.

181 **instrucciones finales:** *Ibid.*, p. 19.

181 **Ayyash recibió:** *Ibid.*

181 **las últimas llamadas:** *Ibid.*

181 **bajo el microscopio:** Entrevista con Iain Edwards.

181 **«sin dejar huella»:** Robin Wright, «The Demise of Hezbollah's Untraceable Ghost», *The New Yorker*, 13 de mayo de 2016.

182 **«organizaciones de inteligencia occidentales»:** Todas las siguientes referencias de Terror Control fueron tomadas de www.stop910.com. Las referencias al tiempo de los artículos fueron tomadas de Internet Archive's Wayback Machine.

22: Una crisis familiar

185 **desesperado:** «Indictment, Operazione Stammer», Fermo di indiziato di delitto del pubblico ministero, Procura della Repubblica di Catanzaro, Direzione Distrettuale Antimafia. Proc. Pen. N.9444/14 R.G. notizie di reato/Mod. 21 DDA, p. 907.

185 **más de un millón de euros:** *Ibid.*, p. 733.

185 **medida de precaución:** *Ibid.*, p. 810.

185 **el colombiano se negó:** *Ibid.*, p. 821.

186 **submarino improvisado:** *Ibid.*, p. 809.

186 **ella detestaba:** *Ibid.*, p. 983.

186 **«el periódico»:** *Ibid.*, p. 810.

186 **«trabajar duro para esto»:** *Ibid.*

186 **recaudar nuevos fondos:** *Ibid.*, p. 803.

186 **volvería a ser tranquila:** *Ibid.*, p. 843.

186 **«Tienes que pagar»:** *Ibid.*, p. 829.

187 **un centro comercial de concreto:** *Ibid.*, p. 1426.

188 **«Estás segura»:** *Ibid.*

188 **de 23 años:** Sentencia, Operazione Stammer 2, La Corte d'Appello di Catanzaro, Seconda Sez. Penale, N. 1964/20, 19 de noviembre de 2020, p. 4.

188 **sacarlos de apuros:** *Ibid.*, p. 235.

188 **les dijo a los médicos:** *Ibid.*, p. 234.

188 **diez años menos:** Sentencia de Alex Pititto, Tribunale per i Minorenni di Catanzaro, N. 56/18 R.G. Sent., 8 de junio de 2018, p. 1.

189 **«rompiendo los huevos»:** «Indictment, Operazione Stammer», p. 1430.

189 **le propuso a su madre:** *Ibid.*

189 **Salvatore llamó:** *Ibid.*, p. 1426.

190 **siempre era un riesgo:** Pasquale Pititto fue condenado a 25 años de prisión en la Operación «Tirreno» por el asesinato de Pietro Cosimo, pero ha cumplido gran parte de su condena en arresto domiciliario por razones médicas. Véase «'Ndrangheta: l'ergastolano di Mileto Pasquale Pititto passa ai domiciliari», *Il Vibonese*, 13 de junio de 2022.

190 **bordeado de árboles silvestres:** «Indictment, Operazione Stammer», p. 896.

190 **acechar a sus enemigos:** Interrogatorio di Iannello Michele, Procura della Repubblica presso il tribunale di Catanzaro, 24 de enero de 2002, p. 48.

190 **estuviera observando:** «Indictment, Operazione Stammer», p. 895.

190 **«Jhon, quédate aquí»:** *Ibid.*

23: «Rusos muy importantes»

191 **tenía previsto:** Información de fuentes de la policía estadounidense y europea.

192 **hermano de Mustafa Baddredine:** «Treasury Targets Hizballah Financial Network in Africa and the Middle East», Departamento del Tesoro de EUA, 2 de febrero de 2018.

192 **mantener «vínculos directos»:** «Treasury Sanctions Hizballah Front Companies and Facilitators in Lebanon and Iraq», Departamento del Tesoro de EUA, 10 de junio de 2015.

192 **se quejaba:** Entrevista con Quentin Mugg.

193 **«Solo coordino»:** «Cedar Judgment», Cour d'Appel de Paris, Tribunal de Grande Instance de Paris, N° parquet 15037000675, 28 de noviembre de 2018, p. 48.

193 **transmitía instrucciones:** *Ibid.*, p. 49.

193 **cientos de millones:** *Ibid.*, p. 48.

193 **trabajando para conseguir:** Declaración jurada, Estados Unidos contra Mazen El Atat, Tribunal de Distrito para el Distrito Sur de Nueva York, Estados Unidos, Número de Registro Penal 18 Cr. 275., 2 de enero de 2019, p. 5.

193 **supervisaba la adquisición de armas:** *Ibid.*, p. 8.

193 **sancionado:** Ali al-Salim fue sancionado por la Unión Europea y el Gobierno del Reino Unido en agosto de 2011 por su papel como

director de la Oficina de Suministros del Ejército Sirio. La Oficina de Suministros del Ejército fue incluida en las sanciones de Estados Unidos en septiembre de 2012 por ser una entidad «que respalda los esfuerzos del régimen de Assad para adquirir armas y equipo de comunicaciones que contribuyen a la violencia del régimen contra el pueblo sirio». En julio de 2014, la Unión Europea sancionó a la Oficina de Suministros del Ejército por ser «responsable de la represión violenta de la población civil en Siria».

194 **escribió al-Salim:** Declaración jurada, Estados Unidos contra Mazen El Atat, p. 8.

194 **orden judicial de registro:** *Ibid.*

194 **fusibles para bombas aéreas:** «Treasury Designates Syrian Entity, Others Involved in Arms and Communications Procurement Networks and Identifies Blocked Iranian Aircraft», Departamento del Tesoro de EUA, 19 de septiembre de 2012.

194 **atacar a poblaciones civiles:** *Ibid.*

194 **El correo electrónico:** Declaración jurada, Estados Unidos contra Mazen El Atat, p. 8.

194 **rifles de francotirador SVD Dragunov:** *Ibid.*, p. 10.

194 **Estados Unidos había sancionado:** «Treasury Sanctions Networks Providing Support to the Government of Syria, Including for Facilitating Syrian Government Oil Purchases from isil», Departamento del Tesoro de EUA, 25 de noviembre de 2015.

195 **ingrediente letal:** «In Nine Years, the Syrian Regime Has Dropped Nearly 82,000 Barrel Bombs, Killing 11,087 Civilians, Including 1,821 Children», Syrian Network for Human Rights, 15 de abril de 2021, p. 6.

195 **ametralladoras DShK:** Declaración jurada, Estados Unidos contra Mazen El Atat, p. 9.

195 **listas de adquisición de armas:** *Ibid.*, p. 14.

195 **Unidad 910:** Véase Husayn Ali Faour en «Treasury Sanctions Hizballah Front Companies and Facilitators in Lebanon and Iraq».

195 **comercio de petróleo iraní:** Mazen al-Atat fue acusado por el Departamento de Justicia de Estados Unidos de violar la Ley de Poderes Económicos de Emergencia Internacional al actuar en contravención de las sanciones económicas estadounidenses contra Irán. Muchas de las sanciones económicas de Estados Unidos contra Irán fueron levantadas a principios de 2016 como parte del acuerdo nuclear con

Irán, o Plan de Acción Integral Conjunto. En 2018, la administración Trump se retiró de ese acuerdo y restableció sanciones contra Irán. El abogado francés de al-Atat argumentó en su audiencia de extradición que el comercio de petróleo iraní de su cliente no era ilegal en ese momento según la ley francesa.

195 **una de las llamadas grabadas:** La siguiente conversación tuvo lugar el 14 de mayo de 2015 y se extrajo del Anexo 3.4.4D657/3-4 en el «Summary Memorandum for Mr Mazen Atef El Atat», del Departamento de Justicia de Estados Unidos, página 39. Este documento fue presentado por su abogado francés, William Julié, para una audiencia de extradición realizada en París el 2 de octubre de 2019. La transcripción de la llamada, traducida del árabe al francés y luego al inglés, fue editada para mayor claridad, eliminando palabras y expresiones innecesarias. Varias de las llamadas grabadas en las que discutían las ventas de petróleo iraní ocurrieron antes de la aprobación de la Resolución 2231 del Consejo de Seguridad de las Naciones Unidas, que estableció la suspensión de muchas sanciones económicas de la ONU contra Irán y respaldó el Plan de Acción Integral Conjunto.

196 **trato de petróleo iraní:** El abogado francés de Mazen al-Atat argumentó ante las autoridades francesas durante su proceso de extradición que toda la conversación estaba relacionada con el petróleo. El Departamento de Justicia de Estados Unidos, basándose en pruebas presentadas por la DEA, afirmó que el «enorme inventario» mencionado se refería a «un gran almacén de armas» y que esta parte de la conversación tuvo lugar junto con la referencia al acuerdo petrolero.

196 **«No te metes con nosotros»:** El abogado francés de Mazen al-Atat argumentó durante su audiencia de extradición que esta referencia a Hezbollah era una broma y, por lo tanto, «no representaba una amenaza seria». El Departamento de Justicia de Estados Unidos afirmó en su presentación que este comentario y otras pruebas contribuyeron a la acusación de al-Atat por conspirar para proporcionar apoyo material a Hezbollah.

197 **una serie de mensajes:** Entrevista con Jack Kelly.

197 **tres terroristas suicidas:** «Paris Attacks: What Happened on the Night», *BBC News*, 9 de diciembre de 2015.

197 **mató a 13:** *Ibid.*

197 **Poco después de la medianoche:** *Ibid.*

197 **130 personas murieron:** *Ibid.*

197 **regresado a Europa:** Tom Burgis, «Paris Attacks: Samy Amimour, the "Nice Guy" Who Became a Jihadi», *Financial Times*, 19 de noviembre de 2015.

198 **Se revocó:** Entrevista con Jack Kelly.

24: «Tu país metió la pata»

201 **celda sin ventanas:** Entrevista con Adam Homsi.

201 **estuvieran preparando:** *Ibid.*

202 **cocinero capturado:** Informe sobre el secuestro de ciudadanos checos por la Dirección Nacional Contra el Crimen Organizado de la Policía Criminal y Servicio de Investigación, Sección de Terrorismo y Extremismo, núm. de Referencia NCOZ-1370/TC'-2016-410093, 15 de noviembre de 2017, p. 7.

202 **era su amigo:** *Ibid.*, p. 4.

202 **llamada telefónica desde la prisión:** *Ibid.*

203 **«metió la pata»:** Entrevista con Adam Homsi.

203 **podía ser extraditado:** «Czech Court Nods to Extradition of Terrorism Suspects to USA», *CTK Daily News*, 14 de diciembre de 2015.

203 **Base Aérea Khmeimim:** Christopher Phillips, *The Battle for Syria: International Rivalry in the New Middle East*, 2.ª ed. (New Haven: Yale University Press, 2020), p. 213.

203 **portavoz del Pentágono:** «Russia "Plans Forward Air Operating Base" in Syria – US», *BBC News*, 14 de septiembre de 2015.

204 **final de la Guerra Fría:** Seth G. Jones, «Moscow's War in Syria», Center for Strategic & International Studies, 12 de mayo de 2020.

204 **ISIS saqueó:** Phillips, *The Battle for Syria*, p. 216.

204 **«contratiempos»:** Simon Tisdall, «Syrian President Admits Military Setbacks, in First Public Speech for a Year», *The Guardian*, 26 de julio de 2015.

204 **rebeldes no pertenecientes a ISIS:** Phillips, *The Battle for Syria*, p. 218.

25: Perseguido como un perro

205 **exigir el dinero:** «Indictment, Operazione Stammer», Fermo di indiziato di delitto del pubblico ministero, Procura della Repubblica di Catanzaro, Direzione Distrettuale Antimafia. Proc. Pen. N.9444/14 R.G. notizie di reato/Mod. 21 DDA, p. 1107.
205 **corrió escaleras abajo:** *Ibid.*
205 **«eso sería engañarte»:** *Ibid.*, p. 1101.
205 **para obtener efectivo:** *Ibid.*, p. 1024.
205 **lo hiciera la policía:** *Ibid.*, p. 1083.
206 **no volver a ver:** *Ibid.*, p. 1107.
206 **«vendrán tras de ti»:** *Ibid.*
206 **«alguien allí vigilándonos»:** *Ibid.*
206 **«cuántas fotos»:** *Ibid.*
206 **«desharán de la llave:** *Ibid.*
206 **cargamento perdido:** *Ibid.*, pp. 1078-1079.
206 **«¿Cuánto le diste?»:** *Ibid.*, p. 1107.
206 **«lo voy a matar»:** *Ibid.*
206 **le sería fiel:** *Ibid.*
206 **nunca lo traicionaría:** *Ibid.*

26: La recepción con champaña

207 **fueron arrestados:** «Cedar Judgment», Cour d'Appel de Paris, Tribunal de Grande Instance de Paris, N° parquet 15037000675, 28 de noviembre de 2018, p. 52.
207 **reloj Rolex:** *Ibid.*, p. 53.
207 **órdenes de arresto europeas simultáneas:** *Ibid.*, p. 54.
207 **réplica de pistola:** *Ibid.*
207 **era triunfante:** De entrevistas con Jack Kelly, Rik Bashur y Quentin Mugg.
208 **«para las actividades de Hezbollah en Siria:** «DEA and European Authorities Uncover Massive Hizballah Drug and Money Laundering Scheme», Administración de Control de Drogas, 1 de febrero de 2016.
209 **recepción con champaña:** Entrevistas con Rik Bashur, Quentin Mugg y Jack Kelly.

209 **cancelado:** La cancelación de último momento de la conferencia de prensa fue confirmada por tres fuentes independientes de ambos países.

209 **«intentar arreglar esto»:** Entrevista con Jack Kelly.

209 **primera visita a Europa:** «Iran's Rouhani to Visit Italy, France Next Week, First Europe Trip After Sanctions Lifted», Reuters, 18 de enero de 2016.

210 **«una victoria gloriosa»:** Saeed Kamali Deghan, «Sanctions Against Iran Lifted After Compliance with Nuclear Deal», *The Guardian*, 16 de enero de 2016.

210 **118 aviones:** «Airbus Signs $25bn Deal to Sell 118 Planes to Iran», *BBC News*, 28 de enero de 2016.

210 **«lavadores de dinero afiliados a Hezbollah»:** «Treasury Sanctions Key Hizballah Money Laundering Network», Departamento del Tesoro de EUA, 28 de enero de 2016.

211 **«trabajando en estrecha cercanía con contrapartes extranjeras»:** «DEA and European Authorities Uncover Massive Hizballah Drug and Money Laundering Scheme».

211 **se alejó deprisa:** Entrevista con Adam Homsi.

212 **deslizarse colina abajo:** *Ibid.*

212 **«¿Qué carajos te pasó?»:** *Ibid.*

212 **avión con destino Praga:** Informe sobre el secuestro de ciudadanos checos por la Dirección Nacional Contra el Crimen Organizado de la Policía Criminal y Servicio de Investigación, Sección de Terrorismo y Extremismo, núm. de Referencia NCOZ-1370/TCˇ-2016-410093, 15 de noviembre de 2017.

212 **«alentaría a grupos criminales y terroristas»:** Hana de Goeij, «Missing Czechs Return Home in an Apparent Swap Deal», *The New York Times*, 6 de febrero de 2016.

212 **no negociaban con terroristas:** Karel Janicek, «US Embassy Condemns Czechs for Not Extraditing Suspects», *Associated Press*, 4 de febrero de 2016.

212 **firmado como «malem»:** Informe sobre el secuestro de ciudadanos checos por la Dirección Nacional Contra el Crimen Organizado de la Policía Criminal y Servicio de Investigación, Sección de Terrorismo y Extremismo, p. 14.

27: «Un estado y condición de muerte»

215 **tomaba una siesta en la sala de maternidad:** Entrevista con Iain Edwards.

215 **«deberías ver esto»:** *Ibid.*

215 **«el martirio del comandante Mustafa Baddredine»:** Reportaje de *Al Manar* citado en la transcripción oficial de sesión abierta, Tribunal Especial para el Líbano, 31 de mayo de 2016, p. 15.

215 **«compañero en la yihad»:** *Ibid.*

216 **mujeres con velos negros arrojaban confeti:** Descripciones tomadas de grabación «Hezbollah Mourns Top Commander Killed in Syria», Associated Press, 13 de mayo de 2016. Disponible en https://www.youtube.com/watch?v=WyD_ympaVDo

216 **Abdalah Safieddine:** Transcripción Oficial de Sesión Abierta, Tribunal Especial para el Líbano, 31 de mayo de 2016, p. 33.

216 **sancionado como financiero de Hezbollah:** «Treasury Targets Hizballah Financial Network in Africa and the Middle East», Departamento del Tesoro de EUA, 2 de febrero de 2018.

216 **cementerio Rawdat al-Shahidayn:** Transcripción oficial de sesión abierta, Tribunal Especial para el Líbano, 31 de mayo de 2016, p. 40.

217 **«Sayyed Mustafa»:** *Ibid.*, p. 51.

217 **dificultó su capacidad para caminar:** *Ibid.*, p. 52.

217 **«dentro de los territorios sirios»:** *Ibid.*, p. 54.

217 **tendría que cerrarse:** La transcripción del debate a continuación es tomada de *ibid.*, p. 93.

218 **la misma persona:** «Public Redacted Version of Annex G to F0257, Prosecution's Submission Pursuant to Rule 91(Part 4) and the Corrigendum for the Annexes A and H to F0246 – Corrected Version of the Pre-Trial Brief», Tribunal Especial para el Líbano, 2020, p. 97.

218 **«está realmente muerto»:** Transcripción oficial de sesión abierta, Tribunal Especial para el Líbano, 31 de mayo de 2016, p. 93.

218 **«decidir si están satisfechos»:** *Ibid.*

219 **comenzaban a surgir preguntas:** «Experts Doubt Hezbollah's Account of Commander's Death», Reuters, 14 de mayo de 2016.

220 **«la investigación»:** Anne Barnard y Sewell Chan, «Mustafa Badreddine, Hezbollah Military Commander, is Killed in Syria», *The New York Times*, 13 de mayo de 2016.

220 **de inmediato retiró el artículo:** Bassem Mroue, «Top Hezbollah Military Commander Killed in Syria», Associated Press, 13 de mayo de 2016.

220 **muerte de Mustafa:** «Press Briefing by Press Secretary Josh Earnest», The White House Office of the Press Secretary, 13 de mayo de 2016.

220 **no proporcionó más detalles:** Reportaje de Al Manar citado en la transcripción oficial de sesión abierta, Tribunal Especial para el Líbano, 31 de mayo de 2016, p. 41.

220 **a siete kilómetros de distancia:** Sammy Ketz, «Badreddine: A Hezbollah Chief Mysterious in Life and Death», AFP, 13 de mayo de 2016.

220 **se atribuyó el crédito:** «Syrian Rebels Deny Hezbollah's Military Commander Killed in "Artillery Shelling"», *Long War Journal*, 14 de mayo de 2016.

220 **«No hay verdad»:** Declaración del osdh en Facebook, disponible en https://www.facebook.com/syrianhroe/posts/pfbid02zasjCYL3Uv3t7xbwcCnAZAzmndhbMdYF4sD7TJ1pTcV9TXTJqXWs6qwsBpW6yhWrl

220 **daño alguno en el edificio:** «Al Arabiya investigates: Who Really Killed Hezbollah's Mustafa Badreddine?», Al Arabiya News Channel, 8 de marzo de 2017.

221 **«con nuestra evaluación»:** «Israel: Hezbollah Commander Mustafa Badreddine "Killed by Own Men"», BBC News, 21 de marzo de 2017.

221 **«una crisis de liderazgo»:** «Israel's Army Chief: Hezbollah Commander Mustafa Badreddine Killed by His Own Men», *Haaretz*, 22 de marzo de 2017.

221 **colérico y mujeriego:** Yossi Melman, «Why Syria Isn't Firing Its S-3000 Missiles at Israeli Jets», *Haaretz*, 15 de mayo de 2020.

221 **carne de cañón:** Shimon Shapira, «Mustafa Badr al-Din ("Zulfiqar") and the Ansariya Operation», Jerusalem Center for Public Affairs, 13 de mayo de 2019.

221 **dirección estratégica de la guerra:** Esta versión de la muerte de Mustafa Baddredine es relatada por Yossi Melman en «Why Syria Isn't Firing Its S-3000 Missiles at Israeli Jets». Cabe señalar que, en un artículo publicado cuatro años antes, justo después de la explosión en el aeropuerto de Damasco, el mismo autor consideró la posibilidad de que los rumores sobre la muerte de Baddredine a manos de su propio bando fueran «desinformación difundida por algún departamento de

guerra psicológica de una agencia de inteligencia». Véase: Yossi Melman, «Intelligence Agencies Succeeding in Penetrating Hezbollah», *Jerusalem Post*, 15 de mayo de 2016.

221 **resolver sus diferencias:** Véase también un tweet publicado por el entonces portavoz de las Fuerzas de Defensa de Israel en 2020 acusando a Qasem Soleimani de matar a Baddredine, citado en Al-Masdar, «Israeli Army Spokesman Accuses Nasrallah, Soleimani of Killing Hezbollah Commander», *Syrian Observer*, 15 de mayo de 2020.

221 **ceremonia a la medianoche:** Shimon Shapira, «Iran and Hizbullah Mourn Mughniyeh and Plan Revenge Worldwide», Jerusalem Center for Public Affairs, 1 de febrero de 2015.

221 **padre de Mustafa:** *Ibid.*

221 **dispararon a Mustafa:** Melman, «Why Syria Isn't Firing Its S-3000 Missiles at Israeli Jets».

222 **«evidencia convincente y confiable»:** «Public Redacted Version of Badreddine Request for Lifting of Suspensive Effect in re. Interlocutory Appeal of the Interim Decision on the Death of Mr Mustafa Amine Badreddine», Tribunal Especial para el Líbano, 30 de junio de 2016.

28: Sin más opciones

223 **recostarse en su cama y rezar:** «Indictment, Operazione Stammer», Fermo di indiziato di delitto del pubblico ministero, Procura della Repubblica di Catanzaro, Direzione Distrettuale Antimafia. Proc. Pen. N.9444/14 R.G. notizie di reato/Mod. 21 DDA, p. 1575.

223 **«No te lo echo en cara»:** *Ibid.*, p. 1574.

223 **«Tengo que irme de nuevo mañana»:** Sentencia, Operazione Stammer 2, La Corte d'Appello di Catanzaro, Seconda Sez. Penale, N. 1964/20, 19 de noviembre de 2020, p. 141.

223 **«No tienes que ir»:** *Ibid.*

224 **«Porque me matarán»:** *Ibid.*

224 **le pediría a Antonio que la cuidara:** *Ibid.*

224 **«no me encontrarás cuando regreses»:** *Ibid.*, p. 142.

224 **«y no podrás ir»:** *Ibid.*, p. 143.

224 **«que te provea un futuro»:** *Ibid.*

225 **«qué haces»:** *Ibid.*

225 **tomó un *ferry* a Albania:** *Ibid.*, p. 147.
225 **Salvatore estaba nervioso:** *Ibid.*, p. 149.
225 **una bolsa en su regazo:** *Ibid.*, p. 151.
225 **«estás en casa aquí»:** *Ibid.*, p. 150.
226 **«no eres ni un ladrón ni un estafador»:** *Ibid.*
226 **«Voy a decirle eso»:** «Indictment, Operazione Stammer», p. 1281.
226 **solo uno de ellos sobreviviría:** *Ibid.*, p. 1283.
226 **«Aquí está tu cama»:** *Ibid.*, p. 1282.
227 **«¿Por qué me dijiste que El Coronel está muerto?»:** *Ibid.*, p. 1283.
228 **«En serio, no me quedan»:** *Ibid.*, p. 1282.
228 **hicieron una redada en la plantación de plátanos:** «Incautan en Colombia el cargamento de cocaína más grande de la historia: 8 toneladas», *El Confidencial*, 16 de mayo de 2016.
228 **un búnker:** «La policía colombiana decomisa 8 toneladas de cocaína en Urabá», *Euronews*, 16 de mayo de 2016. Video disponible en https://www.youtube.com/watch?v=KQJUo1scC5Y También: «Incautan en Colombia el cargamento de cocaína más grande de la historia: 8 toneladas», *El Confidencial*, 16 de mayo de 2016.
228 **359 lonas blancas:** «Un policía se infiltró en Turbo para ubicar caleta de "los Úsuga"», *El Tiempo*, 16 de mayo de 2016.
228 **alineados uno junto al otro:** «La policía colombiana decomisa 8 toneladas de cocaína en Urabá».
228 **felicitó a la policía a través de Twitter:** Tuit enviado por Juan Manuel Santos el 15 de mayo de 2016 desde @JuanManSantos: «Felicitaciones @PoliciaColombia: operativo en Turbo incautó la mayor cantidad de droga en la historia. Golpe contundente a criminales».
228 **estimado en 250 millones de dólares:** Niraj Chokshi, «Colombian Authorities Seize a Record 8 Tons of Cocaine on a Banana Plantation», *Washington Post*, 16 de mayo de 2016.
228 **haciéndose pasar por un jornalero:** «Un policía se infiltró en Turbo para ubicar caleta de "los Úsuga"».
228 **dejar mensajes codificados:** *Ibid.*
228 **mantener callados a sus empleados:** *Ibid.*
229 **Cuatro días antes de Navidad:** «Indictment, Operazione Stammer», p. 1581.
229 **le preocupaba:** *Ibid.*, p. 1586.
229 **lánguidos destellos amarillos:** *Ibid.*, p. 1588.
230 **295.7 gramos de cocaína:** *Ibid.*, p. 1587.

29: La fiesta de jubilación

231 **oficinas centrales de la DEA:** A menos que haya una nota separada, el relato en este capítulo se basa en entrevistas con Jack Kelly, Derek Maltz, John Fernandez, Jimmy Grace y Rob Zachariasiewicz.

232 **incorporar caras nuevas:** Zachariasiewicz contra el Departamento de Justicia de EUA, Tribunal de Distrito de Estados Unidos, Distrito Este de Virginia, División de Alexandria, Caso núm. 1:19-cv-00055 (RDA/JFA), 8 de julio de 2019.

232 **estrellas de rock:** Nick Miroff, Scott Higham, Steven Rich, Salwan Georges y Erin Patrick O'Connor, «Cause of Death: Washington Faltered as Fentanyl Gripped America», *Washington Post,* 12 de diciembre de 2022.

232 **trasladado a un grupo de campo:** Zachariasiewicz contra el Departamento de Justicia de EUA.

233 **la dejó sin rumbo fijo:** Miroff *et al.*, «Cause of Death».

233 **una serie de salidas:** *Ibid.*

233 **epidemia de fentanilo:** Los Centros para el Control y la Prevención de Enfermedades de EUA estiman que hubo 100 306 muertes por sobredosis de drogas en Estados Unidos durante el periodo de 12 meses que terminó en abril de 2011. Véase: «Drug Overdose Deaths in the US Top 100,000 Annually», Centros para el Control y la Prevención de Enfermedades de EUA, 17 de noviembre de 2021.

233 **orgías:** Lauren French y John Bresnahan, «DEA Agents had "Sex Parties" with Prostitutes, Watchdog Says», *Politico,* 27 de marzo de 2015.

233 **falló en supervisar de manera efectiva:** «DOJ OIG Releases Audit Report on the Drug Enforcement Administration's Headquarters-Based Oversight of its Supported Foreign Law Enforcement Units», Oficina del general inspector del Departamento de Justicia de EUA, 26 de agosto de 2021.

30: «Mi nombre es Oksana»

237 **comenzó a hablar:** Entrevista con Camillo Falvo, fiscal público de Vibo Valentia.

237 **soltó las palabras lentamente:** Declaraciones de Oksana Verman, «Verbale riassuntivo di interrogatorio di persona sottoposta ad indagini», Procura della Repubblica di Catanzaro, Direzione Distrettuale Antimafia, N. 9444/14, 9 de febrero de 2017, p. 1.

237 **«quiero cambiar mi vida»:** Declaraciones de Oksana Verman en «Verbale illustrativo della collaborazione», Procura della Repubblica di Catanzaro, Direzione Distrettuale Antimafia, N. 9444/14 RG Mod. 44, 15 de junio de 2017, p. 6.

237 **un torrente de lágrimas se derramaba por sus mejillas:** Entrevista con Antonia Condemi, la abogada de Oksana Verman.

237 **Oksana estaba exhausta:** Declaraciones de Oksana Verman, «Verbale riassuntivo di interrogatorio di persona sottoposta ad indagini», 8 de febrero de 2017, p. 9.

237 **Tres hombres más:** *Ibid.*, p. 1.

237 **protegía a los prisioneros:** Ministerio de Justicia italiano, Prisión de Paliano, 10 de marzo de 2020. Disponible en https://www.giustizia.it/giustizia/it/dettaglio_scheda.page?s=MII179331#.

238 **le dijo al fiscal:** Declaraciones de Oksana Verman en «Verbale illustrativo della collaborazione», p. 6.

238 **físicamente enferma, temblando de miedo:** Entrevista con Antonia Condemi. Declaraciones de Oksana Verman, «Verbale riassuntivo di interrogatorio di persona sottoposta ad indagini», 9 de febrero de 2017, p. 2.

238 **«ataques de pánico constantes»:** Declaraciones de Oksana Verman en «Verbale illustrativo della collaborazione», p. 28.

238 **«había matado a varias personas»:** Declaraciones de Oksana Verman, «Verbale riassuntivo di interrogatorio di persona sottoposta ad indagini», 9 de febrero de 2017, p. 2.

239 **detuvieron a 54 personas:** Gianluca Prestia, «Operazione Stammer, disposto il giudizio immediato per 54. La decisione del GIP, prima udienza fissata in autunno», *Il Quotidiano del Sud*, 12 de julio de 2017.

240 **pieza final de la investigación:** Entrevista con Camillo Falvo.

240 **le mostraron fotos de:** Declaraciones de Oksana Verman en «Verbale illustrativo della collaborazione», p. 13.

240 **deslizó dentro del bolso de Oksana el teléfono celular secreto:** Declaraciones de Oksana Verman, «Verbale riassuntivo di interrogatorio di persona sottoposta ad indagini», 8 de febrero de 2017, p. 2.

241 **«Salvatore tenía muchas deudas»:** Declaraciones de Oksana Verman en «Verbale illustrativo della collaborazione», p. 9.
241 **que la amante de su padre asistiera:** *Ibid.*, p. 49.
241 **un visitante inesperado:** Philip Pullella, «Pope Makes Easter Visit to Fortress Prison Holding Ex-Mafiosi», Reuters, 13 de abril de 2017.
241 **«no somos como Dios»:** Citas del sermón en Paliano del papa Francisco tomadas de «Pope Francis' Holy Thursday Homily at Paliano Prison», Salt + Light Media, 14 de abril de 2017, https://slmedia.org/blog/pope-francis-holy-thursday-homily-at-paliano-prison
241 **se sintió libre:** Entrevista con Antonia Condemi.

31: El discurso junto a la roca

243 **diez años menor:** «Indictment, Operazione Stammer», Fermo di indiziato di delitto del pubblico ministero, Procura della Repubblica di Catanzaro, Direzione Distrettuale Antimafia. Proc. Pen. N.9444/14 R.G. notizie di reato/Mod. 21 DDA, p. 4.
243 **fumaba porros y comía pizza:** Sentencia de Alex Pititto, Tribunale per i Minorenni di Catanzaro, N. 56/18 R.G. Sent., 8 de junio de 2018, pp. 16-17.
243 **su novia, Noemi:** *Ibid.*, p. 17.
243 **provocarle celos:** *Ibid.*, p. 18.
243 **volviendo cada vez más paranoico:** *Ibid.*, p. 9.
244 **dejarlos a todos en sus casas:** *Ibid.*, p. 7.
244 **un chico popular y apuesto:** Pietro Comito, «La Procura di Vibo riapre le indagini sull'omicidio di Francesco Prestia Lamberti', *Il Vibonese*, 17 de septiembre de 2020.
244 **algo especial que había escondido:** Sentencia de Alex Pititto, p. 8.
244 **le pidió un cigarrillo:** *Ibid.*, p. 10.
244 **Alex le propuso a Domenico:** *Ibid.*, p. 19.
244 **corriendo hacia el auto:** *Ibid.*, p. 8.
244 **no contestaba su teléfono:** «Le Iene: Ucciso da un coetaneo a 15 anni», *Mediaset*, 30 de octubre de 2018.
244 **«Lo maté»:** Sentencing of Alex Pititto, p. 11.
245 **«¿Dónde está mi hijo?»:** «Le Iene: Ucciso da un coetaneo a 15 anni».
245 **un terrible accidente:** Sentencia de Alex Pititto, p. 5.
245 **«embistió a su amigo»:** *Ibid.*

245 **en un seto de zarzamoras:** *Ibid.*

245 **desplomado en el suelo:** *Ibid.*, p. 6.

245 **detectores de metal y perros rastreadores:** *Ibid.*

245 **los dolientes estaban llegando:** *Ibid.*, p. 8.

246 **caminando solo en Corso Umberto:** *Ibid.*, p. 21.

246 **golpearlos con una barra de hierro:** *Ibid.*, p. 12.

246 **«pasando demasiadas cosas»:** *Ibid.*, p. 15.

247 **comenzó a maldecir:** *Ibid.*

247 **«¿qué vas a hacer?»:** *Ibid.*

247 **no sabía a quién creerle:** *Ibid.*, p. 16.

247 **nada que temer:** *Ibid.*

247 **«capacidad de comprender»:** *Ibid.*, p. 28.

248 **el apodo de Francesco:** Ilaria Lenza, «L'ultimo saluto di Mileto a Francesco: «"Il tuo ricordo ci renda tutti migliori"», *Zoom 24*, 1 de junio de 2017.

248 **cientos de dolientes:** Detalles del funeral de Francesco tomados del video «L'ultimo saluto a Francesco Prestia Lamberti», *La C*, 2 de junio de 2017.

248 **rociaron con gasolina:** «Calabria: Incendiata porta abitazione sacerdote di Mileto», *Il Lametino*, 1 de noviembre de 2013.

249 **«hoy nos unes»:** Lenza, «L'ultimo saluto di Mileto a Francesco».

249 **globos azules y blancos:** «L'ultimo saluto a Francesco Prestia Lamberti».

249 **volaron hasta desaparecer en el cielo:** *Ibid.*

Epílogo

251 **Iba a ser solo por unos meses:** Este relato está basado en entrevistas con Jack Kelly.

251 **almacenar mineral de uranio:** Ronald Smothers, «Three-Acre Legacy of the A-Bomb; A Pile of Radioactive Dirt Awaits Cleanup in New Jersey», *The New York Times*, 27 de octubre de 1998.

252 **restringió el acceso al área para descontaminarla:** «Fact sheet – Middlesex Sampling Plant, NJ», Cuerpo de Ingenieros del Ejército de EUA, Distrito de Nueva York, 5 de enero de 2022.

252 **«No puedo decir»:** Rachel Binhas, «Le Hezbollah tisse sa toile en France», *Le Point*, 14 de junio de 2021.

252 **«vinculados con el grupo libanés Hezbollah:** «A View from the CT Foxhole: Gilles de Kerchove, European Union (EU) Counter-Terrorism Coordinator», *CTC Sentinel* 13:8 (August 2020).

253 **nadie sabía dónde se encontraba:** Entrevista con el abogado francés de al-Atat, William Julié.

253 **continuó negando:** «Sayyed Nasrallah Says STL Decisions Mean Nothing to Us: I Tell Those Who are Betting on Them "Don't Play With Fire!"», *Al Manar*, 26 de agosto de 2018 y «Hezbollah Denies US Accusations of Drug Trafficking», Reuters, 19 de enero de 2018.

253 **«el líder tanto de la preparación como de la ejecución de la conspiración»:** «The Prosecutor v Hassan Habib Merhi Hussein Hassan Oneissi Appeal Judgment», Tribunal Especial para el Líbano, 10 de marzo de 2022, p. 224.

254 **sancionó a Mohamed, el hermano de Mustafa Baddredine:** «Treasury Targets Hizballah Financial Network in Africa and the Middle East», Departamento del Tesoro de EUA, 2 de febrero de 2022.

254 **siguió los pasos de su padre y su tío:** «State Department Terrorist Designations of Ali Damush and Mustafa Mughniyeh», Departamento de Estado de EUA, 9 de enero de 2017.

254 **murió durante un ataque con aviones estadounidenses no tripulados:** «Qasem Soleimani: US Kills Top Iranian General in Baghdad Air Strike», BBC News, 3 de enero de 2020.

254 **sentenciado a 18 años:** Operazione Stammer – Corte di Cassazione, Penale Sent. Sez. 3, núm. 1555, 21 de septiembre de 2021.

254 **sentenciada a cuatro años, Giuseppe a nueve:** *Ibid.*

254 **Gianluca fue sentenciado:** «Narcotraffico: condanna definitiva in Cassazione per i Pititto di Mileto», *Il Vibonese*, 27 de mayo de 2022.

254 **sentenciado a 14 años:** Sentencia de Alex Pititto, Tribunale per i Minorenni di Catanzaro, N. 56/18 R.G. Sent., 8 de junio de 2018.

254 **reducida a tres años con ocho meses en apelación:** Operazione Stammer – Corte di Cassazione, Penale Sent. Sez. 3, núm. 1555, 21 de septiembre de 2021.

254 **Los hombres del cártel colombiano:** Gavilán, el segundo al mando del Clan del Golfo y quien, según creía la policía italiana, era dueño en última instancia de la cocaína que Salvatore intentaba comprar, murió en un tiroteo en agosto de 2017 durante una operación conjunta de la policía y el ejército colombianos. Otoniel, el líder del Clan del Golfo, fue capturado en Colombia en octubre de 2021 y extradi-

tado a Estados Unidos en lo que el presidente del país describió como el golpe más significativo al narcotráfico en su país desde la caída de Pablo Escobar casi treinta años atrás.

254 **el fraude relacionado con contratos de construcción:** «Falsos funcionarios de Embajada sueca detenidos en Colombia», *DW*, 29 de enero de 2016.

254 **uno de los cuales llamó Nicholas:** Reginald Green, «"The Nicholas Effect" 25 Years Later: After We Donated our Son's Organs, Italy was Never the Same», *Los Angeles Times*, 29 de septiembre de 2019.

255 **falleció en 2017:** Rory Cappelli, «Roma, morto il giovane che ricevette il cuore di Nicholas Green», *La Repubblica*, 9 de febrero de 2017.

255 **«Crimen Organizado Transnacional de Hezbollah Libanesa»:** Mención del premio vista por el autor.